CONSIDÉRATIONS MILITAIRES

SUR LES MÉMOIRES

DU MARÉCHAL SUCHET,

DUC D'ALBUFERA,

SUIVIES DE LA CORRESPONDANCE

ENTRE LES MARÉCHAUX SOULT ET SUCHET;

CONTENANT L'HISTORIQUE DES PLANS D'OPÉRATIONS PROPOSÉS PAR
CHACUN D'EUX, DEPUIS LA BATAILLE DE VITTORIA
JUSQU'À LA CESSATION DES HOSTILITÉS, APRÈS LA DÉCHÉANCE
DE L'EMPEREUR NAPOLÉON;

ET

CONSIDÉRATIONS MILITAIRES

SUR LA BATAILLE DE TOULOUSE,

Suivie du Rapport du maréchal Soult au ministre de la guerre,
et des Ordres donnés aux généraux et chefs de corps,
indiquant les dispositions faites avant et après la bataille,
avec le plan des environs de Toulouse, pour servir à
l'intelligence de la bataille.

Par T. Choumara,

ANCIEN CAPITAINE DU GÉNIE.

PARIS,

J. CORRÉARD, ÉDITEUR D'OUVRAGES MILITAIRES,
RUE DE TOURNON, N°. 20;

ANSELIN ET GAULTIER LAGUIONIE, RUE DAUPHINE, 36;
LENEVEU, RUE DES GRANDS-AUGUSTINS, 8;

A LEIPZIG, CHEZ MICHELSEN.

1838.

CONSIDÉRATIONS MILITAIRES

SUR LES MÉMOIRES

DU MARÉCHAL SUCHET,

ET

SUR LA BATAILLE DE TOULOUSE.

a

CONSIDÉRATIONS MILITAIRES

SUR LES MÉMOIRES

DU MARÉCHAL SUCHET,

DUC D'ALBUFÉRA ;

SUIVIES DE LA CORRESPONDANCE

ENTRE LES MARÉCHAUX SOULT ET SUCHET,

PRÉSENTANT L'HISTORIQUE DES PLANS D'OPÉRATIONS PROPOSÉS PAR
CHACUN D'EUX, DEPUIS LA BATAILLE DE VITTORIA
JUSQU'A LA CESSATION DES HOSTILITÉS, APRÈS LA DÉCHÉANCE
DE L'EMPEREUR NAPOLÉON ;

ET

CONSIDÉRATIONS MILITAIRES

SUR LA BATAILLE DE TOULOUSE,

Suivies du **R**apport du maréchal Soult au ministre de la guerre,
et des **O**rdres donnés aux généraux et chefs de corps,
indiquant les dispositions faites avant et apres la bataille;
avec le plan des environs de **T**oulouse, pour servir à
l'intelligence de la bataille.

Par T. Choumara,

ANCIEN CAPITAINE DU GÉNIE.

PARIS,

J. CORRÉARD Jᵉ., ÉDITEUR D'OUVRAGES MILITAIRES,
RUE DE TOURNON, N°. 20.

—

1838.

TABLE DES MATIÈRES.

PREMIÈRE PARTIE.

Considérations militaires sur les Mémoires du maréchal Suchet.

DEUXIÈME PARTIE.

Correspondance entre les maréchaux Soult et Suchet.

OBSERVATIONS PRÉLIMINAIRES.

PAGES.

TROISIÈME PARTIE.

Considérations militaires sur la bataille de Toulouse.

QUATRIÈME PARTIE.

Rapports au ministre de la guerre, lettres, ordres aux généraux et chefs de corps.

FIN DE LA TABLE DES MATIÈRES.

INTRODUCTION.

Montesquieu et Volney ont signalé les causes qui préparent la splendeur ou la ruine des empires, leurs admirables écrits offrent des leçons d'une éternelle vérité, qui ne peuvent être trop médités par les hommes appelés à gouverner leurs semblables et par ceux qui s'occupent de la solution des problèmes historiques; mais, quand il s'agit de faits contemporains, il est une source d'instruction non moins précieuse, qui conduit plus sûrement, et avec moins de difficultés, à leur parfaite connaissance; ce sont les mémoires et les correspondances des personnages qui, par leur position et par leurs fonctions, ont exercé de l'influence sur les évènemens; car, lors même qu'ils écrivent pour dissimuler leur pensée, on peut être assuré qu'ils la trahiront par quelqu'endroit, et que leurs réticences mêmes serviront à mettre sur la voie de la vérité.

Ces réflexions sont la conséquence des impressions que nous avons éprouvées à la lecture des Mémoires du maréchal Suchet ; en commençant cette lecture nous pensions n'avoir à nous occuper que de ses opérations militaires et administratives, soit pour applaudir à ses dispositions d'attaque contre les places qu'il a conquises, soit pour le féliciter d'avoir introduit en Espagne le système représentatif et un gouvernement de vérité, qui lui avait concilié l'estime et le respect de ses ennemis.

C'est dans cette disposition d'esprit que nous avions rédigé nos premières notes ; mais, arrivé aux deux derniers chapitres des mémoires, le champ nous a paru s'agrandir ; au lieu de considérations plus ou moins importantes qui n'intéresseraient guères qu'un petit nombre d'adeptes initiés aux mystères de la fortification, il nous a paru qu'on pouvait traiter une question d'une plus haute portée et d'un intérêt plus général.

Lorsqu'une nation puissante comme la France, après avoir déployé son drapeau vainqueur sur toutes les capitales de l'Europe, se trouve refoulée sur son propre territoire ; quand la masse de la population, perdant toute énergie, abandonne le soin de sa défense au petit nombre de braves qui ont survécu à leurs victoires ; quand l'invasion du sol de la patrie ne tire point le peuple de sa létargie, on peut, sans craindre de se tromper, affirmer qu'il y a eu de grandes fautes commises ; la source de ces fautes remonte nécessairement au chef de l'État, qui a méconnu les besoins moraux et matériels de l'Empire qu'il dirige ; mais beaucoup d'autres sont appelés à partager sa responsabilité, comme ils ont partagé avec lui les faveurs de la fortune. C'est en examinant comment les principaux acteurs ont rempli les rôles qui leur étaient confiés au moment de la crise, les mesures qu'ils ont proposées et la conduite qu'ils ont tenue jusqu'au dénouement, qu'on peut juger de leur mérite personnel, de leur caractère et de la nature des services qu'ils pourraient rendre encore si la France avait de nouveaux dangers à courir.

Vers la fin de 1813 et au commencement de 1814, aucun élan national ne s'étant manifesté à l'approche des étrangers de nos frontières, le sort de l'Empire se trouva remis entre les mains de quelques généraux. Le roi Joseph Bonaparte avait prouvé à Vittoria qu'il ne suffisait pas de porter ce titre, et d'être le frère du premier général du monde, pour savoir diriger une armée et la conduire à la victoire ; sa défaite fit sentir, trop tard, la nécessité de son rappel, et le maréchal Soult fut chargé de réparer les fautes qui avaient été commises. Rendre la confiance à une armée démoralisée, remplacer tout le matériel qu'elle s'était laissé enlever, débloquer les places de Saint-Sébastien et Pampelune, et, pour cela, attaquer les positions formidables des Pyrénées sur lesquelles une armée de *cent mille* anglo-espagnols était fortement établie, telle était la tâche immense qu'on lui imposait. Cette tâche aurait pu être accomplie si le nouveau général en chef avait eu le temps nécessaire pour completter ses dispositions ; mais les ordres de l'empereur Napoléon étaient précis, *il fallait de suite reprendre l'offensive;* d'ailleurs l'état de Saint-Sébastien exigeait que l'on agît promptement, car cette place était assiégée depuis le 13 juillet, la brèche était ouverte le 23, et le 25 elle avait soutenu et repoussé un assaut au corps de place. Le maréchal Soult, arrivé à Bayonne le 12 juillet seulement, avait donc été obligé de réorganiser son armée dans l'espace de dix jours, et de se mettre en campagne dès le 22, sans avoir pu réunir les vivres nécessaires dans un pays qui n'offrait plus aucune ressource sous le rapport des subsistances ; toutefois son début fut heureux ; le 25 et le 26 l'ennemi, chassé de plusieurs positions importantes, éprouva des pertes considérables ; la suite l'eut été également, si les ordres du général en chef eussent été partout exécutés ponctuellement, avec la rapidité et la vigueur qu'il avait recommandées, et si des circonstances indépendantes de ses dispositions, n'eussent empêché d'attaquer les positions en avant de Pampelune avant l'arrivée des nombreux renforts que l'ennemi eut le temps de diriger sur ce point. A l'attaque qui eut lieu le 28, chacun garda ses positions, les pertes furent balancées. Le défaut de vivres força l'armée française de manœuvrer sur sa droite pour se rapprocher de sa réserve ; dans ce mouvement rétrograde elle éprouva quelques pertes, mais quoique cette courte expédition n'eut pas tout le succès qu'on pouvait en attendre, elle avait cependant forcé le général anglais à interrompre ses attaques contre Saint-Sébastien et à rembarquer son artillerie de siège ; la garnison avait pu réparer les brèches, se mettre en mesure de soutenir un nouveau siège, et de tenir jusqu'au 7 septembre. La garnison de Pampelune, profitant du voisinage de l'armée française qui avait forcé à mettre en ligne les troupes du blocus de cet place, détruisit les ouvrages et s'empara des magasins, ce qui la mit en état de tenir jusqu'au 31 octobre.

Ce fut après cette expédition que le maréchal Soult, qui avait reconnu l'extrême difficulté de forcer l'ennemi par une attaque de front avec les seules forces dont il disposait, proposa au maréchal Suchet de combiner leurs opérations pour arriver à ce but.

Lorsque nous avons présenté l'examen critique des faits qui se rattachent aux premières relations établies entre ces deux maréchaux nous n'avions à notre disposition que les documens fournis par le dernier, dans ses mémoires (1), ils ont suffi pour fixer notre opinion; mais, pour arriver à la vérité, il nous a fallu établir des comparaisons et faire des rapprochemens nombreux, qui seraient fatigans pour la plupart des lecteurs, s'ils étaient obligés de les faire eux-mêmes.

En procédant à cet examen nous avions été frappé de la rapidité avec laquelle le duc d'Albuféra glissait sur la première époque, qui est cependant la plus importante, et la seule pendant laquelle il fut possible de frapper un coup décisif, puisqu'alors son armée n'avait point encore été affaiblie par des détachemens sur la France.

La partie relative à sa coopération à la bataille de Toulouse, est traitée avec plus de détail, on voit figurer parmi les pièces justificatives, neuf lettres du maréchal Soult, depuis le 12 mars jusqu'au 12 avril 1814, tandis qu'il n'y a pas une seule de celles qu'il a écrites, depuis le 6 août 1813 jusqu'au 28 février 1814, quoiqu'elles soient nombreuses et pour la plupart fort importantes.

En comparant les lettres qui se trouvent dans les mémoires avec l'analyse qu'on en a faite dans le dernier chapitre, nous avions été forcé de reconnaître que cette analyse n'était pas toujours exacte, que plusieurs passages étaient interprétés dans un sens forcé, qui ne rendait point les idées de leur auteur. Enfin le peu de liaison qui règne dans l'exposé des faits, les nombreuses digressions qui viennent détourner l'attention, nous avaient donné lieu de penser que, si *ce désordre n'était pas un effet de l'art*, il était au moins la conséquence

(1) Voir le *Journal des Sciences Militaires*, mars 1835, p. 297.

de la difficulté que le duc d'Albuféra éprouvait à faire passer dans les esprits une conviction qu'il n'avait pas lui-même.

Nous avons senti, toutefois, que quand il s'agit d'un maréchal de France, qui a conquis ses grades sur les champs de bataille en combattant pour la patrie, on ne devait point adopter légèrement des idées qui peuvent ternir l'éclat d'un beau nom. Avant de donner suite à notre examen, nous avons cherché à nous entourer de nouveaux documens, afin de joindre à l'appui de notre opinion des pièces authentiques et irrécusables, à l'aide desquelles on put établir un parallèle équitable entre la conduite et les vues militaires des deux généraux en chef des armées françaises en Espagne.

Voulant marcher franchement vers ce but, nous nous sommes adressé directement à M. le maréchalt Soult, pour le prier de nous laisser prendre connaissance des lettres omises dans les mémoires; ce maréchal, avec un abandon qu'on ne trouve que dans l'homme fort de sa conscience, a donné l'ordre que des registres de correspondance fussent mis sous nos yeux, et nous a autorisé à en extraire toutes les pièces que nous jugerions utiles à la manifestation de la vérité. Nous avons pu de cette façon réunir la collection complette des lettres des deux maréchaux; nous y avons joints quelques fragmens de leur correspondance avec le ministre de la guerre qui, à la vérité, font double emploi, sous quelques rapports, mais contiennent des détails qui ne se trouvent point dans les autres lettres, et font mieux connaître les vrais motifs de l'éloignement du duc d'Albuféra pour les projets de coopération qui lui étaient proposés.

Ces documens, joints aux extraits des mémoires que nous avons donnés et à nos propres réflexions, nous paraissent former un ensemble qui ne laissera aucune incertitude aux historiens à venir, sur les véritables causes de l'invasion du midi de la France en 1813 et 1814. Ils reconnaîtront aisément que, *dans l'origine,* c'est bien moins au défaut de forces nécessaires pour rejetter l'ennemi en Espagne, qu'on doit attribuer cette invasion, qu'à la mauvaise répartition qui en a été faite sur les deux parties de la frontière, et surtout à ce qu'on a maintenu sur le même théâtre deux maréchaux dont les pouvoirs se balançaient, lorsqu'il ne fallait qu'une volonté puissante, qui put réunir tous les moyens d'attaque et de défense en un seul faisceau, les faire concourir au même but, et mettre immédiatement à exécution les inspirations que le génie du chef, ou les circonstances faisaient naître, au lieu d'attendre des instructions de Paris, qui arrivaient toujours trop tard, où n'arrivaient pas du tout.

En examinant quel poids le maréchal Suchet pouvait mettre dans la balance, s'il eut pris part à la bataille de Toulouse, nous avons dû fixer notre attention sur les principales circonstances de cette action mémorable.

En parcourant les diverses relations qui en ont été faites, nous avons été surpris des différences qu'elles présentent; le général Vaudoncourt dit que les retranchemens du nord du plateau du Calvinet et la redoute coté **W** *ou grande redoute,* tinrent jusqu'à 7 heures du soir et que cette dernière ne fut évacuée que sur les ordres réitérés du général en chef français, tandis que le chef d'escadron Lapène dit : « qu'à 4 heures » de l'après-midi le lieutenant-général Clausel reçut du géné- » ral en chef l'ordre de faire replier les régimens des divisions » Harispe et Villate, d'abandonner définitivement la première » ligne des ouvrages, et que le canal des deux mers servit dès » ce moment de seconde ligne à l'armée française. »

Nous pourrions citer beaucoup d'autres passages qui présentent des différences aussi tranchées.

Si nous avons été étonnés de ces différences inconciliables, nous l'avons été encore davantage de l'accord qui règne entre ces auteurs pour attribuer la victoire à lord Wellington dans cette journée.

On trouve en effet, dans la relation du général Vaudoncourt, le passage suivant :

« La bataille de Toulouse, dont le duc de Dalmatie et le » duc de Wellington réclament tous deux l'honneur, a été » sans contredit perdue par le premier. »

M. Lapène, parlant de la perte de la redoute sypière, dit :

« Cette perte irréparable fut pour nous un coup de foudre et » nous refusions de croire à un malheur trop réel. Il fallut » donc voir tout-à-coup s'évanouir nos espérances et *abandon-* » *ner la perspective d'une victoire qui semblait assurée.* »

Le colonel Koch, dans les *Mémoires pour servir à l'histoire de la campagne de 1814*, termine ainsi sa relation publiée en 1819 : « Lord Wellington n'étant redevable de la victoire » qu'à la témérité de son lieutenant, douta long-temps de » sa bonne fortune ».

Le même auteur dans le *Traité de Tactique* du marquis de Ternay, publié en 1832, ajoute :

« Lord Wellington *victorieux*, malgré lui, par la témérité » de son lieutenant, songea alors sérieusement à tirer le » fruit d'avantages inespérés. »

La conclusion, à peu près uniforme, de ces auteurs repose évidemment sur une erreur qu'ils ont pris eux-mêmes le soin de réfuter dans le cours de leur relation. En effet, chacun d'eux a commencé par faire connaître que le maréchal Soult s'était ménagé trois lignes sur la rive droite de la Garonne, la première sur le plateau du Calvinet, la deuxième formée par le canal retranché, et la troisième par la ville même de Toulouse, qui avait été mise en défense ; ils reconnaissent que lord Wellington ne s'est pas entièrement emparé de la première, puisque l'armée française est restée maîtresse de plusieurs points importans retranchés sur la rive droite tels que le faubourg Guillemerie, la maison Cambon, le couvent des Minimes, etc. Comment donc l'ennemi, ayant trois lignes à franchir, pour obtenir la victoire, l'aurait-il obtenue quand, après avoir perdu trois fois plus de monde que son adversaire, il s'est trouvé arrêté avant d'arriver à la seconde !

Ils reconnaissent tous que le maréchal Soult était en mesure de recevoir une nouvelle bataille, et qu'il est resté le lendemain en position à l'attendre; or, quelle était cette nouvelle position dans laquelle il était disposé à combattre, elle n'est autre que la première; seulement il a fait pivoiter la droite sur le centre qui, ainsi que la gauche, sont restés inébranlables et n'ont pas perdu un pouce de terrain.

Les auteurs que nous avons cités, et leurs imitateurs, nous paraissent s'être mépris sur le véritable état de la question; ils n'ont pas fait attention que c'était une défense de place que le maréchal Soult avait à faire, qu'il avait une double enceinte, formée par l'ancienne muraille de la ville et par le canal du Languedoc, que les faibles retranchemens du Calvinet n'étaient que des ouvrages avancés. Or, qui a jamais pensé que l'ennemi qui prenait quelques ouvrages avancés fût maître d'une place, quand il lui restait encore deux enceintes à franchir, c'est-à-dire, quand le siège ne faisait que de commencer.

N'eussions-nous pour but que de réfuter des assertions qui tendent à dépouiller la France d'une victoire glorieuse, au profit de l'étranger, une nouvelle relation de notre part serait suffisamment motivée, mais indépendamment de cette raison puissante, une autre considération nous a déterminé à entreprendre ce travail. La bataille de Toulouse est tellement

propre à faire ressortir les rapports intimes qui existent entre la tactique et la fortification, qu'il nous a paru utile de
l'envisager sous ce point de vue, négligé par les auteurs qui
nous ont précédé.

D'ailleurs, en parcourant la mine féconde qui avait été
mise à notre disposition, nous y avions trouvé des pièces
précieuses, qui sont probablement restées inconnues à nos
prédécesseurs ; telles que le rapport du maréchal Soult au ministre de la guerre, et tous les ordres adressés aux généraux et
chefs de corps, depuis l'arrivée de l'armée française devant
Toulouse, jusqu'à la cessation des hostilités. Dès-lors, nous
étions assuré qu'en joignant ces pièces à la suite de nos
considérations, elles offriraient un attrait puissant que l'on
ne trouve point dans les autres relations.

Nous avons avancé que la tentative du maréchal Soult pour
dégager Pampelune, avait échoué par des circonstances indépendantes de ses dispositions ; nous avons dit également
que, si les troupes disponibles des armées d'Aragon et de
Catalogne avaient fait leur jonction devant Bayonne, lord
Wellington eut été rejetté en Espagne, et que même, après
l'envoi de divers détachemens sur la France, si les treize
mille hommes qui restaient disponibles au duc d'Albuféra
eussent pris part à la bataille d'Orthez, cette bataille eut été
gagnée par l'armée française, et que ni Bordeaux, ni Toulouse n'eussent été occupés par les troupes anglo-espagnoles. Pour justifier nos opinions à cet égard, nous avions l'intention de donner les rapports adressés par le duc de Dalmatie au ministre de la guerre, sur les principales affaires
qui ont eu lieu, et sur les circonstances les plus remarquables de la retraite, parce que ces rapports indiquent clairement
que, malgré la différence du nombre, il fallait très peu de choses

pour faire pencher la balance en faveur de l'armée française et qu'il était facile au duc d'Albuféra de faire obtenir ce résultat.

Mais ces pièces très nombreuses, que nous avons entre les mains, nous auraient forcé d'ajouter un nouveau volume qui eut doublé le prix de l'ouvrage; en conséquence, nous avons mieux aimé les réserver pour un supplément, si les correspondances que nous donnons sont accueillies avec l'intérêt quelles nous parraissent mériter.

L'ouvrage que nous offrons au public se compose de quatre parties :

1° Considérations militaires sur les Mémoires du maréchal Suchet, indiquant l'influence que ce maréchal pouvait exercer sur les évènemens, depuis le mois d'août 1813 jusqu'au mois d'avril 1814, s'il eut lié ses opérations avec celles du maréchal Soult, ainsi que la proposition lui en avait été faite à diverses époques.

2° Correspondance entre ces deux maréchaux, présentant l'historique des plans d'opérations proposés par chacun d'eux, et des fragmens de leur correspondance avec le ministre de la guerre à ce sujet.

3° Considérations militaires sur la bataille de Toulouse, envisagée sous un nouveau point de vue propre à faire ressortir les rapports intimes qui existent entre la fortification et la tactique.

4° Rapport du maréchal Soult au ministre de la guerre sur cette bataille; lettres et ordres adressés aux généraux et chefs de corps depuis l'arrivée de l'armée française devant Toulouse, jusqu'à la cessation des hostilités.

Loin de craindre qu'on nous adresse des reproches, relativement aux nombreuses pièces justificatives que nous donnons, c'est principalement sur elles que nous comptons pour le succès de cette publication; nous regrettons même de ne pouvoir en donner beaucoup d'autres qui nous ont paru offrir un puissant intérêt, mais qui sortiraient du cadre dans lequel nous avons voulu nous renfermer; toutefois, nous ne pouvons résister au désir d'en faire connaître une qui montrera avec quelle sagacité le maréchal Soult jugeait les officiers placés sous ses ordres, le soin qu'il prenait de mettre chacun à sa place, et à quelle hauteur de vue il savait s'élever, en formant un plan de campagne qui eut infailliblement sauvé la France s'il eut été mis de suite à exécution. Voici cette lettre :

LETTRE DU DUC DE DALMATIE, AU MINISTRE DE LA GUERRE.

Bayonne, 17 janvier 1814.

« Hier, j'ai eu l'honneur de rendre compte à V. E., par le » retour de son aide-de-camp, que, pour me préparer à faire » partir le corps de 10,000 hommes dont il s'agit dans la dépê- » che du 10 de ce mois, *lorsque les troupes espagnoles seront* » *rentrées en Espagne, ainsi qu'il est dit dans l'ordre,* j'avais à » cet effet, désigné les septième et neuvième divisions comman- » dées par MM. les *généraux* Leval et Boyer, et que, pour ren- » forcer la garnison de Bayonne, je croyais utile d'y ajouter la » troisième division d'infanterie aux ordres du général Abbé, » ce qui la porterait à près de quinze mille hommes.

« J'ai également instruit V. E. que, considérant cette gar- » nison trop forte pour n'y laisser qu'un seul général de divi- » sion, je donnerais ordre à M. le lieutenant-général comte » Reille d'en prendre le commandement supérieur, et même

» de s'enfermer dans la place, au cas où elle serait investie
» par l'ennemi.

  « J'ai effectivement donné des ordres en conséquence à
» M. le comte Reille, mais il vient de me représenter que
» M. le général de division Thouvenot, ayant reçu des lettres-
» patentes de l'Empereur, qui le nomme commandant
» supérieur à Bayonne, ce général, se considérant comme
» seul responsable, pourrait, en cas de siège, méconnaître
» son autorité, et n'avoir égard aux ordres qu'il donnerait
» qu'autant qu'ils auraient rapport à la police des troupes qui
» seraient directement sous son commandement.

  « Cette observation, que tout autre à la place de ce dernier,
» (le comte de Reille) m'eut faite, peut être fondée; cependant
» croyant devoir laisser quatorze ou quinze mille hommes à
» Bayonne, pour défendre la place, ainsi que les camps retran-
» chés qui en dépendent, je ne pense pas qu'il soit suffisant
» d'un seul général de division (qui même vient d'être promu)
» pour commander toutes ces troupes, lesquelles formeront la
» valeur de deux fortes divisions. Il me paraît donc utile au
» service de S. M. qu'indépendamment du général de division
» Abbé, que je ferai entrer en supplément à Bayonne, il y ait
» un des lieutenans-généraux de l'armée pour commander
» supérieurement sur le tout. Ainsi, je prie V. E. de vouloir
» bien prendre à ce sujet les ordres de l'Empereur, et lorsque
» S. M. aura manisfesté ses intentions, d'avoir aussi la bonté
» de délivrer en conséquence des commissions, lesquelles, ne
» devront être remises qu'à l'instant même où l'investissement
» pourra avoir lieu.

  « Mais M. le comte Reille m'a montré un grand éloignement
» pour s'enfermer dans Bayonne, si les circonstances l'exi-
» geaient. D'après cela je craindrais de le proposer, car un ser-
» vice que l'on fait avec regret, n'est jamais aussi bien rempli

» que lorsque le sentiment et l'affection y portent, quelque
» puissans d'ailleurs que puissent être les sentimens d'hon-
» neur et de dévoument.

» Si donc l'intention de l'Empereur est qu'un lieut.-général
» reste à Bayonne pour y commander la place, la citadelle, les
» camps retranchés qui en dépendent, et les 14 ou 15 ,000 h.
» de garnison que j'y laisserai, je proposerai à V. E., M. le
» L^t.-G^{al}. Cte. d'Erlon, qui a la capacité et la force de caractère
» nécessaires pour remplir avec honneur ce commandement.

» Cette disposition ne devrait naturellement recevoir son
» exécution qu'au moment où la place serait menacée d'être
» investie, *évènement qui me paraît ne devoir arriver que lorsque*
» *l'armée d'Espagne, ayant été affaiblie par des détachemens, ne*
» *sera plus en état d'opposer une résistance suffisante aux ennemis,*
» *ce qui aura lieu le jour même où je serai dans le cas de faire partir*
» *pour l'intérieur le corps de* 10, 000 h. *que par la dépêche du* 10
» *de ce mois, j'ai reçu ordre de tenir prêt.* Alors il serait inutile de
» conserver à l'armée un état-major aussi nombreux que
» celui qu'il y a, et je proposerais de modifier l'organisation
» actuelle, en supprimant l'état-major général de l'armée, et en
» ne laissant qu'un lieut.-général pour commander les trou-
» pes qui resteraient, indépendamment de la garnison de
» Bayonne, après que tous les détachemens seront partis.

» Ce corps, quelle que fût sa force et sa composition, aurait
» pour objet de tenir tête aux ennemis, tant que cela serait
» en son pouvoir *sans se compromettre,* et s'il était forcé,
» *comme cela arriverait infailliblement,* il devrait toujours s'ap-
» puyer des montagnes, *de manière à être sur les flancs ou les*
» *derrières des ennemis,* s'ils s'engageaient dans le pays; *enfin*
» *faire une guerre de partisans.*

» M. le lieutenant-général Clausel me paraîtrait très propre
» à commander ce corps; il est du pays, il parle la langue

» des habitans, et *a d'ailleurs toutes les connaissances et l'acti-*
» *vité nécessaires.*

» M. le comte Reille pourrait alors marcher avec les troupes
» qui se dirigeraient sur Paris, ou recevoir telle autre destina-
» tion qu'il plairait à S. M., soit même celle d'aller en Pro-
» vence et en Dauphiné pour y lever et y organiser une
» armée.

» Dès ce moment, ma présence n'étant plus nécessaire à
» l'armée, et pouvant être utile ailleurs pour le service de
» l'Empereur, je vous prierais, M. le duc, de demander mon
» rappel à S. M., et de proposer en même temps le chan-
» gement de destination des généraux et officiers de l'état-
» major de l'armée qui ne seraient point employés.

» J'insiste sur cette proposition parce qu'il me paraît que
» si, malgré le refus des Espagnols de reconnaître l'arran-
» gement fait avec le prince Ferdinand, les circonstances
» deviennent assez pressantes pour que l'Empereur soit dans
» le cas de retirer de l'armée d'Espagne les deux corps d'in-
» fanterie de dix mille hommes chacun, le restant de la
» cavalerie, et presque la totalité de l'artillerie, dont la dépê-
» che du 10 de ce mois fait mention, *l'on doit inévitablement*
» *changer de système dans la manière de faire la guerre sur cette*
» *frontière, et n'avoir que des corps nombreux de partisans, au lieu*
» *d'une ombre d'armée qui serait sans consistance comme sans*
» *valeur, et qui exposerait peut-être à perdre ce qui en resterait,*
» *si on la mettait dans le cas de livrer de nouveaux combats en ligne.*

» Pour commander ces corps de partisans, il faudrait ce-
» pendant un centre et une direction; M. le lieutenant-géné-
» ral Clausel, que j'ai proposé, conviendrait parfaitement,
» surtout *si l'on mettait à sa disposition tous les généraux qui*
» *sont des départemens de la rive gauche de la Garonne, et*
» *si ses pouvoirs étaient assez étendus pour obliger les habitan*

» *de toutes les classes, en état de porter les armes, à marcher*
» *avec lui.*

» Je ne me dissimule pas cependant, que *la nécessité de couvrir*
» *la capitale et de former au centre de l'Empire une armée formida-*
» *ble, qui en impose aux ennemis, peut seule donner lieu à l'adop-*
» *tion de ce système, dont les conséquences les moins défavorables*
» *seraient de voir les ennemis s'emparer, sans résistance, de tout le*
» *pays situé à la rive gauche de la Garonne. Mais si les circonstan-*
» *ces* sont telles qu'il n'y ait pas de meilleur parti à prendre,
» *il ne faut pas hésiter, car le mal serait presque sans remède si la*
» *capitale était compromise, au lieu qu'il pourrait être réparé*
» *si quelques villes du midi tombaient au pouvoir des ennemis.*

» Les observations que je viens de vous soumettre, **M.** le
» duc, tendent donc à *proposer à l'Empereur la formation d'une*
» *armée aussi forte que possible en avant de Paris, par la réunion*
» *de toutes les troupes disponibles des autres armées, ainsi qu'à la*
» *formation d'une multiplicité de corps de partisans sur tous les*
» *points de l'Empire, où des troupes ennemies auraient pénétré ou*
» *qui seraient menacés.*

» Si cette proposition est approuvée, je vous prie, **M.** le duc,
» vouloir bien me faire parvenir le plutôt possible des ordres
» en conséquence, ainsi que pour les généraux qui devront
» commander les troupes que je laisserai en cette partie; car
» j'entends bien que, dans ce cas, l'intention de l'Empereur
» ne serait point que j'y restasse.

» Enfin, je prierai V. E. de vouloir bien, lorsqu'elle m'é-
» crira, m'énoncer clairement ce que je devrai faire, 1° dans
» le cas où les troupes espagnoles resteraient et que les arran-
» gemens faits avec le prince Ferdinand ne seraient point
» acceptés; 2° dans le cas où ces troupes partiraient et que
» l'armée anglaise, nous voyant affaiblis sur cette frontière,
» se porterait en avant; et 3° dans le cas où les changemens,

» qui pourront survenir en Espagne, mettraient l'armée
» anglaise dans la nécessité de se retirer.

» A ce sujet, j'ai l'honneur de réitérer à **V. E.** que, *quelque*
» *ordre qui me soit donné, je m'y conformerai avec empressement.*
» *Je désire seulement qu'il soit assez clair pour ne pas me laisser*
» *dans l'incertitude.* Je demande aussi que, dans le cas de disso-
» lution de l'armée, ou si même les détachemens, dont la
» dépêche du 10 de ce mois fait mention, se mettent en
» marche, il me soit donné ordre de partir en même temps
» pour me rendre à Paris prendre les ordres de l'Empereur.

» J'en ai trop dit pour ne pas épancher entièrement ma
» pensée : j'ose donc manifester qu'il me paraîtrait également
» utile que *tous les maréchaux de l'Empire, les généraux, les*
» *chefs de corps, les officiers de tout grade en activité ou retirés du*
» *service, qui ne seraient pas employés à la grande armée, que,*
» d'après mon système, *l'Empereur formerait en avant de Paris,*
» *fussent envoyés dans leurs départemens pour y former des corps,*
» *et les amener ensuite à la réunion générale, s'ils n'étaient pas*
» *activement utilisés comme partisans, et qu'ils eussent même l'au-*
» *torisation d'obliger militairement tous les hommes en état de*
» *porter les armes à marcher, et à se monter ou s'armer eux-*
» *mêmes.* Cette mesure, *qui peut-être paraîtra révolutionnaire,*
» obtiendrait infailliblement des résultats, tandis que je n'en
» attends aucun, ou du moins de très faibles, de la plupart des
» commissaires extraordinaires que **S. M.** a nommés dans les
» divisions militaires; *ces commissaires sont de trop grands per-*
» *sonnages; ils temporiseront, feront des proclamations et traiteront*
» *tout civilement, au lieu qu'il faudrait agir avec vigueur pour obtenir*
» *promptement un résultat qui étonne le monde;* car, quoiqu'on en
» dise, les ressources ne sont pas épuisées, il faut seulement

» forcer ceux qui les possèdent à les utiliser, quelle que soit
» leur nature, à la défense du trône et de l'Empereur.

  » J'ai l'honneur de prier V. E. de vouloir bien met re ma
» lettre sous les yeux de l'Empereur. »

Nul doute que si les moyens vigoureux proposés dans cette
lettre eussent été employés , on eût obtenu un résultat qui
eut *étonné le monde*, et le rocher de Sainte-Hélène n'eut pas
dévoré le grand homme auquel ce système était proposé.

CONSIDÉRATIONS MILITAIRES

SUR LES

MÉMOIRES DU MARÉCHAL SUCHET,

DUC D'ALBUFÉRA,

Par T. Choumara,

Ancien capitaine du Génie.

Heureux les hommes de cœur qui avaient vingt ans en 1792 ! A vingt-six ans ils étaient colonels, lieutenans-généraux à vingt-neuf ! Ils commandaient des divisions et des corps d'armée ; chassaient les Prussiens de la Champagne, les culbutaient à Iéna et visitaient Berlin. Ils battaient les Anglais à Hondtschoote et aux Dunes, enlevaient des flottes avec de la cavalerie et donnaient la liberté à la Hollande. Ils battaient les Autrichiens à Marengo, à Ulm, à Ratisbonne, délivraient l'Italie et faisaient flotter l'étendart tricolore sur les murailles de Vienne. Ils écrasaient les Russes à Zurich, les noyaient à Austerlitz et vengeaient la Pologne !

D'aussi brillans résultats ne s'obtenaient, ni sans fatigues, ni sans dangers ; les balles et les boulets faisaient des brèches nombreuses ; mais qu'importent les fatigues et les dangers quand on combat pour la patrie, pour la liberté et pour le triomphe des idées généreuses !

Les officiers-généraux qui n'ont pas été moissonnés sur les champs de bataille, ont rencontré un autre écueil ; de leurs rangs est sorti une espèce de météore qui les a tous éclipsés ! Napoléon, en se plaçant sur le premier plan, les a refoulés dans le lointain ; de généraux de la France qu'ils étaient, ils sont devenus les généraux de l'Empereur, il leur a encore été permis d'avoir de l'intelligence et de la bravoure, mais le domaine du génie leur a été interdit; réservant pour lui les grandes conceptions stratégiques qui décident en quelques instans du sort des empires, de simples exécuteurs de ses volontés lui ont suffi, tant que le théâtre de la guerre a été fixé sur un seul point ; mais lorsque le champ des combats, s'étendant outre mesure, eut embrassé le nord et le midi, il fut forcé de déléguer une partie de son autorité à ses lieutenans ; c'est à cette nécessité que le maréchal Suchet dût le commandement de l'armée d'Aragon, qui faillit lui être funeste à son début, mais qu'il sut rendre glorieux par de bonnes mesures militaires, politiques et administratives, et qui a été la source de mémoires intéressans digne de fixer l'attention des officiers de toutes les classes et de toutes les armes.

En lisant ces mémoires, on ne doit point y chercher les brillantes combinaisons à l'aide desquelles le chef de la grande nation faisait converger, à jour fixe, ses corps d'armée sur la position qu'il avait fixée pour terminer, d'un seul coup, une campagne et forcer les monarques ennemis de tomber à ses pieds.

Le petit nombre d'hommes dont se composait d'abord l'armée du maréchal Suchet, le pays où il devait agir, l'ennemi qu'il avait à combattre, les obstacles qu'il avait à vaincre, lui interdisaient jusqu'à un certain point les vastes pensées, et lui dictaient une autre conduite. Toutefois ses succès, quoique moins rapides, n'ont pas été moins réels. *3,896 officiers, 78,205 soldats prisonniers de guerre, un grand nombre de forteresses, 1,415 bouches à feu, 94 drapeaux,* conquis par cette petite armée, indiquent suffisament que cette partie de la guerre d'Espagne mérite d'être étudiée avec soin. Le tableau suivant en forme un éloquent résumé.

ÉTAT NUMÉRIQUE DES HOMMES,

Des Drapeaux et des Canons pris à l'ennemi, pendant les années 1809, 1810, 1811, 1812 et 1813, par l'armée d'Aragon, aux ordres du maréchal Suchet, duc d'Albuféra.

NOMS ET DATES DES ACTIONS DE GUERRE.	PRISONN. Offic.	PRISONN. Sold.	DRAPEAUX.	BOUCHES A FEU.
1809				
15 et 18 juin. Bat. de Maria et de Belchite	261	4185	4	34
1810				
23 avril . . . Combat de Margalef	280	5337	4	3
14 mai . . . . Prise de Lérida	343	7435	10	133
8 juin. . . . Prise de Méquinenza. . . .	78	1322		45
26 nov. . . . Combat d'Uldecona	92	2800		
1811				
2 janv. . . . Prise de Tortose.	417	9044	9	182
9 id. . . . . Prise du fort St.-Philippe au col du Balaguer.	14	108		11
du 29 mai au 29 juin . . . . Prise de Tarragone et de ses forts.	608	11214	23	337
25 juillet. . . Prise du Mont-Serrat . . .	1	30	2	10
10 octobre. . Prise d'Oropesa	5	210		6
25 id. . . . . Bataille de Sagonte	272	4409	4	12
26 id. . . . . Prise de Sagonte	139	2433	6	17
26 déc. . . . Investissement de Valence		500	1	24
1812				
9 janvier . . Prise de Valence.	924	17298	24	393
19 id. . . . . Occupation de Denia . . .				66
4 février . . Prise de Peniscola.				74
21 juillet. . . Combats de Castalla et Ibi.	134	3038	3	2
1813 11, 12, 13 av. Affaires de Iecla, Villena et Biar.	114	2686	2	2
12 juin. . . . Sous Tarragone				18
12 septembre Combat d'Ordal		500		4
de 1809 à 1814 Combats particul. livrés par divers génér. et officiers.	247	5656	5	42
	3896	78205	94	1415
		82101		

Ce tableau, qui permet de saisir d'un coup-d'œil l'ensemble des opérations de cette campagne de 5 *ans*, en dit plus qu'une froide analyse, qui ne serait qu'une répétition ou une amplification de la table des matières. Pour bien apprécier la valeur des succès qu'il retrace, il faut connaître les ressources avec lesquelles ils ont été obtenus, le nombre des troupes, l'état dans lequel elles étaient lorsque le maréchal Suchet prit le commandement du troisième corps, devenu plus tard armée d'Aragon. En résumant l'exposé qu'il en fait nous trouvons :

1° Qu'au lieu d'être composé de 20,000 hommes, comme le gouvernement le supposait, le troisième corps n'en comptait qu'environ 10,000 disponibles.

2° Que ce corps d'armée venait d'éprouver un échec, qui l'avait forcé d'abandonner ses positions et lui avait coûté huit de ses meilleures compagnies.

3° Que le maréchal Suchet lui-même éprouva un revers à la première opération qu'il voulut tenter, parce que ce corps d'armée était démoralisé.

4° Que cette démoralisation tenait à ce que ces troupes étaient mal payées, mal nourries, mal vêtues et surtout *aux injustices dont ce corps avait été l'objet, ayant été privé de récompenses, après les fatigues, les dangers et les pertes qu'il avait éprouvés au siège de Sarragosse.*

5° *Que ces injustices étaient la conséquence de la mésintelligence qui existait entre les chefs.*

De tous temps le soldat a été victime des rivalités des chefs. Sans remonter au siège de Troye et à la colère d'Achille, nos annales en fournissent de si nombreux exemples, qu'ils suffiraient seuls pour expliquer tous nos désastres. Tantôt un général laisse battre un rival auquel il aurait pu faire obtenir un brillant succès en le secondant; tantôt il s'éloigne sous un prétexte frivole, pour ne pas se trouver sous les ordres d'un plus ancien que lui et fait manquer une manœuvre décisive; tantôt c'est un ministre qui prend soin que l'armée du général qu'il n'aime pas, soit privée de tout ce qui pourrait lui procurer des succès et de la gloire, ou qui enlève le commandement au général expérimenté qu'il déteste, pour le donner à une de ses créatures, incapable de guider un grand corps de troupes, etc., etc. La guerre d'Espagne est une de celles qui présentent le plus d'exemples des revers occasionnés par ces ignobles causes. Indépendamment de celui qui est signalé par le maréchal Suchet, combien d'autres ne pourrions-nous pas citer : qui ne connaît les funestes démêlés des maréchaux Ney et Masséna, qui faillirent perdre l'armée française de Portugal, et privèrent le sixième corps de son chef, dans un de ces momens décisifs où l'armée de lord Wellington imprudemment engagée à Fuentes de Onoro, ayant derrière elle la rivière encaissée du Coa et la place d'Almeida, eût été infailliblement détruite, si les belles charges du général Montbrun eussent été soutenues, comme elles devaient l'être, ne fut-ce que pour ramasser les prisonniers qu'il avait faits. Qui ne connaît enfin les graves inconvéniens qui ont été le résultat de l'agglomération de plusieurs maréchaux dans une même armée, loin de l'œil du maître, et combien peu les règles de la discipline, tant recommandées à leurs subordonnés, étaient respectées par ceux d'entre-eux qui se trouvaient en sous-ordre.

Le maréchal Suchet a compris ce qu'il y a d'odieux dans la conduite d'un général qui laisse écraser l'armée confiée au commandement d'un de ses collègues, au lieu de lui porter secours; il n'a point voulu rester sous le poids de l'accusation dirigée contre lui par la voix publique, à l'occasion de la bataille de Toulouse; il a consacré une partie des deux derniers chapitres de ses mémoires à prouver qu'il n'avait ni pu, ni dû, lier ses opérations à celles du maréchal Soult et prendre part à cette bataille. Pour arriver à cette preuve, il a cité des fragmens assez étendus de sa correspondance avec le ministre de la guerre, représentant naturel de l'empereur Napoléon, et avec le maréchal Soult.

Les documens qu'il présente sont-ils concluans en faveur de la thèse qu'il soutient? les conséquences qu'il en a tirées sont-elles justes? les assertions qu'il met en avant sont-elles fondées? C'est ce que nous croyons devoir examiner avec impartialité et avec tout le soin que mérite cette question importante; non-seulement parce qu'elle concerne deux hommes qui occupent un rang distingué dans nos fastes militaires; mais encore parce qu'elle se rattache à un des points les plus importans de l'histoire de nos jours, qu'elle est liée à l'une des plus épouvantables catastrophes qui aient pesé sur la France, qu'elle offre d'utiles leçons pour le présent et pour l'avenir, sous les rapports politiques et militaires.

La perte de la bataille de Vittoria, le 21 juin 1813, par le roi Joseph, en refoulant l'armée française sur la frontière, avait mis le maréchal Suchet dans la nécessité d'évacuer le royaume de Valence pour rentrer en Catalogne.

« Il concentra son armée dans la plaine de Villafranca
» pour vivre des ressources du pays, sans s'éloigner de Tar-
» ragone, et en se tenant à portée de Barcelone et du général
» Decaen.

» Les premières nouvelles officielles de la bataille de
» Vittoria qu'il reçut du ministre de la guerre, ne lui
» parvinrent qu'à la fin de juillet et au commencement

» d'août (1). Elles étaient de nature à atténuer la grandeur du
» mal, et à entretenir l'espoir de rétablir promptement les
» affaires dans le nord de l'Espagne. Elles annonçaient un
» puissant renfort, dans l'arrivée du maréchal Soult, duc
» de Dalmatie, qui vint recueillir l'armée battue à Vittoria
» et en prendre le commandement.

« L'empereur voulut redonner tout de suite une direction
» offensive à cette armée, pour dégager Pampelune, Saint-
» Sébastien et Santona, bloquées ou assiégées par l'ennemi.
» Mais le premier mouvement tenté à cet effet, le 28 juillet,
» n'eut pas le succès qu'on devait en attendre. Lord Welling-
» ton, après avoir suspendu un moment son opération contre
» ces places, la reprit aussitôt, et les armées anglo-espagnoles
» continuèrent de se porter en avant. Lord Bentinck passa
» l'Ebre, et la flotte s'approcha de Tarragone et de Barce-
» lone. Le maréchal Suchet se rendit dans cette dernière
» place, dont la conservation était l'objet capital en Catalo-
» gne, et s'informa des mesures prises pour la mettre à l'abri
» de tout danger. Ses divisions restèrent à Villafranca;
» elles occupèrent Villanova de Sitgès, pour diminuer en
» s'étendant la difficulté des subsistances qui ne tarda
» pas à se faire sentir; et l'avant-garde fut établie à Arbos
» et à Vendrell.

» Lord Bentinck et le duc del Parque, ayant laissé autour
» de Tortose, et de toutes nos places en arrière, les forces
» nécessaires pour les bloquer, s'étaient approchés de Tarra-
» gone depuis le 29 juillet et en avaient formé l'investisse-
» ment; les troupes espagnoles aux ordres du général Co-
» pons serraient de près le flanc droit de nos positions pour

(1) La lettre du ministre est du 8 juillet, il peut paraître étonnant
que le maréchal Suchet ne l'ait reçue qu'à la fin du mois.

» nous enlever les vivres, et saisissaient toutes les occasions
» de nous combattre en détail, ou de nous surprendre. Le
» 7 août, un bataillon du 1er léger italien, chargé de gar-
» der les moulins de San Saturni, fut attaqué à l'impro-
» viste, par deux mille hommes, et perdit deux cents hom-
» mes tués, blessés ou prisonniers. On n'avait plus de nou-
» velles du général Bertoletti (1); mais le feu continuel de
» son artillerie annonçait qu'il était attaqué, et le maréchal
» savait que sa place, dans l'état où elle était, ne pouvait
» rester long-temps livrée à elle-même. Cependant, *le nom-*
» *bre des ennemis l'obligea d'attendre que le général Decaen pût*
» *venir le joindre, avec une partie de l'armée de Catalogne.* Ce
» général amena huit mille hommes, commandés par les
» généraux Maurice Mathieu et Maximilien Lamarque; ils
» se réunirent le 14 août avec l'armée d'Aragon à Villafranca.
» Le maréchal fit porter en avant les divisions Harispe et
» Habert, avec la cavalerie du général Delort, par la route
» de Vendrell et d'Altafoulla, uniquement dans la vue d'at-
» tirer de ce côté l'attention de l'ennemi; car près du ri-
» vage de la mer, ses colonnes auraient eu trop à souffrir
» du canon de la flotte. Cette démonstration suffit, comme
» il l'avait espéré, pour faire dégarnir par l'ennemi les po-
» sitions de Brasin et du col de Sainte-Christine. Nous les
» occupâmes et l'armée se porta rapidement le 15 au-delà
» de la Gaya. Les troupes du général Decaen s'approchèrent
» de Valls et du Francoli; l'ennemi s'était mis en bataille
» en avant de Tarragone, mais son projet n'était pas
» de combattre dans cette position, et dans la nuit il
» opéra sa retraite par la direction de Reus et Cambrils.
» En 1811, le maréchal Suchet avait attendu sur le

(1) Gouverneur de Tarragone.

» même terrain l'approche du général Campoverde; pressé
» par la nécessité de défendre les travaux d'un siège prêt
» à finir, il se décidait à tenir tête à la fois à une garnison
» nombreuse et à une armée de secours, quelque périlleuse
» que fût cette double épreuve. Lord Bentinck, en 1813, se
» crût avec raison dispensé de courir la même chance : il
» pouvait ajourner la reprise de Tarragone, dont il n'igno-
» rait pas d'ailleurs l'état véritable. Il s'éloigna en bon
» ordre; le maréchal le fit suivre dans les journées du 16 et
» du 17. Les défilés de l'Hospitalet, flanqués par toute la
» flotte anglaise, ne permirent pas de pousser plus loin un
» ennemi supérieur en force et non entamé. Le maréchal
» ne s'occupa plus que d'achever la démolition et l'évacua-
» tion de Tarragone. Tout étant prêt pour cette opération,
» on fit sauter, dans la nuit du 18, les principales parties
» de la vieille enceinte et des fortifications encore existan-
» tes. La place, démantelée presque entièrement, fut aban-
» donnée sans retour. Le général Bertoletti, à la tête de
» deux mille hommes, conduisant six bouches à feu, re-
» joignit l'armée, qui rentra dans ses positions, et que le
» besoin de vivres ramena peu après sur la ligne du Llo-
» bregat, aussitôt que les ressources de la plaine de Villa-
» franca se trouvèrent épuisées.

» Placé sur cette ligne, le maréchal *conservait la communi-*
» *cation avec Lérida, et couvrait la place de Barcelonne, ainsi*
» *que la route de Perpignan.* Il s'y trouva en relations directes
» avec le maréchal duc de Dalmatie, qui commandait aux
» Pyrénées-Occidentales, et dont tous les efforts, à cette
» époque, tendaient à délivrer la place de Pampelune. *Ce*
» *maréchal avait proposé, dans cette vue, un projet par lequel*
» *l'armée d'Aragon aurait menacé le flanc droit de l'armée de*
» *lord Wellington vers les frontières de Navarre, en se portant*

» sur *Sarragosse, dont le château tenait encore, et sur Jaca, où*
» *le général Pâris gardait le défilé. Cette marche devait coïncider*
» *avec celle que ferait de son côté le maréchal Soult, en repas-*
» *sant les Pyrénées et attaquant les Anglais.* Mais, dans ce mou-
» vement ; *la petite armée d'Aragon pouvait courir de grands*
» *risques, et son éloignement de Catalogne, au moment*
» *ou une armée nombreuse nous suivait de près, pouvait*
» compromettre la frontière de France; c'est ce que le mi-
» nistre de la guerre sentit, et le maréchal Soult lui-même
» reconnut bientôt les difficultés de l'entreprise. »

L'exposé que nous venons de présenter est tiré des
mémoires du maréchal Suchet (1); il était nécessaire pour
bien faire connaître les positions respectives des armées
françaises et étrangères dans les Pyrénées. Arrêtons-nous
sur cette première époque des relations établies entre les
deux maréchaux.

PREMIÈRE ÉPOQUE.

Le maréchal Soult écrivit au maréchal Suchet les 6, 10,
11 et 16 août 1813; les 2 premières lettres furent envoyées
par des émissaires, celle du 11 et le triplicata de celle du
10 fut portée par M. de Choiseuil, chef d'escadron aide-de-
camp; celle du 16 fut portée par estaffette, avec le duplicata
de celles qui avaient précédé (2).

Le maréchal Suchet reçut la première le 14 août à Villafranca au moment où il partait pour dégager Tarragone (3);
celles du 10 et du 11 dont M. de Choiseuil était porteur, lui

(1) Mémoires, tom. 2, pag. 327 à 332.
(2) Voir ces quatre lettres, 2e partie, nos 1, 2, 3 et 4.
(3) Voir les lettres du 23 août au ministre de la guerre et au
maréchal Soult.

furent remises le 21 au matin près de *Molinos del Rey*, et le même jour, il reçut à Barcelone celle du 16, immédiatement après son retour du déblocus de *Tarragone, qui avait eu lieu par une combinaison de même nature que celle qu'on lui proposait, puisque c'était avec le concours de l'armée de Catalogne qu'il avait rejeté les Anglo-Espagnols dans les défilés de l'Hospitalet.*

Supposons que le maréchal Suchet eut adopté immédiatement le plan du maréchal Soult, qu'il en eut préparé de suite la mise à exécution, de concert avec le général Decaen profitant de l'heureuse circonstance de la réunion des armées d'Aragon et de Catalogne qui était toute faite, qu'à près y avoir joint les troupes disponibles sur quelques autres points, ou qui occupaient des postes peu importans, aulieu de rentrer dans ses cantonnemens de Villafranca, il eut commencé son mouvement, il serait arrivé dans les premiers jours de septembre, avec au moins *trente mille hommes* sur le flanc droit de l'armée de lord Wellington, qui eut été forcé de se retirer précipitamment ou de livrer une bataille décisive, dans une position presque désespérée, sa droite étant tournée, et sa ligne de retraite menacée.

En portant à trente mille hommes, au moins, les forces avec lesquelles le maréchal Suchet pouvait marcher sur le flanc droit de l'ennemi, nous sommes loin d'exagérer.

Ce maréchal dit : que les troupes de l'armée de Catalogne étaient à sa disposition pour les opérations actives, avant leur réunion à son commandement effectif (1).

Il dit : que l'armée dans son ensemble présentait une force d'environ *trente-deux mille hommes* (2).

(1) Mémoires, tom. 2, pag. 344.
(2) Mémoires, pag. 350.

Il donne deux états qui portent le total à *trente-deux mille cinq cent quatre-vingt-huit* hommes, *et trois mille deux cent quatre-vingt-sept* chevaux (1).

En rapprochant divers passages de ses mémoires nous trouvons :

1° Que du 29 novembre au 26 décembre 1813, il a été retiré de ces armées et dirigé sur France (2) 9583 hommes, sur lesquels 404 cavaliers envoyés à Puycerda, pour se refaire ont dû rentrer dans les rangs, reste en perte 9179

2° Qu'au mois de janvier 1814, il a été mis dans Barcelone pour en former la garnison. (3) . 8000

3° Qu'à la fin de janvier 1814, il a été dirigé sur Lyon (4) 10,183

4° Que le 8 mars 1814, il a été dirigé sur le même point (5) 9661

5° Qu'il restait le 5 avril 1814, en combattans disponibles (6) 11,327

Total. 48,350

Les garnisons des places ou forts de *Dénia, Sagonte, Peniscola, Morella, Mequinenza, Mouzon, Tortose* et *Lérida* formant un total de 9501 hommes ne sont point comprises dans ce nombre (7).

Il résulte de ces faits, puisés dans les mémoires du maré-

(1) Mémoires, pag. 484 et 485.
(2) Mémoires, pag. 451 et 486.
(3) Mémoires, pag. 357 et 458.
(4) Mémoires, pag. 361.
(5) Mémoires, pag. 369.
(6) Mémoires, tom. 2, pag. 383.
(7) Mémoires, tom. 2, pag. 458.

chal Suchet lui-même, que s'il eut fait son mouvement avec trente-deux mille hommes, il fut encore resté 16,350 hommes pour former les garnisons de Barcelone, Figuères, Gironne, et garder la frontière, ou garnir les places des Pyrénées-Orientales. Si l'on remarque *qu'une armée est toujours obligée, plus ou moins, de suivre les mouvemens de son adversaire* (1); et que par conséquent lord Bentinck eut été obligé de suivre le mouvement du maréchal Suchet, on peut regarder ce nombre, si non comme trop considérable au moins comme suffisant pour l'objet qu'il avait à remplir.

C'eût été un beau spectacle que celui des canons des maréchaux Soult et Suchet se répondant et grondant ensemble contre les masses anglo-espagnoles, ces maréchaux se serrant la main sous les murs de Pampelune, et marchant de concert à la poursuite de l'armée ennemie, ou de ses débris et la refoulant loin de nos frontières. Quelles conséquences immenses eut entrainé ce mouvement! C'est alors que les négociations fussent devenues faciles avec les espagnols, trop heureux qu'on voulut bien évacuer leur territoire et leur rendre leur roi, pour courir la chance de nouveaux combats, c'est alors que les garnisons restées dans les places des provinces de Valence, d'Aragon et de Catalogne fussent rentrées naturellement dans les rangs de l'armée active; c'est alors, enfin que *cent mille* braves rendus disponibles, se réunissant à l'armée de Napoléon, fussent tombés comme la foudre sur les hordes étrangères qui pénétrèrent plus tard au cœur de la France, *ou plutôt elles n'y eussent jamais pénétré.*

Oui, la combinaison proposée par le maréchal *Soult* était aussi féconde en grands résultats quelle était simple; si elle

(1) Mémoires, tom. 2, pag. 333.

eut été mise à exécution en temps utile, la France était sauvée ! Le duc d'Albuféra n'eut pas eu le mérite de l'idée première ; mais en la saisissant tout d'abord, il s'y fut associé ; on eut naturellement pensé que, dans la même circonstance, il eut fait la même proposition ; sa noble et franche coopération l'eut mis au niveau de son collègue ! *Pourquoi ne pouvons - nous ajouter ce nouveau laurier à ceux qui couronnent son front ?*

Mais, dira-t-on, le maréchal Suchet dépendait du ministre de la guerre et ne pouvait agir sans son autorisation ; cela est vrai, et c'est parce qu'il était suffisamment autorisé qu'il a eu tort de ne pas agir. On trouve, en effet, dans la lettre du ministre, du 13 août 1813, le passage suivant :

« Au surplus, M. le maréchal, ces vues restent toujours » subordonnées aux lois de la nécessité, aux besoins du » moment et aux opérations ultérieures de l'ennemi. *C'est* » *à vous à juger sur les lieux ce qui est possible, et surtout ce* » *qui convient le mieux au service de l'Empereur* (1). »

Il est clair, d'après ce passage, que la décision de la question était en quelque sorte remise à la disposition du maréchal Suchet, c'était un plein pouvoir pour agir ; ce sont ses observations qui ont ensuite influencé le ministre en sens contraire : examinons donc ses objections.

« Dans ce mouvement, dit-il, la petite armée d'Aragon » pouvait courir de grands risques, et son éloignement de » Catalogne, au moment où une armée nombreuse la sui- » vait de près, pouvait compromettre la frontière de » France. »

Cherchons quelle était la nature des risques que pouvait

____

(1) Mémoires, tom. 2 pag. 465. Le maréchal Suchet n'a donné qu'un extrait de cette lettre et a omis des passages importans que nous rétablissons.

courir l'armée d'Aragon et s'ils étaient de nature à faire renoncer à une expédition dont la réussite eut amené de si grands résultats (1).

Dans le cas où le mouvement projeté aurait eu lieu, les combinaisons que l'ennemi pouvait faire se réduisent aux suivantes :

Ou bien il serait entré en Catalogne pour tenter de s'emparer de quelques places, ou il aurait passé outre pour pénétrer en France, ou il aurait suivi le maréchal Suchet dans son mouvement, ou lord Wellington eût détaché une partie de ses forces pour attaquer le maréchal Suchet de concert avec lord Bentinck, ou enfin lord Bentinck eût cherché à faire sa jonction avec lord Wellington, pendant que le maréchal Suchet eût fait la sienne avec le maréchal Soult.

Si l'ennemi fût entré en Catalogne et se fût amusé à faire des sièges, l'armée du maréchal Suchet eût marché sans obstacles; son mouvement eût pu se faire avec une grande rapidité, après avoir dégagé Pampelune et Saint-Sébastien, repoussé ou battu l'ennemi, il eût pu revenir promptement en Catalogne et dégager les places menacées ou assiégées.

Si l'ennemi eût pénétré en France, il eût été obligé de laisser son artillerie, car les routes à canons étaient commandées par les places que nous occupions. Il aurait eu derrière lui toutes les places de la Catalogne, se fût trouvé au milieu de celles des Pyrénées Orientales ; si le maréchal Suchet, faisant volte-face et revenant sur ses pas avec rapidi-

(1) On doit observer qu'il n'est point seulement question de la *petite armée* d'Aragon, mais des armées d'Aragon et de Catalogne ; dans sa lettre du 10 août, le maréchal Soult dit en effet : *je suppose que vous êtes avec toute l'armée d'Aragon du côté de Lerida, où vous aurez sans doute fait venir les troupes disponibles qui étaient en Catalogne.*

té, eût occupé les débouchés, cette armée n'eût eu aucun
moyen de retraite; il est plus que probable qu'elle eût été
obligée de mettre bas les armes, Lord Bentinck était trop circonspect pour tenter une pareille entreprise, et la suite l'a
bien prouvé.

Si lord Bentinck eût suivi le maréchal Suchet, il eût été
obligé de le faire avec une extrême circonspection; car, s'il
l'eût serré de trop près, le maréchal Suchet, en s'arrêtant à-
propos, eût pu le forcer de livrer bataille dans une position
défavorable, et c'est ce que le général anglais voulait éviter.

Lord Wellington n'aurait pu détacher des troupes contre le
maréchal Suchet sans affaiblir considérablement son armée,
dont une partie était déjà occupée devant Pampelune et
Saint-Sébastien; dès lors le maréchal Soult l'eut attaquée vigoureusement pendant qu'elle se trouvait ainsi disséminée,
et lui eut probablement fait éprouver des pertes bien plus
considérables que celles qu'eût pu faire l'armée d'Aragon.
D'ailleurs, une grande rapidité dans son mouvement n'eut
donné le temps ni à lord Bentinck de le suivre de près, ni à
lord Wellington de le prévenir : on pouvait s'en rapporter
à l'habileté du maréchal Suchet pour parer à tous les évènemens dans un pays qu'il connaissait parfaitement.

Enfin, si la jonction de lord Bentinck avec lord Wellington se fût faite en même temps que celle des maréchaux Soult
et Suchet, la supériorité réelle des armées d'Aragon et de
Catalogne sur celle de lord Bentinck eût compensé en partie
la différence des forces du maréchal Soult avec celles de
Wellington; le flanc droit de l'armée de celui-ci n'en fût pas
moins resté menacé, et lui eût présenté de grands dangers
dans une action générale, dont la perte pouvait entraîner la
ruine de son armée, qui n'avait aucun point d'appui pour
se rallier; tandis que la non-réussite des maréchaux Soult et

Suchet dans leur entreprise n'aurait pas eu de suites plus dangereuses que la première tentative du maréchal Soult, parce que, en cas d'échec, ils trouvaient un refuge assuré sous la protection de la place de Bayonne, de son camp retranché et de Saint-Jean-Pied-de-Port.

Nous pourrions sans doute borner ici nos réflexions sur ce projet; mais le duc d'Albuféra était parvenu à persuader au duc de Feltre, ministre de la guerre, et au maréchal duc de Dalmatie, qu'il était inexécutable; il ne sera pas inutile de faire connaître et d'analyser les argumens employés pour arriver à ce but; ils se trouvent réunis dans les extraits de lettres qui suivent :

Extrait de la lettre adressée le 23 *août* 1813 *au maréchal Soult, par le duc d'Albuféra.*

« Le 24 août au matin, M. votre aide-de-camp Choi-
» seuil, m'a remis, à *Moline del Rey* votre dépêche datée
» d'Ascain le 11, à laquelle se trouvait joint un petit billet
» en chiffres, et le même jour, à *Barcelone,* j'en ai reçu
» le duplicata avec votre lettre du 16. J'arrivais de *Tara-*
» *gone,* j'avais assez bien vu les forces de l'ennemi, pour
» connaître combien il deviendrait funeste à l'honneur de
» l'armée d'exécuter la proposition que V. E. regarde comme
» de la plus grande importance pour le rétablissement des
» affaires en Espagne et le succès des armes impériales.
» *Quand bien même je n'aurais point acquis la certitude que*
» *Rolland Hill avait rejoint Bentinck avec vingt-quatre mille*
» *hommes, que le comte de l'Abisbal arrivait de la Navarre avec*
» *quinze mille hommes,* je n'aurais pu m'empêcher de vous
» témoigner le danger imminent d'un pareil mouvement.

» Il suffit, pour en être convaincu, de savoir que *les enne-*
» *mis ont réuni plus de deux cent mille hommes au delà de l'Ebre,*
» que l'insurrection est générale et fortement organisée, et
» que *si les onze mille hommes qui composent l'armée d'Aragon*
» tentaient dans ce moment un mouvement sur Sarragosse,
» *ils devraient s'attendre au sort inévitable de Baylen,* à trouver
» partout les ponts coupés, les positions défendues, la po-
» pulation en armes, les moulins brisés, la disette des
» vivres, et l'affreuse nécessité d'abandonner à chaque pas
» les malades; enfin, il ne leur resterait pour toute pers-
» pective de retraite que le point très difficile de *Venasque,*
» si toutefois l'ennemi ne l'occupe pas. . . . .

. . . .

« Il me reste aujourd'hui neuf petits régimens d'infanterie
» française, dont trois réduits par les maladies à moins de
» huit cents hommes, trois régimens de cavalerie; le géné-
» ral Decaen, après avoir laissé douze bataillons à *Barce-*
» *lone,* trois à *Puycerda,* un à *Olot,* un à *Besala,* un à *Figuera,*
» n'aura plus de disponible que dix bataillons et trois esca-
» drons; je dois ajouter à cette force deux mille italiens.
» Vous remarquerez, M. le duc, qu'avec de si faibles moyens
» il est bien difficile de soutenir l'offensive, et qu'à peine il
» est permis de répondre d'une défensive vigoureuse . . . .

. . . .

Extrait de la lettre adressée par le duc d'Albuféra au ministre
de la guerre, le **23** *août* **1813**.

. . . . , ...

« Quant à l'exécution en elle-même du plan que me pro-
» pose aujourd'hui, M. le maréchal duc de Dalmatie, à dé-
» faut d'autres ressources dans sa position actuelle, je ne

» puis l'envisager, ni en entretenir V. E. sans déclarer
» qu'elle me paraît la plus dangereuse et la plus funeste au
» service de l'Empereur, et si, comme il le paraît, elle n'a
» pour but que d'aller retirer la garnison de Pampelune (1),
» il y aurait de la folie de compromettre pour un tel ré-
» sultat, les deux armées, les affaires d'Epagne et nos fron-
» tières. La seule route à canons qui me reste pour me reti-
» rer, est celle de Perpignan; la seule pour m'avancer est
» celle de Barcelone à Lérida, coupée en plusieurs endroits.
» En m'avançant par cette route, je n'ai que deux manières
» d'agir : ou suivre, si j'ai du canon, le chemin royal de
» Sarragosse par les bords de l'Ebre. Il suffit de jeter les
» yeux sur la carte et de connaître la position actuelle des
» armées, pour prédire à l'armée d'Aragon le sort inévita-
» ble de Baylen, avec cette seule différence qu'elle périrait
» toute entière, si non pour le service, au moins, pour l'hon-
» neur des armes de S. M. Il est, je crois, absurde d'appro-
» fondir cette supposition : Chercher le passage par le haut
» des rivières au revers des Pyrénées ? L'armée d'Aragon
» trouverait partout les ponts coupés, les positions défen-
» dues, la population en armes, les moulins brisés, la
» disette de vivres, et l'affreuse nécessité d'abandonner à cha-
» que pas ses malades, et pendant que des corps se réuni-
» raient pour la forcer de se rejeter sur *Venasque,* seul point
» qui lui reste encore, si toutefois il lui reste, les alliés oc-

(1) Il n'était nullement question de *retirer* la garnison de Pampelune, mais de la *dégager.* Cette place était une des clefs de la
France, et le maréchal Soult en sentait trop l'importance pour proposer de l'abandonner, il voulait au contraire la conserver à quelque prix que ce fût, ainsi que celle de Saint-Sébastien ; car tant que
ces deux places étaient à nous il n'y avait point d'invasion à
craindre de la part de l'armée anglo-espagnole.

» cuperaient pleinement la Catalogne, bloqueraient nos pla-
» ces, et viendraient sans obstacles envahir ou menacer
» notre frontière . . . .

. . . .

« Les évènemens de la fin du mois dernier, près Pam-
» pelune m'ôtent l'espérance de me rapprocher de l'Aragon,
» mais s'ils n'eussent pas eu lieu, l'état de faiblesse de l'ar-
» mée de Catalogne, me commanderait de rester dans cette
» province, puisque le général Decaen m'assure qu'après
» avoir completté la garnison de Barcelone à huit mille
» hommes, il ne lui restera pas plus de dix bataillons à
» pouvoir faire agir. S'il arrivait donc que l'ennemi tentât
» de nous rejeter sur les frontières, V. E. verra que je ne
» pourrais pas réunir plus de seize à dix-sept mille hommes,
» en y comprenant l'artillerie et la cavalerie. . . . .

. . . . »

En comparant ces extraits avec les Mémoires du duc d'Albuféra, on ne peut se dispenser de reconnaître que, d'une
part il exagérait prodigieusement les forces de l'ennemi, que
de l'autre il *amoindrissait* considérablement celles dont il
pouvait disposer.

Ainsi, il prétendait que le général Hill avait rejoint lord
Bentinck avec vingt-quatre mille hommes, tandis que le
général Hill, était en position à Roncevaux où il commandait
la droite de l'armée de Wellington. (1)

Il prétendait que le comte de l'Abisbal arrivait de la Navarre
avec quinze mille hommes, tandis qu'il n'est parti que dans les
derniers jours du mois d'août, pour se rendre à Madrid, *de sa
personne*, laissant toutes ses troupes en position à Etchalar, en

(1) Lettre du maréchal Soult au maréchal Suchet, 3 septembre
1813, N. 7.

face d'un des camps du maréchal Soult, celui de Sarre (1).

Il portait à deux cent mille hommes, les troupes ennemies qui étaient réunies au-delà de l'Ebre, tandis qu'elles étaient à peu-près de trente mille ; le reste était dans les Pyrénées (2).

Il déclarait au maréchal Soult qu'il n'avait que onze mille hommes tandis que d'après l'état, qui se trouve à la page 484 de ses Mémoires, il avait encore en novembre 1843 trente bataillons d'infanterie et quinze escadrons, formant un total de dix-huit mille quatre cent quatre-vingt dix sept-hommes et deux mille quatre cent onze chevaux (3).

Il annonçait que le général Decaen, après avoir fourni des garnisons aux places et postes de la province, n'aurait plus de disponibles que dix bataillons et trois escadrons, tandis que d'après l'état, qui se trouve à la page 485 des Mémoires, il lui restait vingt bataillons et sept escadrons formant un total de quatorze mille quatre-vingt onze hommes et huit cent soixante-seize chevaux (4).

Enfin, il disait au ministre de la guerre que si l'ennemi tentait de le rejeter sur les frontières de France, il ne pourrait pas réunir plus de seize à dix-sept mille hommes, tandis que d'après les états cités il en avait encore trente-deux mille cinq cent quatre-vingt huit et trois mille deux cent quatre-vingt sept chevaux en novembre 1813 (5).

Ce n'était donc point de la marche d'un corps de *onze mille hommes* sur l'Aragon qu'il s'agissait ; mais de celle d'un corps de trente à trente deux mille hommes.

(1) Lettre du maréchal Soult au maréchal Suchet, 3 septembre 1813, N. 7.

(2) Idem.

(3) Lettre du même au ministre, du 27 septembre 1813, N. 10.

(4) Mémoires du maréchal Suchet, pag. 484.

(5) Idem.

Ce n'était donc plus de *deux cent mille* ennemis, ni du général Hill, ni du comte de l'Abisbal, qu'il s'agissait ; mais de lord Bentinck avec environ trente mille anglo-espagnols accoutumés à se retirer ou à fuir devant les armées d'Aragon et de Catalogne, qui venaient de les chasser de devant Tarragone, qui les chassèrent bientôt après des positions retranchées du col d'Ordal, et dont elles auraient eu bien meilleur marché en les éloignant de la mer.

Le maréchal Suchet nous a appris que, *placé sur la ligne du Llobregat il conservait la communication avec Lérida* et couvrait la place de Barcelone ; ce n'est donc point entre ces deux villes *que le sort de Baylen était réservé à son armée.* Il était maître de Méquinenza, et, par conséquent, des deux rives de la *Ségre* jusqu'à son embouchure dans l'Ebre. Il était maître de Mouzon et, par conséquent, du cours de la Cinca ; en la passant à Fraga il ne lui restait plus aucune rivière à franchir, car l'Isuela se jette dans la Cinca au-dessus de cette ville. Pour arriver de la *Ségre* au *Galliego* il avait vingt lieues environ à parcourir, en marchant sur deux colonnes, l'une de Fraga à Saragosse, l'autre de Monzon sur Huesca ; ce trajet exigeait trois ou quatre jours au plus. Pour nous, qui avons vu souvent l'armée de Portugal porter pour douze ou quinze jours de vivres et faire double étape, dans un pays bien plus accidenté, ayant l'armée anglo-portugaise de lord Wellington en présence, il nous paraît qu'il était facile de se prémunir contre la disette en donnant aux soldats pour huit jours de vivres indépendamment des ressources qu'ils auraient trouvées dans leur marche imprévue, qui n'aurait pas laissé aux habitans le temps de cacher leurs provisions. Il serait certainement resté peu de traînards que l'on fût dans *l'affreuse nécessité d'abandonner,* pendant une marche de quatre à six jours qu'on avait à faire, avant d'être en communication avec Jaca, où les impotens et les blessés auraient pu être conduits. Ayant du pain, du biscuit et de la farine on se fût peu embarassé que les moulins fussent brisés, car dans une marche de cette nature on ne doit point perdre son temps à moudre du grain.

A l'égard des positions défendues, on aurait dû nous dire par qui ; ce n'était point par l'armée de lord Bentinck, qui était dans les défilés de l'Hospitalet et sur laquelle on aurait eu aisément une ou plusieurs marches d'avance ; c'était donc par quelques guérillas, et qu'auraient-ils fait contre une armée de trente mille hommes, qui aurait été maîtresse des deux rives de toute les rivières, qui pouvait par conséquent faire filer des colonnes d'infanterie et de cavalerie sur leurs flancs et sur leurs derrières ?

Plus on examine cette question, plus on reconnaît que le sombre tableau tracé par le duc d'Albuféra n'était que dans son imagination, ou plutôt dans la répugnance qu'il éprouvait à se rapprocher du duc de Dalmatie, pour lequel il était loin d'éprouver des sentimens sympathiques, ainsi que sa correspondance avec le ministre de la guerre en fournit la preuve (1).

D'après les rapprochemens que nous avons faits, il restera constant pour tout homme impartial, que le projet du maréchal *Soult* pouvait être mis de suite à exécution, qu'il offrait d'immenses avantages et très peu d'inconvéniens, et il est déplorable qu'on ne l'ait pas adopté immédiatement.

Par suite des renseignemens inexacts qui lui avaient été fournis, le duc de Dalmatie n'attribua le refus de concours

(1) La lettre du 23 août au ministre de la guerre ne laisse aucun doute à cet égard. Par égard pour le maréchal Suchet nous ne donnons point cette lettre entière ; sa famille appréciera les motifs de notre retenue à ce sujet.

de son collègue qu'à l'insuffisance des moyens dont il pouvait disposer; dans cette persuasion il lui proposa une autre combinaison :

« Un envoi de conscrits ayant été annoncé par le ministre
» aux armées d'Espagne, dès le commencement de septembre,
» le duc de Dalmatie espéra tirer parti de ce renfort pour
» repasser de nouveau les Pyrénées, afin de retarder la prise
» de Pampelune et de maintenir en Espagne le théâtre de la
» guerre. *Il proposa en conséquence au maréchal Suchet de se*
» *réunir à lui avec toutes les forces disponibles des armées d'Aragon*
» *et de Catalogne*, mais en deçà des Pyrénées, à Tarbes et à
» Pau, pour rentrer ensemble en Aragon par Oléron et Jaca,
» et marcher de là en Navarre, au-devant de lord Welling-
» ton (1). »

A cette nouvelle proposition, nouvelles objections.

« Le maréchal Suchet s'empressa de répondre aux ducs de
» Dalmatie et de Feltre, pour leur exposer sa situation et ses
» idées. *Il se voyait à regret contraint de s'éloigner des places et*
» *d'abandonner à elles-mêmes les garnisons qu'il y avait laissées;*
» *mais le malheur d'exposer le territoire français à une invasion lui*
» *parut bien plus grave encore; précédemment, dans sa marche*
» *projetée en Aragon par la rive gauche de l'Ebre, il aurait eu*
» *plus d'espoir d'attirer à lui, et par conséquent de détourner de*
» *France, les forces du général Bentinck, attendu qu'une armée est*
» *toujours obligée plus ou moins de suivre les mouvemens de son*
» *adversaire.* Ici, au contraire, il allait amener lui-même
» l'ennemi dans nos départemens du Midi, et les lui livrer
» sans défense. Il représenta le danger de sa marche rétrograde
» à travers la France pour passer des Pyrénées-Orientales
» aux Pyrénées-Occidentales, et ajouta qu'un obstacle pé-
» remptoire empêchait la combinaison proposée, l'impossibi-

(1) Mémoires du maréchal Suchet, pag. 332, tom. 2.

» lité de manœuvrer en corps d'armée par la route de Jaca,
» qui est impraticable pour l'artillerie.

« *Revenant donc à ce qui n'était que difficile et périlleux sans*
» *être inexécutable*, il offrit de s'avancer avec cent pièces
» d'artillerie de campagne, dont trente de montagne, au de-
» vant du maréchal Soult, qui déboucherait de Jaca avec son
» infanterie et sa cavalerie sans canons. Pour ce mouvement, il
» demandait qu'on portât ses forces actives à trente mille hom-
» mes en cinq divisions, trois de l'armée d'Aragon et deux de
» celle de Catalogne. Deux conditions lui étaient encore néces-
» saires dans ce plan; l'une, de recevoir des conscrits et d'être
» autorisé à les employer comme garnison dans les places;
» l'autre, de battre, avant de s'éloigner, l'armée anglo-
» espagnole qu'il avait en tête, comme le ministre le lui
» avait recommandé par les instructions contenues dans sa
» lettre du 13 août précédent. Celle de ces conditions qui dé-
» pendait de lui fut à peu près remplie précisément à l'époque
» où la nécessité en était démontrée (1). »

A la manière dont le maréchal Suchet parle de *l'obstacle
péremptoire* qui empêchait la combinaison proposée, *l'impossibilité de manœuvrer en corps d'armée par la route de Jaca qui
est impraticable pour l'artillerie*, on pourrait croire, et nous
avons cru nous-même, que le maréchal Soult ne l'avait pas
prévue; ce qui donnait à cette conception une apparence de
légèreté. Nous avons été détrompé à la lecture de sa lettre du
2 septembre 1813 au ministre de la guerre dans laquelle on
trouve le passage suivant :

(1) Le maréchal Suchet parle ici du combat d'Ordal, dans lequel
il fit perdre douze cents hommes aux Anglais, les chassa de leurs
positions de Villafranca, et les rejeta sur Tarragone;

« La réunion serait simultanée, elle aurait lieu entre *Tarbes*
» et *Pau*, toute la cavalerie y serait employée; l'on se prépa-
» rerait de suite à pouvoir emmener cent pièces de canon de
» campagne, *dut-on leur faire franchir les passages difficiles en*
» *traineaux, et les faire confectionner à Paris, pour ensuite les*
» *envoyer en poste au point de réunion.* »

La lettre adressée le 3 septembre au maréchal Suchet,
dans laquelle se trouve exposé avec détail le plan de jonction
et toutes les mesures qui peuvent en assurer le succès, renferme aussi ce passage :

« *Il y aurait sans doute de grandes difficultés à surmonter pour*
» *faire passer un train de cent pièces de canon, par le col de*
» *Jaca, mais avec une volonté bien décidée, de la patience et des*
» *travaux nous en viendrions à bout.* »

Enfin, dans la lettre au ministre de la guerre, du 27 septembre, on trouve ce qui suit :

« Il me paraît aussi, d'après tous les renseignemens que
» j'ai recueillis *et les reconnaissances qui viennent de m'être*
» *présentées*, que M. le duc d'Albuféra exagère les difficultés
» qu'il y a à surmonter pour rendre la communication
« d'Oléron à Jaca praticable pour l'artillerie. »

En admettant donc, qu'il n'y avait point *impossibilité*,
mais seulement *difficulté*, à faire passer l'artillerie par la
route d'Oléron à Jaca, cette difficulté elle-même pouvait
être un élément de succès en ce que l'ennemi était plus éloigné de penser à un mouvement de cette nature, et ne pouvait
être en mesure contre lui.

Si Napoléon se fut laissé effrayer par des obstacles bien
autrement grands, eût-il franchi le Saint-Bernard ? Eut-il fait
son immortelle campagne de l'an VIII? Eut-il coupé l'armée

autrichienne de sa ligne d'opération? Eut-il enfin par une seule bataille, conquis toute l'Italie? Le maréchal Suchet, qui avait ressenti jusque sur le Var les heureux effets du passage du Saint-Bernard et de la belle manœuvre qui le suivît, n'ignorait pas, sans doute, que des troncs d'arbres creusés et entaillés pour recevoir les tourillons sont d'excellens traîneaux, à l'aide desquels on fait franchir en peu de temps les pentes les plus rapides aux canons; que des affûts et des forges de campagnes, démontés et transportés à dos de mulets, sont promptement remis en état lorsque les passages difficiles sont franchis.

Le maréchal *Soult* a montré plus d'intelligence et de mémoire des combinaisons du grand homme; sa prévoyance allait même plus loin, puisqu'il proposait de faire confectionner des traîneaux à Paris, et de les faire arriver en poste au lieu du rendez-vous, au moment d'agir.

Il y a d'ailleurs une analogie très remarquable entre le passage du Saint-Bernard, et l'opération que voulait faire le maréchal Soult en portant toutes les armées d'Espagne par Jaca, sur Tudela et Sanguesa; par là, il évitait l'attaque de front des positions formidables, que présentent les Pyrénées par les routes de Guispuscoa et de la Navarre; il mettait lord Wellington dans la nécessité de quitter précipitamment le blocus de Pampelune, sous peine de voir sa ligne de retraite sur l'Ebre coupée, comme celle de Mélas l'avait été sur Mantoue, et d'être forcé de livrer ou d'accepter une bataille décisive dont la perte eut entraîné celle de toute son armée.

Malheureusement le duc de Dalmatie n'avait pas ses coudées franches comme le premier consul; il n'avait pas la haute main sur tous les généraux et sur toutes les troupes qui se trouvaient dans sa sphère d'activité; il lui fallait persuader un collègue auquel il aurait dû pouvoir donner des ordres ; ses idées devaient passer par la filière des objections d'un rival, être renvoyées aux timides lenteurs d'un ministre de la guerre qui ne pouvait se prononcer sans prendre les ordres de l'Empereur, lequel, occupé sur d'autres points, hésitait à confier à ses lieutenans des opérations trop brillantes et trop décisives, qu'il n'eût pas hésité à faire lui-même s'il eût été sur les lieux. Il garda un silence fatal qui lui a peut-être coûté la couronne et occasionné l'invasion de la France, qui pouvait être prévenue dans la Navarre, comme elle l'avait été à Marengo.

Quoiqu'il en soit, cette deuxième combinaison était loin de valoir la première ; il est évident que le maréchal Soult ne la regardait que comme un pis-aller et qu'il ne la proposait que parce qu'il n'avait pas pu faire accepter la première. Examinons si ce que le maréchal Suchet a proposé pour remplacer l'une et l'autre leur est préférable.

Ce projet, comme on vient de le voir, consistait à s'avancer avec cent pièces d'artillerie de campagne, au-devant du maréchal Soult, qui déboucherait de Jaca, avec son infanterie et sa cavalerie sans canons.

Remarquons d'abord que le maréchal Suchet avait repoussé la première combinaison, à cause des risques que pouvait courir l'armée d'Aragon dans ce mouvement, et parce qu'il aurait découvert la frontière de France du côté de Perpignan : eh bien ! son projet présente ce dernier inconvénient au même degré, et quant aux risques que pouvait courir l'armée d'Aragon dans ce mouvement, ils sont infiniment plus grands que dans la première hypothèse (1).

(1) Nous ne nous amuserons point à discuter, sur *le regret que le duc d'Albuféra éprouvait d'être contraint de s'éloigner des places, et d'abandonner à elles-mêmes les garnisons qu'il*

En effet, le maréchal Soult, prenant position avec toutes ses forces vis-à-vis de celles de lord Wellington et prêt à l'attaquer au premier coup de canon qu'il entendrait tirer sur la droite de ce général, le forçait, comme nous l'avons dit, à garder toutes ses troupes, sous peine de se voir enfoncé ; par conséquent, il ne pouvait détacher une partie de son armée contre le maréchal Suchet sans s'exposer aux plus grands dangers ; au contraire, dans l'hypothèse où le maréchal Soult se serait avancé sans canons par Jaca, lord Wellington n'ayant plus personne devant lui, pouvait disposer d'une grande partie de son armée, occuper les défilés, empêcher la jonction, attaquer brusquement le maréchal Suchet de front pendant que l'armée de lord Bentinck l'eut pris en flanc et à dos ; qu'eût-il fait dans ce cas avec son immense convoi de cent pièces de canon et tout l'attirail qui en dépend, c'est bien alors que les armées d'Aragon et de Catalogne, **quand** elles auraient eu quarante mille hommes, eussent été exposées aux plus grands dangers. L'armée du maréchal Soult, elle-même, privée de son artillerie, eût été presqu'entièrement paralysée, arrêtée par les plus petits accidens de terrain. Enfin, dans le cas même où la jonction se fût faite sans accidens, lord Wellington n'aurait eu qu'un changement de front à faire pour prendre une ligne de bataille dans laquelle ses flancs eussent été assurés, et sa ligne de retraite bien couverte.

Une autre objection concluante contre le projet du maré-

y *avait laissées.* A quoi serviraient donc les places si ce n'était pour être abandonnées à elles-mêmes pendant que les armées manœuvrent sur d'autres points, et s'il fallait qu'elles fussent **constamment** couvertes par ces armées qui se trouveraient ainsi **enchaînées** et paralysées ; dans ce langage on a peine à reconnaître **un** général en chef.

chal Suchet, est que son exécution demandait un temps considérable, puisqu'elle était subordonnée à plusieurs hypothèses, qui ne pouvaient se réaliser que lentement, et qu'on ne pouvait se flatter d'enchaîner les évènemens.

Sous quelqu'aspect que l'on examine le contre-projet du maréchal Suchet, il est donc, non-seulement bien au-dessous de celui du maréchal Soult, mais le plus malheureux qu'on pût imaginer. Ce fut le 16 septembre seulement qu'il l'adressa, c'est-à-dire cinq semaines après la première lettre du maréchal Soult, qui, comme on l'a vu, est du 10 août. Quel temps précieux perdu !

Nous avions cru, d'abord, que le duc de Dalmatie avait adopté le projet du duc d'Albuféra, tel qu'il l'avait proposé, sans aucune restriction : la correspondance du premier nous a détrompé ; la phrase du duc d'Albuféra ne rendait pas complettement le sens de la lettre qui lui avait été adressée le 29 septembre 1813. On y trouve bien :

« J'adopte entièrement vos idées *sur l'ensemble* des dispo-
» sitions dont vous avez bien voulu m'entretenir », mais l'alinéa se termine ainsi :

« *Les modifications qu'il y aura ne changeront rien à l'objet*
» *principal de part ni d'autre.* »

Or, ces modifications sont précisément destinées à corriger les défauts que nous avons signalés, ainsi que le prouve le passage suivant de la lettre adressée au ministre de la guerre, le 27 septembre 1813 :

« D'après le rapport que M. le général *Vallée* a fait à M. le
» maréchal duc d'Albuféra, le 19 de ce mois, je vois que
» dans les places de la Catalogne il y a tout le matériel d'ar-
» tillerie que l'on peut désirer, même en caissons, pour un
» équipage de cent pièces de canons, avec un approvision-
» nement et demi ; cela est un très grand avantage dont

4

» nous profiterions, lorsque les deux armées seraient réunies
» sur l'Ebre ; mais, pour le moment, *je ne serais pas d'avis*
» *d'envoyer en Catalogne le personnel d'artillerie, et les qua-*
» *torze cents chevaux du train que M. le maréchal duc d'Albu-*
» *féra voudrait avoir d'augmentation,* il serait suffisant qu'il
» emmenât autant de voitures que les mille chevaux qu'il a
» pourraient en atteler. *Malgré ses observations, j'espère faire*
» *passer par le col de Jaca, une partie des canons de l'armée,*
» et que d'ailleurs lorsque nous serons réunis, l'on pourrait
» toujours envoyer chercher à Lérida, Méquinenza et même
» à Tortose, les canons qui manqueraient. Ainsi, *chaque ar-*
» *mée garderait ses moyens en artillerie, car il serait imprudent,*
» *dans la situation où je me trouve, pouvant être attaqué à tout*
» *instant, de faire un pareil détachement.* »

Le maréchal Soult avait donc reconnu les imperfections
du contre-projet du duc d'Albuféra ; il les faisait disparaître,
autant que possible, en gardant son artillerie ; mais, en puisant dans les deux projets du duc de Dalmatie, pour en former un troisième, il nous semble que le maréchal Suchet
aurait pu arriver à quelque chose de mieux et d'une exécution plus prompte.

Il résulte en effet de sa lettre du 16 septembre qu'avec
trente mille hommes disponibles, il se croyait assez fort pour
marcher contre les Anglais, les combattre de nouveau, les forcer à
repasser l'Ebre ou à se rembarquer, et les Espagnols à se jeter
dans les montagnes pour l'éviter ; qu'ensuite, profitant de cet avan-
tage, il pourrait se porter rapidement sur Lérida avec cent pièces
de canon, passer la Sègre et la Cinca, et arriver en Aragon
sur le Gallego.

Or, nous avons démontré, ses Mémoires à la main, qu'en
prenant trente-deux mille cinq cents hommes pour les opérations actives, il en restait encore seize mille deux cent cin-

quante-quatre pour former les garnisons de Barcelone, de Figueras, de Gironne, et une division d'observation sur la frontière. Il est donc clair que si le maréchal Suchet n'a pas obtenu tous ces résultats, c'est qu'il ne l'a pas voulu, puisqu'il avait les moyens suffisans pour les obtenir.

Il est donc encore évident, comme nous l'avons déjà fait observer, que ce n'est point entre Lérida et le Gallego qu'il avait à redouter le sort de Baylen et toute la fantasmagorie qu'il a évoquée dans ses lettres du 23 août; mais au-delà de cette rivière, il pouvait courir des dangers sérieux si lord Wellington eût détaché des troupes contre lui, et qu'on n'eut pas de suite attaqué vigoureusement le reste de l'armée anglo-espagnole, de manière à forcer le général anglais à rappeler son détachement et à se retirer lui-même; il pouvait donc être nécessaire que quinze à vingt mille hommes de l'armée des Pyrénées-Occidentales débouchassent de Jaca pour donner la main à l'armée d'Aragon qui leur aurait fourni l'artillerie nécessaire; ce qui eût porté cette armée à quarante-cinq ou cinquante mille hommes, marchant sur la droite de lord Wellington, tandis que le reste de l'armée du maréchal Soult fut resté dans ses positions, jusqu'au moment où le mouvement du maréchal Suchet se faisant sentir, elle se fut reportée en avant; dans ce cas, il nous semble qu'il n'y aurait eu rien d'incertain et que la position de lord Wellington n'eut plus été tenable.

Il est très probable que si la nécessité d'empêcher la chûte de Saint-Sébastien n'eut pas forcé le maréchal Soult à agir avant d'avoir pu se concerter avec le maréchal Suchet, une opération de cette nature se serait réalisée; parce qu'il aurait pu laisser à Sarragosse le corps du général Clausel pour faire sa jonction avec le maréchal Suchet.

« Nous avons dit que le principal défaut du projet du ma-

» réchal Suchet, tel qu'il l'avait proposé, était d'exiger un
» temps considérable dont il était à peu près certain qu'on
» ne pourrait pas disposer; en effet, pendant ces incertitudes
» et ces contradictions, les évènemens se pressaient, la place
» de Saint-Sébastien avait succombé le 8 septembre, et celle de
» Pampelune était à peu près arrivée au terme de sa défense.
» Le 7 octobre, l'armée, aux ordres de lord Wellington, força
» le passage de la Bidassoa, s'empara de la position de la
» Croix-des-Bouquets, ainsi que de celle de la Bayonnette,
» et transporta en France le théâtre de la guerre, dont les
» Pyrénées avaient jusqu'alors marqué les limites. »

La place de Saint-Sébastien est au pouvoir de l'ennemi,
le territoire français envahi du côté des Pyrénées-Occidentales
par une armée de cent mille hommes, le maréchal Soult n'a
qu'environ la moitié de ces forces à leurs opposer (1). Il est

(1) Voici le tableau de la force des deux armées, tel qu'on le
trouve dans l'Histoire des campagnes de 1814 et de 1815, par le
général Guillaume de Vaudoncourt.

			Bat.	Esc.	Inf.	Cav.
ARMÉE FRANÇAISE. *Le maréchal duc de Dalmatie.*		GÉNÉRAUX.				
Aile droite. Le général Reille.	1re divis.	Foi	9		4624	
	7me —	Leval	7		4428	
	9me —	Boyer	11		5450	
Centre. Le général d'Erlon	2me —	d'Armagnac.	8		5672	
	3me —	Abbé	8		5147	
	6me —	Darricau	7		4878	
Gauche. Le général Clausel.	4me —	Taupin	8		5808	
	5me —	Maransin	8		5008	
	8me —	Harispe	13		7012	
Cavalerie. Le général Soult.	1re —	Soult		21		2866
	2me —	Treilhard		22		3520
TOTAUX			79	43	48027	6386

réduit à défendre et à céder le terrain pied à pied, à livrer chaque jour de nouveaux combats ; chaque instant peut amener une bataille décisive de laquelle dépendra le sort d'une armée de cinquante mille Français, et celui du Midi de la France. Que va faire le maréchal Suchet ?

Sans doute, éclairé par les évènemens, voyant les tristes fruits de ses objections, de ses irrésolutions et de ses contre-projets ; appréciant bien sa position ; reconnaissant que le rôle de son armée est désormais subordonné aux évènemens qui auront lieu dans les Pyrénées-Occidentales ; que si l'ar-

ARMÉE ANGLAISE — *Le maréchal de Wellington* ayant sous ses ordres les lieutenans-généraux HILL Graham , STAPLETON-Coton.

Le maréchal BERESFORT.

	GÉNÉRAUX.	INF.	CAV.
Première division.	Happe	3000	
Deuxième —	Stewart	6000	
Troisième —	Picton	6000	
Quatrième —	Cole	6000	
Cinquième —	Colville . . .	6000	
Sixième —	Clinton	6000	
Septième —	Dalhousie . . .	6000	
Légère.	Alten	6000	
Portugaise.	Lecor	6000	
Cavalerie. {	Vivian		1500
	Fane		1500
	Ponsomby . . .		1500
	Sommerset . . .		1600
TOTAUX		51000	6100

Armée espagnole, général Freyre . . 20000 ⎫
Réserve d'Andalousie, général Giron. 20000 ⎬ 44000
Guérillas de Morillo et Mina . . . 4000 ⎭

TOTAL GÉNÉRAL. . . 101100

mée du maréchal Soult est battue et repoussée, les armées d'Aragon et de Catalogne seront obligées d'évacuer forcément l'Espagne, sans espoir de retour; entraîné d'ailleurs par le sentiment généreux qui doit parler au cœur d'un Français, quand il s'agit de purger le sol de la patrie de la présence d'une armée ennemie, le duc d'Albuféra sentira que si son contre-projet est désormais sans objet, que si ce n'est plus par Jaca que sa jonction doit s'opérer avec le maréchal Soult, un autre rendez-vous lui est donné sur les bords de la Bidassoa; que toutes ses forces doivent marcher à pas de géant vers ce point, pour porter secours à ses frères d'armes dont le courage ne s'étonne pas, mais qui sont obligés de plier sous le poids des masses étrangères, auxquelles ils tiennent tête, malgré l'énorme différence du nombre, et qui n'attendent que quelques secours pour reprendre leurs positions et marcher en avant.

Eh bien non! Ce n'est point vers la Bidassoa que le duc d'Albuféra portera ses regards et ses pas, d'autres soins vont l'occuper; apprenons de lui-même ce qu'il va penser et ce qu'il va faire.

« Par là (le passage de la Bidassoa), tout était changé, et » l'offensive n'était plus possible aux armées françaises en » Espagne (1). Le maréchal Suchet, cependant, *crut avoir*

(1) Le maréchal Soult n'en jugeait point ainsi; dans sa lettre du 14 octobre, au duc d'Albuféra, il dit au contraire :

« Cependant divers préparatifs que j'avais ordonnés continuent » à s'exécuter, les ministres de la guerre et de l'administration de » la guerre ont même donné des ordres en conséquence, et je pré- » sume que c'est avec l'agrément de S. M. *Ainsi, je crois que nous* » *aurons occasion de mettre ce plan à exécution.* »

» *encore le temps de secourir les garnisons éloignées.* Il solli-
» cita de nouveau la prompte arrivée et la réunion des forces

Par sa lettre du 19 octobre 1813, il prévient le maréchal Suchet qu'il a fait porter le général Paris sur Saint-Jean-Pied-de-Port, et il ajoute :

« Du reste, cela ne retardera pas le mouvement projeté, car
» j'aurai moi-même des dispositions préparatoires à faire, qui de-
» manderont du temps.

« *Lorsque cela aura lieu*, je ferai diriger sur Puycerda toutes
» les troupes qui pourront être retirées des départemens de l'Ar-
» riège, Haute-Garonne et Pyrénées-Orientales ; mais il con-
» viendra que vous laissiez sur ce point un officier-général et
» quelques détachemens de troupes réglées pour diriger l'emploi
» de ce que j'enverrai : »

Enfin, sa lettre du 26 octobre renferme le passage suivant :

« L'armée est aujourd'hui beaucoup plus concentrée quelle
» n'était sur la Bidassoa où elle ne pouvait tenir qu'une avant-
» garde, au lieu qu'à présent, elle est sur la ligne de bataille.
» *Sous ce rapport, nous avons plutôt gagné que perdu*, d'autant
» plus, qu'il m'est beaucoup plus facile de me préparer aux opéra-
» tions concertées que je ne le pouvais auparavant. »

Le passage de la Bidassoa, loin de contrarier cette opération, la favoriserait en effet, puisqu'il rapprochait l'armée française du point de jonction, qu'il éloignait l'armée de Wellington de sa ligne d'opération sur l'Ebre, et donnait plus de chances de la lui couper ; il y avait long-temps que le maréchal Soult avait prévu ce cas, ainsi que le prouve ce passage de sa lettre du 2 septembre au mi- nistre de la guerre :

« Du côté de Bayonne, l'on pourrait aussi, *en resserrant la*
» *ligne de défense*, se donner la facilité de faire le détachement
» que j'ai proposé, et même, en cas de réussite, *reculer cette ligne*
» *jusqu'à la Nive, pour quelle exigeât moins de défenseurs.* »

Et cet autre, de sa lettre du 27 septembre au même ministre :

» qui avait été méditée, pour marcher en Aragon, et se flatta
» de pouvoir à leur tête faire un effort pour marcher sur
» l'Ebre. Le ministre entra dans ces vues; et l'empereur, lui-
» même, quand il revint à Paris, rompant le silence qu'il avait
» gardé sur les autres projets précédemment soumis à sa dé-
» cision, parût vouloir qu'elles fussent mises à exécution(1).

« J'ai eu l'honneur décrire à V. E. que je ferai ensorte d'em-
» mener quarante-cinq mille hommes tout compris, ce qui porte-
» rait l'armée d'opération sur le Gallego à soixante-quinze mille
» hommes, laquelle pourrait, je n'en doute pas, pousser jusqu'à
» Sanguessa et Tudela, mouvement qui obligerait lord Wellington
» à quitter la Navarre et à se porter sur l'Ebre; dès-lors, le corps
» d'observation de vingt mille hommes que j'aurais laissé pour
» garder la ligne en avant de Bayonne, et qui se serait réuni à
» Saint-Jean-Pied-de-Port, se porterait en avant et se dirigerait
» par le col de Roncevaux, soit sur Pampelune, soit sur *Aoys* et
» *Uroz* pour s'appuyer à la droite de l'armée d'opération qui serait
» à Sanguessa.

» Je ne pense pas que ce mouvement laissât rien d'incertain
» et qu'il y eut quelque point de la droite de compromis, car il
» est probable que l'ennemi *retirerait en toute hâte la plupart*
» *des forces qu'il a en Guypuscoa, Byscaye et Navarre.* D'ail-
» leurs à cette époque, les ouvrages de défense que je fais établir
» seront assez avancés pour être livrés à eux-mêmes et pour
» nuire beaucoup à un corps ennemi qui voudrait forcer la
» ligne. »

(1) La lettre du ministre de la guerre du 27 novembre 1813, que
le maréchal Suchet donne à la page 472 de ses mémoires, a été
tronquée. Voici les passages supprimés : « S. M. trouve en outre
» que les armées de Catalogne et d'Aragon, *ne tiennent pas en*
» *échec des armées proportionnées à leur force personnelle.*
» S. M. pense qu'il faudrait que V. E. poussât *un gros corps sur*

» Malheureusement on prescrivait de laisser en marchant
» une portion de l'armée à Barcelone, à Figuières, à Puy-
» cerda. Le duc d'Albuféra réclamait en vain les combinai-
» sons promises pour le mettre en état d'opérer : *Il gémissait*
» *de voir le temps s'écouler dans ces délais.* Il ne désirait pas
» avec moins d'ardeur que le gouvernement la délivrance des
» garnisons, et cherchait tous les moyens de la réaliser. *Pour*
» *lui, un vif intérêt s'attachait naturellement à ces places, qui*
» *avaient été la conquête de l'armée d'Aragon,* et aux soldats de
» de cette *armée qu'il avait laissés pour les défendre.* Il entrete-
» nait par émissaires, et en chiffres, des relations fréquentes
» avec les gouverneurs de Tortose et de Lérida ; *il avait des*
» *rapports satisfaisans sur leur situation et sur celle des places*
» *plus éloignées, avec lesquelles il communiquait.* Il les mainte-
» nait dans l'assurance qu'il avait les yeux sur eux, et qu'il
» s'avancerait pour leur donner la main dès qu'il aurait reçu
» des renforts qu'il attendait prochainement; mais le gou-
» vernement se borna à lui montrer de la confiance, sans lui
» donner ce qu'il demandait pour la justifier. A cette époque,

» *Lérida, pour menacer Sarragosse, et rappeler de ce côté une*
» *portion des forces que le duc de Dalmatie a devant lui.*

» Cet ordre de l'Empereur, *que je vous transmets à-peu-près tex-*
» *tuellement,* vous indique, M. le maréchal, la direction à donner
en ce moment à vos opérations. Je prie V. E. de vouloir bien
» me faire part, le plustôt possible, des dispositions qu'elle aura
» faites en conséquence. »

Assurément, ce n'est pas sans cause que le duc d'Albuféra a
supprimé cette partie de la lettre; c'est en même temps une critique de son inertie et une approbation formelle du premier plan
du maréchal Soult; malheureusement c'était un peu tard, et d'ailleurs cet ordre n'a point été exécuté.

» *il fut nommé colonel-général de la garde impériale, et l'armée*
» *de Catalogne fut réunie à son commandement.* Ce ne fut pas
» pour lui une augmentation de forces, puisque, comme
» nous l'avons vu, *ces troupes, avant cette réunion, étaient*
» *déjà à sa disposition pour toutes les opérations actives.*
» Ce fut seulement une meilleure combinaison pour
» la conduite des affaires en Catalogne. La division du
» commandement réel amenait, dans l'administration des
» troupes, un conflit qu'il était utile de faire cesser. *Le*
» *maréchal sentait la nécessité de la réunion, mais il n'avait*
» *pas voulu la provoquer par une demande qui eût pu paraître*
» *intéressée de sa part.* La force des choses détermina seule
» le gouvernement à la mesure qu'il prit. . . . .
    » L'armée dans sa réunion conserva à peu près l'organisa-
» tion qu'elle avait : son ensemble présentait une force d'en-
» viron trente-deux mille hommes. »

Ainsi, ce n'est plus sur l'armée du maréchal Soult que le
duc d'Albuféra fixe son attention ; il agit comme si, dans les
Pyrénées-Occidentales, il n'y avait ni armée ennemie, ni
armée française ; toute sa sollicitude se porte sur les garnisons des places avancées. Quelles sont ces places ? Denia,
Sagonte, Peniscola, Morella et Tortose (1). Combien y a-t-
il d'hommes dans toutes ces places ? *Six mille huit cent soixante*
et dix-neuf. Quelle est leur position ? Elles sont bloquées, mais
non assiégées ; elles occupent une partie des forces de l'ennemi pour les bloquer ; elles ont des vivres en abondance
pour un an et plus. Quelle est donc la nécessité de songer à
elles dans un moment si pressant ? Vous tenez, dites-vous,

---

(1) Nous ne parlons point de Lerida-Mequinenza et Mouzon qui
formaient la droite de la position du maréchal Suchet, et avec
lesquelles il se mettait en communication quand il le voulait.

à ces places qui sont votre conquête; à ces soldats qui vous ont aidé à les conquérir, c'est bien; les soins d'un général pour ses soldats sont louables; mais ces cinquante mille enfans de la France dont le sang coule tous les jours ne sont-ils rien pour vous? L'envahissement du territoire, dont la seule apparence vous inspirait tant d'alarmes quand l'ennemi pouvait pénétrer du côté de votre frontière, ne vous en inspire-t-il plus quand c'est la partie défendue par votre collègue qui doit être foulée et souillée par les bandes espagnoles qui marchent avec l'armée anglaise? Vous avez *trente-deux mille vieux soldats accoutumés à vaincre*, et vous les laissez l'arme au bras; vous ne les conduisez pas où il y a des dangers à courir, de nouveaux lauriers à cueillir? Qu'est donc devenu ce brave et habile général Suchet, dont le nom figure si honorablement dans toutes nos grandes journées? Où est le héros du Mincio, qui non-seulement n'attendait pas des ordres pour porter secours à ses frères d'armes, mais qui volait au combat malgré les instructions contraires, parce qu'il savait qu'il est des circonstances plus impérieuses que les instructions qui ne pouvaient les prévoir! Où est le vainqueur de l'Aragon, de Lérida, de Tortose, de Tarragone, de Valence, etc.? Je le cherche en vain; je ne vois plus qu'un duc qui reste tranquille dans ses domaines quand tout est en feu dans son voisinage.

Quantùm mutatus.

Cependant, si la chûte de Saint-Sébastien, le 8 septembre, avait rendu l'aile gauche de Wellington disponible, et l'avait mis en état de passer la Bidassoa le 7 octobre, son aile droite était encore occupée devant Pampelune, qui ne capitula que le 31 octobre; si, au lieu de faire de l'administration en Catalogne et de rêver aux moyens de dégager les petites garnisons, qui n'avaient pas besoin qu'on les délivrât, le duc d'Albuféra se fût mis en mouvement avec les *trente-deux mille hommes* dont il pouvait disposer, sa jonction avec le maréchal Soult aurait eu lieu du 25 au 30 octobre au plus tard ; l'ennemi eût été rejeté sur la rive gauche de la Bidassoa, Pampelune eût été secouru à temps. Une coopération à cette époque, quoique tardive, pouvait encore tout sauver et nous laisser maîtres des Pyrénées ; mais le duc d'Albuféra se borne à gémir de *voir le temps s'écouler en délais qu'il avait provoqués.* Il sent bien la nécessité de la *réunion des armées d'Aragon et de Catalogne, qui doit lui donner le commandement effectif de cette dernière*, mais, quant à la jonction de ces armées avec celle des Pyrénées-Occidentales, qui pourrait le mettre momentanément sous les ordres du maréchal Soult, il n'y pense plus ; c'est de l'histoire ancienne. Toutefois, il revient enfin à prendre *un vif intérêt à ce qui se passe aux Pyrénées-Occidentales et à tous les mouvemens des armées anglaise et espagnole;* mais, semblable au rat de la fable, il se borne à prier le ciel qu'il aide son collègue. Que peut en effet ce pauvre duc, qui n'a *que trente-deux mille excellens soldats à sa disposition ?* A quoi eût-il servi pour défendre les positions en avant de la Nivelle, attaquées le 10 novembre par toute l'armée anglo-espagnole ? A quoi eût-il servi le 8 décembre pour empêcher le passage de la Nive ? A quoi eût-il servi du 10 au 13, lorsque lord Wellington, faisant l'énorme faute de couper son armée en deux par la Nive, fut attaqué successivement sur les deux rives, et perdit plus de six mille hommes dans ces deux occasions ?

A quoi eût-il servi enfin, jusqu'au mois de janvier, quand le maréchal Soult, malgré la différence du nombre, faisait équilibre aux masses de Wellington, qui, pour se porter en avant, fut obligé de faire avancer toutes ses réserves, et d'attendre que des renforts lui fussent arrivés d'Angleterre?

Malgré notre admiration pour le général Suchet, nous ne pouvons nous dispenser de trouver le duc d'Albuféra bien coupable dans cette occasion.

DEUXIÈME ÉPOQUE.

A partir du 29 novembre, le maréchal Suchet vit son effectif diminuer rapidement, il perdit en même temps, *deux mille* italiens qui rentrèrent dans leur pays, *deux mille quatre cents* allemands qui furent désarmés par ordre de l'Empereur, un millier de gendarmes qui rentrèrent en France, près de huit cents hommes d'élite qui passèrent dans la garde impériale, et plus de deux mille hommes d'élite, officiers ou sous-officiers, tous vétérans, qui furent envoyés pour former les cadres d'un sixième bataillon et organiser les conscrits en divisions de réserve, *qui ne purent être formées* et *ne rejoignirent point.*

Le total de ces pertes monte, ainsi que nous l'avons dit plus haut, à *neuf mille cent soixante dix-neuf,* déduction faite de quatre cent quatre cavaliers envoyés à Puycerda pour se refaire . . . . 9,179 h.

Le ministre de la guerre et le major-général, à la date du 14 janvier, ordonnèrent positivement le départ en poste pour Lyon, de *huit à dix mille* hommes d'infanterie et les deux tiers de la cavalerie de l'armée. Le ministre prescrivait en même temps l'envoi d'un équipage de quatre-vingts bouches à feu; le maréchal s'empressa d'obéir, il fit partir *dix mille cent quatre-vingt-*

Report . . . .   9, 179 h.

trois hommes dont *deux mille cent trente-deux* à cheval. . . . . 10,183 h.

Quand il avait été question d'un mouvement vers l'Ebre, le maréchal s'était cru autorisé, par une *insinuation* du ministre, à proposer de réduire la place de Barcelone à la citadelle et au fort Mont-Juich afin d'avoir *cinq mille* hommes de plus de disponibles pour tenir la campagne, et de pouvoir disposer de *deux millions* de rations en tout genre qui s'y trouvaient en approvisionnement (1). On lui répondit que la première condition d'un pareil mouvement, qui découvrait la frontière, serait de laisser une forte garnison à Barcelone et à Figuières (2).

Le 16 janvier 1814 le maréchal renouvela sa demande de ne garder que les forts et d'emmener *cinq mille* hommes de plus en abandonnant la ville, où il resta jusqu'à la fin de ce mois; n'ayant point reçu de réponse il en partit le 1er février, après y avoir laissé *huit mille* hommes de garnison sous le commandement du général *Habert.* Le reste de l'armée fut concentré à Gironne et dans les environs; ce fut là que le 16 février, le maréchal reçut l'approbation de ses de-

A reporter . . . . . . 19,362 h.

(1) Dépêche du maréchal Suchet au ministre de la guerre du 20 octobre 1813.

(2) Lettre du ministre de la guerre au maréchal Suchet du 15 novembre 1813.

Report . . . . . 19,362 h.

mandes relativement à Barcelone; il n'était plus
temps : cette place était bloquée (1) . . . . 8,000 h.

Dans les premiers jours de mars on prescrivit
au maréchal Suchet d'envoyer en toute hâte sur
Lyon, une seconde division de dix mille hommes;
il reçut l'ordre le 7 mars, le 8 une colonne
de *neuf mille six cent soixante et un* hommes fut
réunie à Figuières, et mise en route sous les
ordres du général Beurmann. *Désolé de l'impuissance ou il se voyait réduit,* il ramena sous Figuières, les débris de l'armée d'Aragon et de Catalogne, après avoir évacué et fait sauter divers
postes fortifiés, tels que Besalu, Olot, Bascara,
Palamos, etc., et en remettant aux Espagnols,
Gironne démantelée. 9,661 h.

Sa force présentait alors un effectif de *onze mille
trois cent vingt-sept* combattans, présens et disponibles, y compris *mille quatre-vingt huit* hommes
à cheval . . . . 11,327 h.

Total . . . . . . 48,350 h.

(1) Le nombre indiqué dans la lettre au ministre de la guerre
du 4 février (*Voy.* pag. 494), présente une différence de cinq cents
hommes en moins, avec ce que nous avons porté conformément à
l'état qui se trouve à la page 458 des mémoires. Il y a erreur dans
l'état ou dans la lettre. Cela n'amènerait toujours qu'une différence de cinq cents hommes dans l'armée d'opération ou dans
le corps d'observation.

Dans l'extrait qui précède, nous avons, autant que possible, conservé les propres expressions du maréchal Suchet, en retranchant ce qu'il y avait d'oiseux et les épisodes qui détournent l'attention, tels que celui de la surprise des places de Lérida, Méquinenza et Mouzon, par suite de la trahison du transfuge Vanhalen ; tout ce qui se rapporte à la mission du duc de San-Carlos, et à la rentrée du roi Ferdinand en Espagne (1).

Il résulte de cet extrait, qu'ainsi que nous l'avons déjà dit, les armées d'Aragon et de Catalogne se composaient de quarante-huit mille trois cent cinquante combattans indépendemment des garnisons des places ou forts de *Denia, Sagontè, Peniscola*, Movella, Tortose, Méquinenza, Mouzon et Lérida.

Après le départ des *neuf mille cent soixante dix-neuf* hommes qui quittèrent l'armée d'Aragon, depuis le 29 novembre jusqu'au 26 décembre 1813, il restait encore près de vingt-trois mille hommes disponibles pour les opérations actives (2). Le

(1) Nous ne devons pas regarder ce qui concerne la mission du duc de San-Carlos et la rentrée du roi Ferdinand en Espagne, comme étrangère à la justification du maréchal Suchet, puisqu'il s'est trouvé chargé d'une négociation qui motivait jusqu'à un certain point sa présence en Catalogne ; mais on doit remarquer que ce n'est qu'à la fin de décembre que le duc de San-Carlos est arrivé à Perpignan et que sa mission n'a eu aucune influence sur tout ce qui s'est passé en 1813 depuis le mois d'août. D'un autre côté la remise du roi Ferdinand VII aux espagnols, avait eu lieu le 25 mars, ainsi sa mission était terminée, et il avait encore plus de temps qu'il ne lui en fallait : soit pour venir à Toulouse, soit pour se porter sur l'Arriège.

(2) Il y en aurait même eu vingt-huit mille si l'on n'eut gardé que le Mont-Juich et la citadelle à Barcelone.

maréchal Suchet les a conservés jusque vers la fin de janvier, puisque ce n'est que le 14 que le ministre et le major-général donnnèrent l'ordre d'envoyer des troupes sur Lyon, et que cet ordre n'a pu arriver avant le 20.

Recherchons l'influence que cette force réunie à l'armée du maréchal Soult eut exercée sur les évènemens de la campagne de 1813.

Lord Wellington avait passé la Bidassoa le 7 octobre, la Nivelle le 10 novembre, et la Nive le 10 décembre, chacun de ces passages de rivière avait donné lieu à des affaires très vives dans lesquelles l'armée anglo-espagnole avait éprouvé des pertes assez considérables pour faire comprendre à son chef qu'il ne devait s'avancer qu'avec une extrême circonspection ; les affaires du 10 et du 13 décembre, sur les deux rives de la Nive, lui avaient demontré que l'armée française, malgré son infériorité numérique, n'était pas disposée à rester toujours sur la défensive et qu'il avait besoin de toutes ses forces pour lui résister ; il fut même obligé de replier son aile droite qu'il avait étendue jusqu'à Bidache par suite du mouvement du corps du général Clausel qui s'était porté de Guiche sur la Bastide.

Quoique l'ennemi eut marché lentement, qu'il se trouvât arrêté devant Bayonne, toujours est-il qu'il était sur le territoire français depuis le 7 octobre, que l'effet moral produit par cette occupation sur l'esprit des Espagnols et des puissances du nord était immense, qu'elle portait le découragement dans l'intérieur, en même temps qu'elle relevait les espérances des partisans de l'ancienne monarchie.

Il était donc de la plus haute importance de refouler cette armée en Espagne ; c'est ce que l'on eut infailliblement obtenu si les vingt-trois mille hommes de l'armée d'Aragon eussent fait leur jonction avec l'armée d'Espagne, car la position de lord Wellington entre Saint-Jean de Luz et Bidarray n'eut pas été tenable en présence des deux armées réunies; la Nivelle n'était point non plus un obstacle qui pût les arrêter, l'armée anglo-espagnole n'eut donc pu se mettre en sûreté que derrière la Bidassoa ; le territoire français eut été dégagé, nous eussions repris nos premiers camps sur la rive droite de cette rivière, l'ennemi, qui savait ce qui lui en avait coûté pour s'en emparer, y eut sans doute regardé à deux fois avant de tenter de nouveau l'attaque de ces trois lignes successives que l'on aurait eu soin de renforcer par de nouveaux ouvrages.

Il n'y avait point à hésiter pour faire ce mouvement; les projets de l'ennemi étaient parfaitement dessinés, toutes ses forces s'étaient portées à l'armée de lord Wellington, la plupart de celles qui étaient opposées à l'armée d'Aragon avaient quitté successivement la Catalogne pour venir dans les Pyrénées-Occidentales, où était la véritable armée d'opération; c'était donc contre cette armée qu'il fallait diriger tous les efforts *afin d'opposer une digue au torrent;* il ne fallait point laisser continuer une invasion commencée sur le point le plus important et le plus vulnérable, dans la crainte d'une invasion problématique sur un autre point, où elle ne pouvait avoir de suite, attendu que l'ennemi n'avait aucune base d'opération possible, puisque nous occupions toutes les places et toutes les routes à canons.

Vers la fin de janvier, lorsque les deux maréchaux eurent envoyé, par ordre de l'empereur Napoléon, des détachemens sur Paris et Lyon, la position du duc d'Albuféra resta à-peuprès la même; il avait des forces surabondantes dont il ne tirait aucun parti depuis long-temps, on lui en enlevait une partie, mais il lui en restait encore plus qu'il ne lui en fallait pour le rôle passif qu'il avait adopté; aussi, resta-t-il parfaitement tranquille, sans être inquiété par l'ennemi qu'il avait en présence.

Il n'en fut pas de même du maréchal Soult : au moment où son armée s'affaiblissait de près d'un tiers, celle de son adversaire recevait des renforts et toutes ses réserves, ensorte que, de ce côté, les Anglo-Espagnols étaient trois fois plus nombreux que les Français; si les treize mille hommes qui restaient au maréchal Suchet, fussent venus rejoindre l'armée d'Espagne, ils auraient à peine compensé la perte qu'elle venait de faire; mais, enfin, en choisissant bien ses positions, elle aurait eu des chances pour tenir lord Wellington en échec, afin de couvrir Bordeaux et Toulouse. Ce furent sans doute ces considérations qui décidèrent le maréchal Soult à écrire, le 9 février 1814, au maréchal Suchet une lettre dans laquelle il lui annonce la prochaine reprise des hostilités par lord Wellington, et il ajoute :

« Ce que j'ai pu démêler du plan des ennemis me porte à
» croire qu'ils dirigeront sur moi toutes les forces anglaises,
» espagnoles et portugaises, dont ils peuvent disposer, et
» qu'ils ne feront de vos côtés que des démonstrations, dans
» la persuasion que leurs progrès dans cette partie vous
» obligeront tôt ou tard à évacuer la Catalogne sans que vous
» soyez fortement attaqué de front.

« J'ai l'honneur de vous prévenir de tout cela, *afin que*
» *vous puissiez en conséquence préparer vos dispositions*, j'en
» rends aussi compte au ministre de la guerre par courrier
» extraordinaire, et je le prie de prendre les ordres de
» l'Empereur. Je lui fais aussi observer que, *pour opposer une*
» *digue au torrent*, il serait peut-être à propos que vous
» eussiez l'ordre d'évacuer la Catalogne, et que la majeure
» partie des troupes qu'il y a, *vînt se réunir à marches forcées à*
» *l'armée d'Espagne*, bornant la défense du côté du Rousillon

» à celles de nos places fortes qui seraient pourvues de bonnes
» garnisons , bien approvisionnées et au centre desquelles il
» resterait un corps d'observation. »

. Cette lettre ne se trouve point au nombre des pièces
justificatives que le maréchal Suchet a rapportées dans ses
Mémoires : il est facile d'en deviner la cause; après l'avoir lue
on se demande comment il a pu écrire que le 11 avril, *pour la
première fois*, le maréchal Soult lui fit la proposition de réunir
leurs forces !

On lui annonce que c'est du côté des Pyrénées - Occidentales que se décidera le sort de la Catalogne en même temps
que celui du midi de la France.

On lui annonce que lord Wellington dispose de moyens
infiniment supérieurs à ceux qu'on peut lui opposer.

On lui annonce que l'on écrit au ministre de la guerre pour
le prévenir que, le seul moyen *d'opposer une digue au torrent*,
est de donner l'ordre d'évacuer la Catalogne, afin que la
majeure partie des troupes qui y sont vienne rejoindre l'armée
d'Espagne *à marches forcées;* et il ne considère pas cela
comme une proposition de réunion? c'est cependant bien plus
qu'une proposition, que sans doute il aurait encore trouvé le
moyen d'éluder comme les premières. On s'adresse au ministre
pour qu'il lui donne des ordres, on le prévient, *pour qu'il soit prêt
quand l'ordre de faire sa jonction à marches forcées* arrivera :
assurément, le duc d'Albuféra a compris cela.

Voici sa réponse à cette lettre :

« Je vois, parce que vous me marquez avoir écrit au minis-
» tre de la guerre, que vous n'êtes pas instruit de la force
» de l'armée que je commande. Après avoir vu s'éloigner
» successivement de l'armée, *dix mille* hommes à la fin de
» l'année dernière, j'ai dû faire partir dix mille hommes

» en poste sur Lyon, avec les deux tiers de ma cavalerie.
» Contraint, par cette diminution de forces, de me rappro-
» cher des Pyrénées, j'ai dû laisser, d'après les ordres de
» l'Empereur, *huit mille* hommes de garnison à Barcelone, et,
» depuis le 2 de ce mois, je ne communique plus avec
» cette place que par émissaires. Il ne me reste donc en-
» viron de disponible que dix à onze mille hommes d'in-
» fanterie, et sept cents chevaux. S'il arrivait que l'Empe-
» reur adoptât le plan que vous avez proposé, je ne prévois
» pas qu'après avoir fourni les garnisons de *Roses*, *Figuè-
» res*, *Perpignan* (qui exige six mille hommes), Port-Ven-
» dres, etc., il fût possible de disposer de deux à trois
» mille hommes pour arrêter l'ennemi, qui deviendra sû-
» rement plus entreprenant, dès l'instant que Wellington,
» ayant attiré tous les Anglais à lui, aura cédé aux in-
» stances des Espagnols qui depuis long-temps demandent
» à agir seuls sur un point de nos frontières.

» Du reste, M. le duc, je dois vous l'avouer, si, dans les
» circonstances importantes où nous nous trouvons, j'en-
» trevoyais la possibilité de laisser sans danger les frontières
» des Pyrénées-Orientales à découvert, et de disposer d'un
» corps de troupe, après avoir pourvu aux garnisons des
» places de la Catalogne et du Roussillon, je conjurerais
» l'Empereur de me permettre de lui porter en poste le
» peu de troupes qui me reste, *pour combattre sous ses yeux*,
» et le servir plus efficacement au sein de la France, en ai-
» dant à délivrer le territoire envahi par les armées des
» puissances coalisées. »

Le maréchal Suchet continue le même système qui con-
siste à dissimuler les forces dont il peut disposer; mais ici,
l'inexactitude saute aux yeux, quand on voit qu'après avoir

envoyé sur Lyon, le 8 mars suivant, sa seconde colonne composée de neuf mille six cent soixante et un hommes, il se retrouve encore sous Figuères avec onze mille trois cent vingt-sept hommes, qui lui suffisent pour couvrir la frontière jusqu'àprès la bataille de Toulouse, il devient clair alors que ces neuf mille six cent soixante et un hommes auraient pu être dirigés sur l'armée du maréchal Soult aussi bien que sur Lyon, sans que le territoire fut envahi du côté des Pyrénées-Orientales.

Les évènemens ne tardèrent pas à justifier les prévisions du maréchal Soult; l'armée anglo-espagnole commença ses opérations offensives le 15 février, par le combat de Garris, contre le général Harispe; à la suite de ce combat l'armée française prit position sur la rive droite du Gave, de Pau, et se concentra sur Orthez, n'étant point assez forte pour s'étendre jusqu'à Peyrehorade, elle soutint le 27 une bataille qui lui coûta environ deux mille cinq cents hommes, et fit éprouver des pertes plus considérables à l'ennemi, après quoi elle fit sa retraite en bon ordre vers l'Adour. On peut affirmer, sans crainte de se tromper, que si les treize mille hommes disponibles de l'armée d'Aragon, eussent assisté à cette bataille, l'ennemi eut été repoussé sur tous les points; d'abord, on eut pu garder le pont de Peyrehorade; mais, en supposant qu'on l'eut laissé franchir, ces treize mille hommes auraient suffi pour arrêter le corps de lord Beresford et garder les autres points de passage; toutes les troupes qu'il a fallu tenir à la droite, eussent été disponibles pour renforcer le centre et la gauche; au lieu de deux bataillons que le général Hill eut à combattre, il aurait rencontré des forces suffisantes pour le contenir; il n'eut point été en mesure de tourner la gauche de l'armée française, mouvement qui seul a rendu la retraite nécessaire.

La lettre du maréchal Soult est du 9 février, le duc d'Al-buféra la reçut le 13, il a donc eu beaucoup plus de temps qu'il ne lui en fallait pour faire sa jonction, sans recourir aux marches forcées.

On objectera encore que pour faire ce mouvement, il fallait une autorisation du ministre, et nous reconnaissons que non-seulement il n'a pas donné cette autorisation, mais que dans la réponse au maréchal Soult, il tenait à-peu-près le même langage que le duc d'Albuféra ; quoiqu'il en soit, il nous suffit de constater (1) que le concours de l'armée d'Aragon à la bataille d'Orthez était possible, que s'il eut eu lieu, cette bataille eut été gagnée par l'armée française qui l'a glorieusement disputée ; que l'ennemi eut été non-seulement contenu, mais repoussé ; que, par suite, ni Bordeaux ni Toulouse n'eussent été occupés par lui ; que l'armée de réserve et les conscrits auraient eu le temps de se former et de rejoindre. En un mot, les opérations dans le midi eussent changé de face. Que la responsabilité morale, dans ce cas, se partage donc entre le ministre de la guerre et le duc d'Albuféra.

La bataille d'Orthez était un nouvel avertissement, mais

___

(1) Le maréchal Soult avait écrit au ministre de la guerre par courrier extraordinaire le 9 ; sa lettre parvînt le 13 au ministre. S'il avait écrit de suite au duc d'Albuféra, celui-ci aurait reçu la dépêche le 18 ou le 19, ayant été prévenu dès le 12 ; il devait être prêt à partir le 19 ou le 20, et pouvait encore être arrivé en ligne le 27, en passant par l'Arriège avec son infanterie et sa cavalerie, sauf à faire passer l'artillerie par une autre route pour ne point ralentir sa marche. Mais le ministre de la guerre n'a écrit que le 15 et ne donnait point d'ordre.

cet avertissement, comme ceux qui l'avaient précédé, fut donné en pure perte; le maréchal Suchet garda les treize mille hommes surabondans qui lui restaient, jusqu'au moment où il reçut l'ordre d'envoyer une seconde colonne de dix mille hommes sur Lyon; ordre qu'il exécuta avec une grande rapidité, puisque l'ayant reçu le 7 mars, sa colonne de neuf mille six cent soixante et un hommes partit le 8; que n'a-t-il mis le même empressement à seconder son collègue !

Voilà donc trois détachemens faits par le maréchal Suchet, jusqu'au 8 mars, qui, ensemble, forment un total de *vingt neuf mille vingt trois* hommes; il a mis *cinq mille* hommes de trop dans Barcelone, c'est donc trente-quatre mille hommes dont son armée a été diminuée depuis le 29 novembre; et cependant l'ennemi qui lui est opposé le laisse dans une paix profonde, il n'est point attaqué de front, et quand il quittera la Catalogne, ce sera volontairement et après la bataille de Toulouse, lorsque la crainte de voir enfin sa retraite coupée par lord Wellington le tirera de sa léthargie.

Nous avons examiné successivement quelles étaient le forces dont le maréchal Suchet pouvait disposer aux différentes époques, pour appuyer les opérations de l'armée commandée par le maréchal Soult; personne, que je sache, ne s'étant encore livré à cet examen, on n'avait point songé à lui demander compte de l'emploi du temps de son armée, pendant que celle de son collègue était chaque jour dans la nécessité de livrer de nouveaux combats, qui, avec un chef moins prudent et moins habile à profiter des accidens du terrain, pouvait à chaque instant entraîner sa perte totale; mais lorsque cette armée réduite à vingt-cinq mille hommes eut couronné sa belle retraite par la bataille de Toulouse, où elle eut à lutter contre une armée de quatre-vingt mille hommes à laquelle elle fit éprouver des pertes énormes, et qui ne put lui enlever le champ de bataille qu'elle avait défendu avec tant d'intrépidité, l'opinion publique s'émut : on se demanda pourquoi le duc d'Albuféra restait paisiblement en Catalogne, quand le cœur de l'empire était attaqué, on se demanda ce qui serait arrivé de l'armée de lord Wellington, si celles d'Aragon et de Catalogne fussent entrées en ligne à Toulouse, ou que, par un mouvement sur le flanc droit et sur les derrières de l'ennemi, elle l'eut mis dans la nécessité de faire un fort détachement pour protéger sa ligne d'opération ; la réponse à ces questions, conduisit à un cri presqu'unanime d'accusation contre le maréchal Suchet, qui, glissant prudemment et rapidement sur les faits que nous avons signalés, a longuement développé les motifs de sa conduite depuis le 12 mars jusqu'au 14 avril 1814. Nous voici arrivé à cette dernière période ; afin de n'omettre aucun des argumens qu'il présente pour sa justification, laissons-le parler lui-même.

SUITE DE L'EXPOSÉ DES FAITS.

« Lorsque le ministre de la guerre avait écrit au maréchal
» Suchet d'envoyer sur Lyon une portion de son armée, il
» lui avait adressé un ordre formel de l'Empereur pour ce
» mouvement, en le prévenant qu'il y avait nécessité d'aban-
» donner quelques parties pour courir au secours du centre
» et d'ailleurs *lui laissant carte blanche pour la défense de sa fron-*
» *tière.* Les mêmes causes et des ordres semblables, avaient
» affaibli, du côté de Bayonne, l'armée du maréchal duc de
» Dalmatie, opposée à celle de lord Wellington (1) après

(1) Le maréchal Suchet renvoie à la lettre du ministre de la guerre du 1er mars comme pièce justificative, ce qui semble indiquer que

» avoir fait un détachement considérable sur la Loire, et, con-
» traint de se retirer par suite de la sanglante bataille d'Orthez,
» elle s'était portée sur Cazères et Aire, et, de là , sur Vic-de-
» Bigorre et Plaisance en remontant l'Adour. Le duc de Dal-
» matie fit connaître au duc d'Albuféra sa position au 12
» mars (1) : il le prévînt que ce jour-là même il se reportait

ce n'est que dans le courant de mars, que l'armée du maréchal Soult a été affaiblie par l'envoi d'un fort détachement sur la Loire; c'est une erreur, la lettre du 1ᵉʳ mars est relative à la deuxième colonne que le maréchal Suchet devait envoyer sur Lyon; or, c'est en vertu de la lettre du major-général, du 14 janvier, que le détachement fait par le maréchal Soult a eu lieu, c'est donc dans le mois de janvier que l'armée des Pyrénées-Occidentales a été affaiblie de près d'un tiers, comme nous l'avons déjà dit. Sans cette diminution, il est probable que les opérations du mois de février auraient eu une autre issue, que la bataille d'Orthez n'aurait pas eu lieu, et que lord Wellington n'aurait occupé ni Bordeaux ni Toulouse.

(1) Si, depuis l'ouverture de la campagne, le maréchal Suchet n'avait pas reçu d'autre communication que la lettre du 12 mars, sa justification serait moins difficile, on pourrait penser qu'il a été surpris par des évènemens imprévus auxquels il ne pouvait s'attendre ; mais on a vu que le maréchal Soult lui avait adressé, dès le 9 février 1814, une lettre très remarquable dans laquelle les évènemens étaient prévus et annoncés de telle sorte qu'après la réception de cette lettre, il ne restait plus au maréchal Suchet qu'à tout préparer pour l'évacuation de la Catalogne, afin d'être prêt à tout évènement au premier avis qu'il recevrait du ministre ; nous reviendrons sur cette lettre qui est une des pièces les plus importantes de ce procès, et qui réfute tous les raisonnemens à l'aide desquels le maréchal Suchet cherche à prouver que lors même qu'il aurait voulu se trouver à la bataille de Toulouse, le temps lui aurait manqué.

» en avant et marchait sur les Anglais réunis dans les envi-
» rons d'Aire, afin de les empêcher de faire un mouvement
» pour s'emparer de Bordeaux; mais, par une seconde lettre
» du 22 mars, il annonça qu'il allait s'établir sur la Garonne
» à Toulouse ne pouvant, à cause de la disproportion des
» forces, se maintenir sans l'appui d'une bonne ligne.

» On apprit, à cette époque, l'entrée des Autrichiens dans
» Lyon et la retraite du maréchal Augereau sur Vienne et
» sur l'Isère, le bruit courait que les Anglais occupaient Bor-
» deaux; le maréchal Suchet était encore dans l'incertitude sur
» cet évènement, lorsqu'il en reçut l'avis officiel par une lettre
» du ministre (du 15 mars,) *qui l'engageait en conséquence à con-*
» *certer ses opérations avec le maréchal Soult.* Il se hâta d'envoyer
» un officier de confiance à Toulouse; à la date du 27 mars il
» écrivit au maréchal que les circonstances allaient le forcer
» de se replier sur Narbonne, que cependant de graves motifs
» et des intérêts puissans exigaient encore sa présence au-
» de là des Pyrénées, et il le pria de lui faire connaître sur
» quel point il comptait se retirer, dans le cas où lord Welling-
» ton le forcerait sur la Garonne. La réponse du duc de Dal-
» matie annonça qu'il prenait à Toulouse une bonne position,
» dans laquelle il ne serait pas impossible de tenir un
» mois (1); qu'il attendait l'ennemi au passage de la basse Ga-

(1) Le maréchal Suchet force et dénature le sens de ce passage
de la lettre du maréchal Soult, qui ne dit pas, *il n'est pas impos-*
sible de tenir un mois, mais, *si je pouvais y rester un mois;* c'est
un simple souhait qu'il forme; ce qui le précède prouve suffisamment qu'il n'espère pas le voir se réaliser. On en jugera par ces
passages de la lettre du 29 mars dont parle le maréchal Suchet:
» L'ennemi, qui avait marché avec douze ou quatorze mille
» hommes sur Bordeaux, n'y a laissé qu'une garnison de qua-
» tre cents Anglais, six cents Portugais, et deux ou trois mille

» ronne pour l'attaquer et le prévenir, dans tous les cas, sur
» la route de Montauban ; il ne croyait pas que les Anglais
» tentassent de passer la Haute-Garonne dans la direction de
» l'Arriège , mouvement qui ne les menerait à aucun résultat
» et qui les éloignerait de la mer, et enfin il annonçait
» être bien décidé à éviter, autant qu'il le pourrait, de se rap-
» procher du maréchal Suchet (1).

» hommes qui se sont répandus entre la Dordogne et la Garonne ;
» le surplus est venu rejoindre lord Wellington, *qui est avec*
» *toute son armée devant Toulouse.*

   » Je lutte contre des forces très considérables, surtout en ca-
» valerie ; les habitans qui ont vu défiler celle de l'ennemi , l'élè-
» vent jusqu'à vingt mille hommes. Ce nombre est exagéré, mais
» je suis persuadé qu'elle est au moins de douze mille hommes qui
» se composent de toute la cavalerie anglaise, y compris celle de
» la garde royale, toute la cavalerie portugaise et deux régimens
» espagnols, qui sont même restés du côté des places ; *je ne puis*
» *opposer à tout cela* que deux mille hommes de cavalerie légère ;
» il y a aussi une très grande disproportion entre l'infanterie et
» l'artillerie.

   » Si je pouvais rester un mois sur la Garonne, je ferais entrer
» dans les rangs six à huit mille conscrits, qui , aujourd'hui m'em-
» barassent et qui même manquent encore de fusils ; j'en attends
» avec la plus grande impatience de Perpignan. »

(1) Le maréchal Suchet change encore ici le sens de la lettre du
29 mars, le maréchal Soult ne lui dit pas : *Je ne veux pas me rap-*
procher de vous ; il dit : « Je ne pense pas que les ennemis se
» portent *de vos côtés , à moins que je ne sois forcé à y venir* , et
» je suis bien déterminé à l'éviter, *autant qu'il sera en mon pou-*
» *voir.* » Ce n'est donc pas du maréchal Suchet que le maréchal
Soult veut se tenir éloigné, mais des points qu'il occupe, et dont
il lui a déjà fait sentir la nécessité de sortir, *pour le rejoindre à*
marches forcées. (*Voy.* la lettre du 9 février.)

« Deux jours après, l'ennemi jeta sur la rive droite de la
» Garonne, au dessus de Toulouse, une division d'infanterie
» et de la cavalerie avec du canon. Mais ce corps ne fit aucun
» progrès, il fut arrêté par les mauvais chemins et par les
» troupes que le général Poujet à Carcassonne et le général
» Lafitte à Foix réunirent et firent marcher avec la plus
» grande promptitude. Cette manœuvre des Anglais n'était
» qu'une fausse attaque, le duc de Dalmatie n'y fut pas
» trompé, et il continua ses dispositions pour combattre
» Wellington sur la route de Montauban.

« Depuis long-temps le maréchal Suchet avait son plan
» d'opérations tout tracé : *il avait à contenir l'ennemi devant lui,*
» *soit pour sauver ses garnisons, soit pour protéger le territoire*
» *français, et il devait se mettre en mesure de couvrir pour sa part*
» *le cœur de l'empire menacé*, suivant l'expression du ministre.

« La connaissance des vues du gouvernement à cet égard
» ne lui laissait aucun doute sur la direction qu'il aurait à
» prendre, en lui prescrivant au mois de janvier l'envoi d'un
» détachement sur Lyon; le duc de Feltre lui avait écrit :
» *L'intention de sa majesté est aussi que vous vous prépariez à vous*
» *mettre de votre personne en marche avec le reste de votre armée,*
» *aussitôt que vous aurez la nouvelle de la ratification du traité de*
» *Valançey en Espagne.* Le major-général, à la même date,
» confirmant les ordres de l'Empereur, lui avait communiqué
» des ordres analogues adressés au maréchal duc de Dalmatie,
» lesquels se terminaient ainsi : *aussitôt que vous aurez des*
» *nouvelles positives de cet état de choses, vous devez disposer*
» *votre armée pour la mettre en grande marche sur la direction de*
» *Paris; l'Empereur attendra avec impatience des nouvelles plus*
» *détaillées d'Espagne et, l'annonce de votre mouvement sur la*
» *Loire.*

« Le duc d'Albuféra, en recevant la réponse du 29 mars

» dans laquelle le duc de Dalmatie manifestait la détermina-
» tion de s'éloigner de lui au lieu de s'en rapprocher (1) jugea
» donc que ce maréchal agissait conformément à ses instruc-
» tions et suivant les règles de la prudence. Combattre
» l'ennemi au passage de la Garonne, et tenir Montauban
» pour couvrir la route de Limoges et de Paris, c'était sans
» contredit le moyen le plus efficace d'arrêter les progrès de
» l'armée anglaise, soit au centre, soit dans l'ouest de la
» France.

« De son coté, le maréchal Suchet, qui ne commandait que
» par extension quelques parties de la dixième division
» militaire, avait ses dépôts, ses malades, ses embarras,
» ses ressources dans les départemens de la neuvième, à
» Montpellier, à Nimes, au Saint-Esprit, lieux de rassem-
» blement, d'armement et d'habillement de ses conscrits.
» Non-seulement il avait vu appeler dans cette direction et
» transporter sur le Rhône la meilleure partie de ses forces,
» mais un avis du général Habert lui faisait craindre que les
» troupes anglaises réunies devant Barcelone ne s'embarquas-
» sent et ne vinssent menacer derrière lui les côtes du Lan-
» guedoc ou du Roussillon (2). Il se préparait en consé-
» quence à prendre au dernier moment et quand il y serait
» forcé, sa ligne d'opérations par Narbonne et Béziers. Le

(1) Voir la note précédente, page 76.

(2) Le duc d'Albuféra se met ici en contradiction avec lui-
même; nous trouvons en effet dans sa lettre au général Habert,
du 31 mars, le passage suivant : « Si, comme vous semblez le croire,
» les Anglais se sont éloignés, *pour joindre Wellington.* » Le général
Habert ne disait donc pas que les Anglais s'embarquaient pour
menacer les côtes du Languedoc, mais bien pour aller renforcer
ce qui était opposé au maréchal Soult, ainsi que ce dernier l'avait
déjà annoncé par sa lettre du 9 février.

» colonel du génie Prud'homme s'était rendu, par son ordre,
» dans cette dernière ville pour y faire des établissemens
» et en assurer la défense. On reconnut avec soin les posi-
» tions que le pays pouvait offrir. Narbonne surtout était un
» appui nécessaire à l'armée, sur la seule route à canons par
» où il lui fut possible d'opérer en rentrant d'Espagne.
» Toutes les mesures que les circonstances permettaient,
» furent prises pour assurer ce poste important. Le maréchal
» redoutait le moment où, repassant les Pyrénées il se
» verrait obligé de former des garnisons à Figuères et à
» Perpignan, c'est-à-dire, de s'affaiblir au point de ne pouvoir
» plus tenir la campagne : le 28 mars le ministre lui avait
» renvoyé, en l'approuvant, un travail relatif à l'approvision-
» nement des places des Pyrénées-Orientales. Il fixait à plus
» de onze mille hommes le nombre des garnisons qu'on
» devait y approvisionner. Le maréchal s'efforça de réduire
» cette fixation à sept mille en se bornant au nécessaire
» indispensable.

» Mais déjà il avait tenté un moyen de faire rentrer à son
» armée plus de monde que ces garnisons ne lui en feraient
« perdre. Depuis la surprise de Lérida, il n'avait plus à récla-
» mer des Espagnols d'autres garnisons lointaines que celles
» de Sagonte et de Tortose; la première, avait un approvi-
» sionnement de plus d'une année; avec les garnisons de
» Denia, Peniscola et Morella, elle ne formait guère qu'un
» total de deux mille hommes; Tortose, au contraire, renfer-
» mait près de cinq mille hommes, qui n'avaient des vivres
» que jusqu'à la fin d'avril. Ils étaient commandés par un
» homme de tête, le général Robert : il ne parut pas impossi-
» ble que, par une marche imprévue et rapide, ils vinssent se
» joindre aux huit mille du général Habert à Barcelone ; et ce-
» lui-ci alors, à la tête des deux garnisons réunies, abandon-

» nant les places vides aux Espagnols, se ferait jour jusqu'à
» l'armée française, qui, à leur approche, ferait un mouve-
» ment pour leur tendre la main. Le maréchal adressa ses
» instructions à cet effet au général Habert et il demanda les
» ordres du gouvernement. Sans la rapide succession des évè-
» nemens, peut-être l'armée d'Aragon et de Catalogne se se-
» rait par cette opération hardie , renforcée de douze à treize
» mille hommes : elle se fut ainsi retrouvée presque aussi
» nombreuse qu'avant le départ de ses deux divisions sur
» Lyon ; ou du moins, en état de rendre encore des services.

» Sa force présentait alors un effectif de onze mille trois
» cent vingt-sept combattans, présens et disponibles, y com-
» pris mille quatre-vingt-huit hommes à cheval.

» La division Lamarque était à Figuéras et aux environs; la
» réserve Mesclop en arrière, à la Jonquière et au Pertus;
» un bataillon et un régiment de cavalerie à Perpignan, où
» le maréchal Suchet vint plusieurs fois après le départ du
» roi Ferdinand, pour diriger, sans s'éloigner des troupes, les
» mesures qu'exigeait la défense du territoire. Il reçut là ,
» dans la nuit du 4 au 5 avril, une lettre du 3, par laquelle le
» maréchal Soult , revenait à l'idée d'une coopération que
» précédemment il avait paru ne pas désirer (1). Il suffirait
» peut-être de calculer les dates et les distances pour se faire
» une idée exacte des obstacles qui s'opposaient à cette coo-
» pération : *certainement la détermination de quitter la frontière où*
» *le maréchal Suchet avait été placé et d'abandonner ses garnisons*
» *d'Espagne , celle de marcher avec toutes ses forces et de livrer*

(1) Le maréchal Suchet oublie encore ici la lettre du 9 février
1814, et toutes celles qui l'ont précédée ; il oublie enfin que l'idée
dominante du maréchal Soult a toujours été la concentration de
toutes les forces.

» *ainsi les Pyrénées-Orientales à l'ennemi, ou de laisser des gar-*
» *nisons dans nos places, et par là, de réduire son corps agissant à*
» *un nombre trop faible pour porter un poids dans la balance en des*
« *circonstances si graves, cette détermination ne pourrait être pri-*
» *se sans les ordres du ministre et sans l'approbation du chef de l'é-*
» *tat* (1). Non seulement le maréchal Suchet n'eut point le
» temps de recevoir ces ordres, mais il n'aurait pas eu même
» celui d'arriver sur la Garonne; car, quand il serait parti sur
» la première lettre du duc de Dalmatie, ses troupes n'auraient
» pas pu se mettre en marche avant le 5 ou le 6 avril, ni être
» rendues à Toulouse avant le 13 ou le 14 au plus tôt; la
» bataille fut livrée le 10.

» Mais on n'a fait de faux raisonnemens sur ce qui s'est
» passé à cette époque dans le midi, que parce qu'on a
» ignoré les faits, parce qu'on n'a pas connu la position res-
» pective des deux armées et de leurs chefs. Le duc de Dal-
» matie, dans sa lettre du 3 avril, *ne proposait nullement au*
» *duc d'Albuféra, de venir le joindre à Toulouse, pour combattre*
» *les Anglais;* il lui demandait d'envoyer un renfort au gé-
» néral Laffitte, dans l'Arriège, ou de s'y porter lui-même,
» s'il croyait la chose possible et utile. Il parut au maréchal
» Suchet que ce mouvement entraînerait de graves inconvé-
» niens pour son armée, sans pouvoir rendre un service réel
» à celle du maréchal Soult. Car, d'un côté, ce maréchal
» et le général Laffitte s'accordaient à lui dire que les Anglais
» avaient un projet de marcher sur Lyon; et, sans pouvoir
» bien se rendre compte de cette manœuvre, il se sentait
» plus que jamais enchaîné à la conservation de Narbonne,

(1) On verra bientôt que le maréchal Suchet avait carte blanche pour la défense de sa frontière, il a d'ailleurs commencé son
exposé des faits par le reconnaître.

» pour n'être, dans aucun cas, prévenu sur ses communica-
» tions avec la ligne du Rhône. De l'autre, le duc de Dal-
» matie, annonçait dans la même lettre du 3 avril, que les
» Anglais continuaient d'opérer par la Basse-Garonne,
» c'est-à-dire entre Bordeaux et Toulouse. De quel effet
» pouvait être, dans ce cas, une diversion lointaine et dou-
» teuse, vers Saint-Gaudens et la Haute-Garonne, laquelle
» d'ailleurs ne pouvait s'opérer qu'en abandonnant devant
» l'ennemi les Pyrénées-Orientales? Ce que le maréchal
» Suchet avait écrit de sa position au ministre de la guerre,
» quatre jours auparavant, il le renouvela, le 6 avril, dans
» sa réponse au maréchal Soult, en expliquant l'impuis-
» sance où il était d'opérer de la manière indiquée. Le 5 et
» le 7 avril, la même demande d'un mouvement sur l'Ar-
» riège lui fut réitérée par le duc de Dalmatie; mais il y
» vit de nouveaux motifs pour s'affermir dans la résolution
» qu'il avait prise de s'établir à Narbonne, dès qu'il serait
» obligé de repasser les Pyrénées. Le mouvement de Wel-
» lington était dessiné, non vers l'embouchure de l'Arriège,
» mais vers celle du Tarn; le passage de la Garonne venait
» de s'effectuer, les Anglais marchaient par la route de
» Montauban sur Toulouse, et le maréchal Soult lui-même
» s'attendait qu'ils pourraient venir l'attaquer par celle de
» Castelnaudary. Aucun motif plus pressant ne pouvait
» rappeler sur Narbonne l'armée d'Aragon. Le maréchal
» Suchet vit arriver *le moment inévitable d'abandonner la négo-*
» *ciation, les garnisons, les places.* La bataille du 10 avril,
» vint précipiter ce triste dénoûment. Le maréchal Soult la
» lui annonça par ses lettres du 10 et du 11; il lui dit qu'il
» se retirait sur Villefranche, Castelnaudary et Carcas-
» sonne; en même temps, il lui fit *pour la première fois une*

» *proposition formelle* (1), celle de réunir la totalité de ses
» troupes (après avoir pourvu à la sûreté des places), et de
» marcher sur l'Arriège par Quillan, pour opérer la réunion
» des deux armées, et reporter le théâtre de la guerre sur
» la Haute-Garonne en s'appuyant aux Pyrénées. Mais, tout
» en indiquant cette direction, il ajoutait : « Si vous prenez
» par Narbonne, je vous prie de m'en prévenir. » Le maré-
» chal Suchet n'avait pas le choix de deux routes pour
» aller se réunir à son collègue : celle de Perpignan à Foix
» par Quillan était impraticable avec du canon (2). D'ail-
» leurs, le département de l'Arriège, était un mauvais théâ-
» tre d'opérations militaires, puisque le général anglais Hill,
» dans son mouvement du 13 mars, avait failli y perdre
» son artillerie; et l'on ne pouvait y établir l'offensive sans
» appui, sans vivres, sans communications, à moins de
» compromettre l'existence de l'armée, et d'abandonner la
» défense de l'intérieur du pays devant un ennemi nom-
» breux et vainqueur. En exposant au duc de Dalmatie
» toutes les raisons qui l'empêchaient de marcher sur l'Ar-
» riège, le duc d'Albuféra le prévint, suivant ses désirs,
» qu'il allait se hâter de le rejoindre par Narbonne. Il ne
» songea plus qu'à presser le mouvement de ses troupes.
» Avant de leur faire repasser les Pyrénées, il termina ses
» opérations, par la destruction du fort de Roses ; le général
» Lamarque le fit sauter en partant; les colonnes d'infan-
» terie et de cavalerie furent toutes dirigées sur Narbonne,

(1) Voyez nos observations à l'occasion de la lettre du 9 février,
(2) Rien n'empêchait de s'y porter avec l'infanterie et la cavalerie et de faire passer l'artillerie par Narbonne pour se réunir à
Carcassonne, à l'armée du maréchal Soult.

» le maréchal Suchet s'y rendit lui-même pour les devan-
» cer.

» Ce fut là que, le 13 avril, il reçut de Paris, la com-
» munication des évènemens qui venaient de renverser
» l'empire, de terminer la guerre et de remettre les Bour-
» bons sur le trône. »

OBSERVATIONS SUR CET EXPOSÉ.

En résumant les moyens justificatifs, présentés par le duc
d'Albuféra on voit qu'ils se réduisent aux suivans :

1° Que la détermination de quitter la frontière *où il avait
été placé*, d'abandonner ses garnisons d'Espagne, de livrer
les Pyrénées-Orientales à l'ennemi, ou de laisser des garnisons dans nos places, et, par là, réduire son corps agissant à un nombre trop faible pour porter un poids dans la
balance, dans des circonstances si graves, ne pouvait être
prise sans les ordres du ministre et sans l'approbation du
chef de l'état.

2° Que, non-seulement il n'eut point le temps de recevoir
ces ordres, mais qu'il n'aurait pas même eu celui d'arriver sur
la Garonne : que quand il serait parti sur la première lettre du
duc de Dalmatie, ses troupes n'auraient pas pu se mettre
en marche avant le 5 ou le 6 avril, ni être rendues à Toulouse avant le 13 ou le 14 au plus tôt.

3° Que le duc de Dalmatie, dans sa lettre du 3 avril, ne
proposait pas au duc d'Albuféra de venir le joindre à Toulouse pour combattre les Anglais, qu'il lui demandait seulement d'envoyer un renfort au général Laffitte dans l'Arriège, ou de s'y porter lui-même s'il croyait la chose possible
ou utile.

4° Que ce mouvement eut entraîné de graves inconvéniens pour son armée, sans pouvoir rendre de service réel à celle du maréchal Soult.

Il est clair que si la première de ces raisons était admissible, elle dispenserait d'en chercher d'autres ; car, avec cette manière d'envisager la question, 'quand même le maréchal Soult aurait proposé formellement au duc d'Albuféra de venir à Toulouse pour y combattre les Anglais, il n'aurait pas quitté, sans autorisation, la frontière *où il avait été placé*.

Par la même raison, quand même le mouvement proposé par le maréchal Soult sur l'Arriège, aurait dû produire les plus grands effets, amener la retraite ou la destruction de l'armée anglaise, sans entraîner le moindre inconvénient pour celle du duc d'Albuféra, celui-ci n'aurait pas quitté, sans autorisation, la frontière *où il avait été placé*.

Telle est la conséquence naturelle du raisonnement du duc d'Albuféra, qu'il placerait un général en chef sur la même ligne que le factionnaire qui ne doit pas s'éloigner à plus de quinze pas de sa guérite, à moins d'une consigne spéciale de son caporal. Toutefois, admettons cette raison, supposons qu'il fallait une autorisation du ministre pour quitter, même momentanément, la Catalogne ; et voyons si cette autorisation n'avait pas été donnée ; pour cela, ayons recours à ce que le maréchal Suchet a bien voulu nous faire connaître de la correspondance ministérielle.

Dans la lettre du ministre de la guerre, du 11 février 1814, nous trouvons :

» Monsieur le maréchal, l'Empereur m'ordonne de vous
» faire connaître qu'il vous laisse *carte blanche*, relativement
» à Barcelone, dont vous pourrez garder ce qui vous con-
« viendra, pourvu que rien n'empêche ou ne retarde l'arri-
» vée à Lyon des troupes qui vous ont été demandées....

» Je termine cette lettre en vous réitérant textuellement
» les derniers ordres de l'Empereur à cet égard. *Faites ce que*
» *vous voudrez*, mais sur toutes choses, que des troupes ar-
» rivent à Lyon (1). »

La lettre du 1er mars, qui ordonne au maréchal Suchet
de faire partir une deuxième colonne de dix mille hommes sur
Lyon, renferme les passages suivans :

« Je sais que par le départ de ces troupes la frontière
» orientale des Pyrénées va se trouver à découvert, mais *le*
» *silence que S. M. garde sur ce point vous dit assez que lorsque*
» *l'Empire est menacé au cœur*, il n'y a pas à balancer *sur l'a-*
» *bandon momentané de quelques parties*. Il me reste à suppléer
» à ce silence en vous disant que *l'état des choses vous autorise*
» *à vous tracer à vous-même votre système d'opérations*, à user de
» toutes les ressources qui vous restent *de la manière qui vous*
» *paraîtra la plus utile au service de S. M. (2).....*

» Je pense donc, monsieur le maréchal, qu'avec les faibles
» ressources qui vous restent, le seul parti à prendre, *est de*
» *concentrer vos forces et de tenir la campagne*, sans disséminer
» dans les places (à l'exception de celles qui sont indispen-
» sables à garder) des troupes *qui seraient perdues pour les opé-*
» *rations et n'arrêteraient point l'ennemi.*

Enfin, la lettre du 15 mars, par laquelle le ministre de la
guerre annonce au duc d'Albuféra l'occupation de Bordeaux
par les Anglais, contient ce passage :

« Cet évènement très malheureux, mais qu'il était difficile
» de prévenir, va augmenter les difficultés de la situation du
» duc de Dalmatie, et influer par contre-coup sur celle de
» V. Exc. *il me paraît très important* qu'en de telles circon-

(1) Mémoires du maréchal Suchet, tom. II, pag. 496 et 497.
(2) Mémoires du maréchal Suchet, tom. II, pag. 520 et 521.

» stances, *vous combiniez de plus en plus vos opérations avec les*
» *siennes*, et que *vous vous prêtiez l'appui mutuel qu'exigent des*
» *circonstances aussi critiques* (1).

Qui oserait dire après la lecture de telles lettres que le maréchal Suchet n'était pas libre d'agir dans le sens des opérations du maréchal Soult et qu'il n'a pas eu cette autorisation à temps. C'est le 11 février que l'Empereur lui fait dire *faites ce que vous voudrez* ; c'est le 1er mars que le ministre de la guerre, interprète du silence de l'Empereur, lui dit, *lorsque l'Empire est menacé au cœur il n'y a pas à balancer sur l'abandon momentané de quelques parties* ; cette lettre lui est parvenue avant le 7 mars et ce n'est que le 12 avril qu'il quitte la Catalogne. Enfin, c'est le 15 mars que le ministre lui dit de *combiner de plus en plus* ses opérations avec celles du *maréchal Soult* et de lui *prêter l'appui qu'exigent des circonstances aussi critiques*. Cette lettre, du 15 mars, il l'a reçue le 22 au plus tard, comment se fait-il qu'il n'a envoyé un *officier de confiance* à Toulouse que le 27 ! Six jours perdus dans de semblables circonstances, n'indiquent-ils pas qu'on veut traîner en longueur en attendant un dénouement que l'on prévoit.

Nous avons fait voir que le maréchal Suchet était autorisé à quitter la Catalogne pour combiner ses opérations avec celles du maréchal Soult, auquel on lui recommandait de prêter appui ; qu'indépendamment des avis antérieurs, la lettre du 15 mars, reçue le 20 ou le 22, lui en faisait une loi ; examinons quels étaient les moyens de prêter cet appui.

Il s'en présente naturellement deux.

Le premier est de faire sa jonction directement, pour entrer en ligne et prendre part aux combats qui pourront être livrés,

(1) Mémoires du maréchal Suchet. tom. II, pag. 525.

soit que l'on continue la retraite, soit qu'on veuille marcher en avant et reprendre l'offensive.

Le deuxième est de se porter sur les flancs et sur les derrières de l'ennemi pour couper ses communications, intercepter ses convois et, par là, le mettre dans la nécessité de faire un fort détachement.

Par sa lettre du 9 février, le maréchal Soult avait indiqué que dans la position où il se trouvait, le premier moyen était le meilleur et le plus efficace, et il avait demandé, en conséquence, que l'armée d'Aragon vînt le joindre à *marches forcées.*

Le duc d'Albuféra n'ayant bougé, ni après la réception de la lettre du 9 février, ni après la bataille d'Orthez le 27, ni après les combats de Cazères, d'Aire, de Vic-Bigorre, de Tarbes, etc., ni après l'arrivée des armées devant Toulouse le 24 mars, où on lui annonçait qu'il y aurait une bataille qui déciderait du sort du midi, et qui devait l'intéresser à un si haut degré ; il était de la dernière évidence qu'il ne voulait de jonction à aucun prix ; la lui proposer de nouveau eût été s'exposer à un refus certain ; il ne restait plus, pour dernière épreuve, qu'à tenter le deuxième moyen, c'est ce que fit le maréchal Soult, par ses lettres des 3, 5 et 7 avril dans lesquelles il proposait au maréchal Suchet d'envoyer des renforts dans l'Arriège au général Laffitte, ou de s'y porter lui-même avec le plus de forces qu'il pourrait pour inquiéter les derrières de l'ennemi. Sa réponse fut que : *La situation des affaires en Espagne ne lui permettait pas de s'éloigner des frontières* (1).

Quels étaient les intérêts si puissans qui le retenaient en Espagne quand la France était inondée par les armées étran-

(1) Mémoires, tom. II, pag. 543.

gères, quand Lyon, Bordeaux étaient en leur pouvoir, que les environs de Paris étaient chaque jour témoins de nouvelles batailles, et que Toulouse allait être le théâtre d'une des plus sanglantes, dans laquelle ses compatriotes se trouveraient un contre trois ?

Encore le désir de sauver ses garnisons ; tel a été son éternel refrain depuis le moment où il s'est trouvé en rapport avec le maréchal Soult, telle est la considération ou plutôt le prétexte auquel il a sacrifié Pampelune, Saint-Sébastien, la frontière des Pyrénées-Occidentales, Bordeaux, Toulouse et le sang de ses anciens frères d'armes. Voulez vous savoir quels sont les avantages qu'il en attend, lisez sa lettre du 6 avril 1814, vous y trouverez :

« Vous paraissez croire que je rendrai un grand service, » en obtenant le retour de ces garnisons ; *peut-être ne penseriez* » *vous pas ainsi, si vous étiez bien fixé sur le nombre d'ennemis que* » *les places occupent.* Les troupes que j'y ai laissées sont pour la » moitié composées de conscrits, comme vous l'avez fait à » Bayonne.

Le 6 avril 1814, il commence enfin à reconnaître que les garnisons, quoique composées en partie de conscrits, arrêtent un grand nombre d'ennemis ; il lui a fallu huit mois pour arriver à cette connaissance. Profite-t-il au moins de la nouvelle lumière qui vient l'éclairer, pour faire une diversion en faveur de son collègue ? Nullement, il reste tranquillement à s'occuper d'une négociation inutile, qui, en supposant qu'elle réussît, rendrait disponibles les troupes qui bloquent ou assiègent les garnisons qu'il veut faire rentrer.

Depuis huit mois qu'il parle sans cesse de *ses garnisons d'Espagne,* a-t-il au moins tenté quelques efforts en leur faveur ? Oui, sans doute, il a correspondu en chiffres avec les gouverneurs des places, et cela avec tant de fruit qu'il s'est laissé dérober la *clef* de ses chiffres par un transfuge qui, imitant les caractères et le cachet de cette correspondance, s'est emparé sans coup férir de Lérida, Mequinenza et Mouzon, ainsi que de leurs garnisons formant un total *de deux mille six cent vingt-deux hommes.* Certes, il eut mieux valu qu'il écrivît moins, et qu'il agît davantage.

Quand l'armée de Catalogne fut réunie à son commandement, et qu'il eût trente-deux mille cinq cent quatre-vingt-huit vieux soldats disponibles, il les trouva insuffisans pour pousser vingt-cinq à trente mille Anglo-Espagnols jusqu'à Tortose ; dès lors, il était évident que cette armée, s'affaiblissant successivement par des détachemens faits à l'intérieur, ne pouvait plus rien par elle-même, qu'elle ne pourait débloquer les places qu'avec le concours de l'armée du maréchal Soult; mais, pour cela, il fallait battre l'armée de lord Wellington ; le seul, le véritable moyen de sauver les garnisons, était donc de se réunir à son collègue pour obtenir ce résultat.

Mais ce que l'on ne saurait expliquer, c'est la détermination prise par le maréchal Suchet, de laisser *huit mille* hommes dans Barcelone, au moment où il sent lui-même la nécessité de garder *cinq mille* hommes de plus en se bornant à occuper *la citadelle* et *le fort Mont-Juich,* à l'aide desquels on est autant maître de Barcelone, qu'en occupant la place entière; il en fait la proposition au ministre de la guerre, et parce que la réponse n'arrive pas à jour fixe, il renverse le proverbe, *qui ne dit rien consent,* et le transforme en celui-ci, *qui ne dit rien ne consent pas.*

Grâces à cette nouvelle interprétation il s'affaiblit de *cinq mille* hommes qui, dans les retranchemens de Toulouse, eussent suffi pour completter la défaite de l'armée de lord Wellington.

Après s'être ainsi mis dans l'impossibilité de rien faire, il ne lui restait plus qu'un parti à prendre; c'était d'inviter les généraux Robert et Habert à passer sur le corps des troupes qui les bloquaient; ici encore il se crut dans la nécessité de demander des ordres, et nous le concevons, car la responsabilité était grande; mais, à qui la faute, si les choses étaient arrivées à ce point?

La marche suivie par le duc d'Albuféra a donc été aussi funeste aux troupes de son armée, qui étaient restées dans les places, qu'à l'armée des Pyrénées-Occidentales et aux intérêts de la France.

Nous avons fait voir que, même avant la reprise des hostilités, le maréchal Soult désirait que l'armée d'Aragon vînt rejoindre la sienne à marches forcées pour prendre part aux premiers combats qui auraient lieu contre les Anglais; que si, en dernier lieu, il demanda au duc d'Albuféra de se porter par l'Arriège sur les derrières de l'armée anglo-espagnole, c'est parce qu'il avait la certitude qu'une proposition de jonction à Toulouse, serait repoussée comme toutes celles qui avaient précédé. D'ailleurs, en annonçant le 22 mars qu'il avait fait choix d'une bonne position, où il était décidé *à livrer une bataille*, c'était une manière indirecte d'inviter le duc d'Albuféra à y prendre part, puisque si la bataille était gagnée il lui serait facile de retourner en Catalogne, tandis que si elle était perdue, faute de son concours, il serait lui-même forcé d'évacuer précipitamment les points qu'il occupait pour ne pas être coupé de sa ligne d'opération sur Narbonne. Il nous reste à examiner l'effet probable qu'eût produit la jonction à Toulouse ou le mouvement sur l'Arriège.

Pour cela, il est nécessaire de bien préciser les moyens qui restaient au duc d'Albuféra, et l'emploi qui devait en être fait.

Nous avons vu qu'après avoir fait son deuxième détachement sur Lyon, le 8 mars, il restait encore au duc d'Albuféra, onze mille trois cent vingt-sept combattans présens et disponibles, y compris mille quatre-vingt huit hommes à cheval.

Le ministre de la guerre, dans sa lettre du 4 mars, lui disait :

« Je pense que vous êtes suffisamment autorisé par votre position actuelle, à appeler et à réunir autour de vous toutes les ressources des départemens les plus voisins de la frontière tels que l'Ariège, l'Aude et les Pyrénées-Orientales, et particulièrement les levées dont le général Laffitte dirige l'organisation.

« J'ai informé M. le duc de Dalmatie des instructions que » j'adressais à cet égard à V. Exc., et je l'ai invité à donner » des ordres en conséquence au général commandant la 10e » division militaire. »

De son côté, le maréchal Soult, dans sa lettre du 12 mars, lui disait : « D'après l'avis que le ministre de la guerre m'a » donné des ordres qui vous ont été adressés, j'ai, de suite, » donné ordre au général Travot, commandant la 10e divi- » sion militaire, de tenir à votre disposition les levées de » gardes nationales et les corps volontaires que le général » Laffitte organise dans les départemens de l'Ariège, de » l'Aude et des Pyrénées-Orientales.

» Je lui ai aussi ordonné d'envoyer à Carcassone et à Nar- » bonne, les dépôts des 113e, 116e et 117e régimens de ligne » qui recrutent pour votre armée. »

Le duc d'Albuféra ne donne aucun renseignement sur les ressources qu'il a retirées des dépôts, des volontaires, des gardes nationales, etc., que le général Laffitte avait eu ordre de tenir à sa disposition; il se borne à dire vaguement qu'en *profitant des dépôts, des convalescens et des malades pour s'aider à former les garnisons, il serait à peine parvenu à conserver en campagne la valeur d'une division de quatre à cinq mille hommes* (1).

Or, d'après sa note de la page 383, il lui fallait, en réduisant au minimum, pour Perpignan, Collioure, Saint-Elme, Port-Vendres, Bellegarde, Fort-les-Bains, Pratz de Mollo, Villefranche, Mont-Louis, sept mille deux cents hommes, il serait donc encore resté quatre mille hommes, lors même que les dépôts, gardes nationales, etc., n'en auraient pas fourni un seul; d'ailleurs, le maréchal Soult avait sept mille conscrits qui l'embarrassaient et qui n'étaient même pas armés, assurément, il les auraient volontiers mis dans ces places, si le maréchal Suchet eût voulu le seconder avec ses vieilles troupes.

En prenant 1,327 hommes sur les 11,327 combattans qui lui restaient, et les distribuant dans les places avec les conscrits, gardes nationalés et les dépôts, il serait encore resté dix mille hommes pour venir à Toulouse, prendre part à la bataille, ou pour faire un mouvement sur les derrières de l'ennemi.

Quoique l'armée française ait obtenu la victoire à Toulouse (2), cette victoire n'a été ni aussi complette, ni aussi brillante, qu'elle l'eut été si le mouvement du général Taupin eut réussi; malgré les bonnes dispositions prises par le maréchal Soult, on doit reconnaître que cette réserve, qui avait déjà envoyé des détachemens au secours des redoutes du Nord, était

(1) Mémoires, tom. II, pag. 384, note.
(2) Voyez nos Considérations militaires sur cette bataille.

un peu faible pour le rôle qu'elle avait à remplir ; pour ne rien laisser au caprice de la fortune, il eut fallu cinq ou six mille hommes de plus, mais le général en chef qui n'avait que vingt-cinq mille bayonnettes pour garnir un champ de bataille de plus de dix mille mètres de développement, indépendemment du faubourg St.-Cyprien, ne pouvait garder une réserve plus forte sans trop affaiblir quelques-uns des points importans de la ligne du canal que l'ennemi aurait pu forcer.

Il est de la dernière évidence que si les dix mille hommes, que le maréchal Suchet pouvait avoir, eussent pris part à la bataille, le corps du maréchal Beresfort eut été complettement battu, noyé ou pris. L'extrême droite de l'armée française devenue libre alors eut pris en flanc et à revers le corps du général Freyre qui avait déjà été cruellement maltraité, l'eut rejeté sur les divisions Picton et Alton ; ensorte que toute cette armée, sans communication avec la rive gauche de la Garonne, eut été acculée entre cette rivière et l'Ers ; dans une semblable position elle n'aurait pu échapper à une ruine complette.

D'un autre côté, si le duc d'Albuféra se fut porté avec dix mille hommes sur les derrières de l'ennemi, il eut mis celui-ci dans la nécessité de faire un fort détachement pour l'observer ou l'arrêter, indépendemment de ce que le maréchal Soult aurait eu moins d'ennemis à combattre, au lieu de se diriger le surlendemain de la bataille sur Castelnaudary, il aurait passé sur le corps du général Hill qui occupait le faubourg St.-Cyprien ; la jonction des deux maréchaux se fut faite vers *St.-Gaudens* ou *Tarbes* ; la base d'opération de lord Wellington eut été coupée, et quelles belles combinaisons s'offraient à l'armée française, soit qu'elle se portât rapidement sur Bayonne pour écraser le corps ennemi qui en formait le blocus, soit qu'elle voulut défendre le passage des rivières au retour de lord Wellington; soit, enfin, qu'elle voulût manœuvrer pour dégager Bordeaux et faire sa jonction avec l'armée de réserve, etc.

Après la bataille de Toulouse, le maréchal Soult étant resté maître de la ligne du canal, qui couvrait la route de Carcassonne; c'était naturellement sur ce point qu'il devait diriger son armée; il fit la proposition expresse au duc d'Albuféra de venir l'y joindre pour se reporter aussitôt, ensemble, en avant par l'Arriège et rétablir le théâtre de la guerre dans la Haute-Garonne, en s'appuyant aux Pyrénées; il regardait ce mouvement comme décisif et devant sauver le midi de la France, en forçant l'ennemi à rappeler toutes les troupes qu'il avait engagées sur les deux rives de la Garonne, ce qui mettrait le général Decaen à même de reprendre Bordeaux et de faire ensuite une diversion en leur faveur.

Cette dernière proposition reçut un dernier refus; le maréchal Suchet ne voulut point venir à Carcassonne, pour se reporter en avant; il prétendit que ce mouvement, loin de sauver le midi de la France, achèverait la désorganisation et la ruine des troupes qui lui restait.

Convaincu, enfin, qu'il n'avait aucun concours à attendre de son collègue, le maréchal Soult lui adressa la lettre qui suit:

Le maréchal duc de Dalmatie à Monsieur le maréchal duc d'Albuféra.

Castelnaudary, le 14 avril 1814.

« Le capitaine Bonneval m'a remis ce matin la lettre que » vous m'avez fait l'honneur de m'écrire le 12. Je vous aurais » répondu de suite, si je n'avais voulu être à même de vous

» instruire du résultat de la proposition d'armistice que j'ai
» faite à lord Wellington. Le colonel Gordon, l'un de ses
» aides-de-camp, vient de me remettre son refus, et, dans la
» conversation que j'ai eu avec cet officier, je me suis con-
» vaincu que si les pièces que l'on nous a communiquées ne
» sont point apocryphes, du moins la plupart des faits annon-
» cés sont controuvés; ainsi, je me dispose à recevoir les
» ennemis, car je suis persuadé que demain ils se reporte-
» ront en avant. Déjà, une partie de leur armée est arrivée à
» Villefranche, et un gros corps de cavalerie manœuvre dans
» la direction de Revel.

« Je regrette bien vivement que vous n'ayez pas jugé à pro-
» pos de combiner nos opérations; je crois que vous êtes
» dans l'erreur au sujet des routes, ainsi que sur l'effet que
» produirait un grand mouvement sur la Haute-Garonne;
» mais à moi seul je ne puis l'entreprendre, et je dois me
» soumettre à votre refus, quoique j'en déplore les consé-
» quences; plus tard, vous le reconnaîtrez.

« La position de Castelnaudary n'est point défensive; j'es-
» père que celle de Carcassonne sera meilleure. J'irai donc
» l'occuper et je la tiendrai autant qu'il y aura possibilité.
» Si je suis forcé de la quitter, j'opérerai mon mouvement
» directement sur Béziers; ensuite je me réglerai suivant les
» mouvemens des ennemis, et je ferai de mon mieux, puis-
» que vous ne voulez pas me seconder.

« La route de Carcassonne à Saint-Pons, que vous me
» proposez, n'est pas une ligne d'opération pour une armée,
» car on ne peut sortir de Saint-Pons que pour aller à Castres
» ou à Béziers. Ce pays m'est particulièrement connu. Du
» reste, je vous prie de croire que je ferai ensorte que vous
» ne soyez pas long-temps gêné par notre présence; mais,
» dans ce cas, ne doutez point que vous-même provoquerez

» dans peu de jours, le concert d'opération qu'aujourd'hui
» vous rejettez, desquelles je voudrais vous voir exclusive-
» ment chargé.

« Signé, DUC DE DALMATIE.»

La lecture de cette lettre serre le cœur; on admire la rési-
gnation calme du général qui, ayant la conscience d'avoir
rempli ses devoirs dans toute leur étendue, n'éprouve que le
regret de ne pas être secondé, pour rendre de nouveaux
services à son pays; mais on a de la peine à imiter cette
modération; on se rappelle toutes les propositions utiles
qu'il a faites, tous les refus qu'il a éprouvés; on songe aux
avantages et à la gloire que devaient procurer les premières,
aux désastres qui ont été la conséquence des autres; on com-
pare les combats nombreux et les sanglantes batailles soutenus avec tant de courage, de talent et de persévérance
d'un côté, avec le déplorable repos dans lequel on s'est
maintenu de l'autre; et l'on a besoin de se rappeler les
actions glorieuses qui avaient illustré le maréchal Suchet
pour ne pas se livrer à une profonde indignation contre lui.

RÉSUMÉ ET CONCLUSION.

Nous voici arrivé à la fin de notre examen des relations
établies entre les deux maréchaux qui, par leur position et
les commandemens qui leur étaient confiés, pouvaient
exercer le plus d'influence sur les évènemens militaires qui
ont précédé le renversement de l'empire. Nous avons rempli
une pénible tâche; notre amour pour la vérité et la justice
nous a mis dans la nécessité de trouver et de mettre au jour
les torts d'un homme auquel notre sympathie était acquise
depuis long-temps et que nous aurions voulu trouver aussi
recommandable dans le dernier acte de notre grand drame

7

qu'il le fût dans les premiers. C'est sur les matériaux qu'il
nous a fournis lui-même que notre conviction s'est formée.
Nous regrettons vivement que son récit et les pièces justificatives qu'il a données, nous aient conduit à une conclusion
diamétralement opposée à celle qu'il eût voulu qu'on en tirât.
Mais quoique sa narration soit peu faite pour faire ressortir le
mérité des combinaisons de son collègue aux regards des
lecteurs superficiels, nous n'avons pu fermer les yeux sur
les faits, quelque disséminés qu'il soient dans les Mémoires.
En voici le résumé dans toute sa simplicité.

Lord Wellington, à la tête d'une armée de plus de cent
mille hommes, assiégeait Saint-Sébastien et Pampelune dont
la possession lui était nécessaire pour la suite de ses opérations contre la frontière des Pyrénées Occidentales.

Le maréchal Soult, arrivé à Bayonne le 12 juillet 1813 pour
prendre le commandement de l'armée française après l'affaire de Vittoria, où elle avait perdu tout son matériel, fut
obligé de la réorganiser entièrement dans l'espace de quelques jours. Sans avoir le temps de rétablir la discipline et de
ramener la confiance, il fallut se mettre en campagne immédiatement, car la place de Saint-Sébastien était en brèche
et avait déjà repoussé un assaut le 25 juillet.

Les premières attaques contre l'armée anglo-espagnole
eurent du succès; le 25 et le 26 juillet l'ennemi fut repoussé
avec perte sur les différens points de la ligne; mais des circonstances indépendantes de la volonté du général en chef ne
permirent pas de profiter du premier élan des troupes pour
attaquer les positions en avant de Pampelune avant l'arrivée
de nombreux renforts; l'attaque du 28 échoua, on obtint
cependant ce résultat que le siège de Saint-Sébastien, commencé à la fin de juin, fut interrompu; l'ennemi obligé de

retirer son artillerie sur ses vaisseaux et de recommencer entièrement son opération, ce qui mit la place en état de résister jusqu'au 7 septembre.

Le maréchal Soult, désespérant de forcer l'ennemi dans ses positions formidables, avec les seules troupes qui étaient à sa disposition, en agissant par les routes du Guiposcoa et de la Navarre, et cherchant d'ailleurs à obtenir un grand résultat, voulut lier ses opérations avec le maréchal Suchet, auquel il proposa de faire un mouvement sur le flanc droit de lord Wellington, avec l'armée d'Aragon et les troupes disponibles de l'armée de Catalogne. Les lettres du 10, du 11 et du 16 août, qui renferment cette proposition, furent portées, les deux premières par M. de Choiseuil chef d'escadron aide-de-camp, et la dernière par estafette.

Le ministre de la guerre, représentant l'empereur Napoléon, était d'abord favorablement disposé en faveur de cette proposition, ainsi que le prouve sa lettre du 13 août, dans laquelle il engageait le maréchal Suchet à faire éprouver un échec à l'armée ennemie, qui lui était opposée, et à examiner, *si l'armée d'Aragon ne se trouverait pas dans la possibilité de tenter une diversion favorable aux opérations du maréchal duc de Dalmatie*, et ajoutait que, *c'était à lui à juger sur les lieux, ce qui était possible et surtout ce qui convenait le mieux au service de l'Empereur.*

Le maréchal *Suchet* qui venait de débloquer *Tarragone*, et de rejeter les Anglo-Espagnols dans les défilés de l'Hospitalet, au lieu de profiter de cet avantage et de l'heureuse circonstance de la réunion des deux armées d'Aragon et de Catalogne, qui était toute faite, pour exécuter le mouvement projeté, prétendit que l'exécution de ce projet entraînerait la perte de son armée, qu'il regardait comme trop faible pour tenter un mouvement de cette nature; les renseignemens qu'il donna au ministre de la guerre, et au maréchal Soult étaient évidemment inexacts, puisqu'il déclarait, qu'en cas d'attaque, les armées d'Aragon et de Catalogne, ne pourraient pas réunir plus de seize à dix-sept mille combattans, tandis que dans ses mémoires il reconnait qu'après la réunion de ces deux armées, en novembre 1813, elles présentaient dans leur ensemble, trente-deux mille cinq cent quatre-vingt huit hommes, et trois mille deux cent quatre-vingt sept chevaux disponibles pour les opérations actives, et qu'il en disposait pour ces sortes d'opérations avant la réunion de l'armée de Catalogne à son commandement effectif. D'ailleurs, d'après le relevé des divers détachemens qu'il a faits sur France, depuis le 29 novembre 1813, jusqu'au 8 mars 1814, et de ce qui restait en ligne, indépendemment des garnisons des places ou fort de *Denia, Sagonte, Peniscola, Morella, Méquinenza, Mouzon, Tortose et Lérida,* il avait quarante-huit mille trois cent cinquante hommes; par conséquent, s'il eut marché sur le flanc droit de lord Wellington, avec *trente-deux mille* hommes, il serait encore resté seize mille trois cent cinquante hommes pour former les garnisons des places de *Barcelone, Figuères, Gironne,* et couvrir la frontière.

Ces seize mille trois cent cinquante hommes auraient évidemment suffi pour l'objet qu'ils auraient eu à remplir, car, malgré l'envoi de vingt-neuf mille vingt-trois hommes, en plusieurs détachemens sur France, et quoique l'on ait mis cinq mille hommes de trop dans Barcelone, l'ennemi n'a fait aucun progrès et a été contenu de ce côté.

Le maréchal Suchet, ayant reçu les lettres du maréchal Soult le 21 août, pouvait commencer son mouvement avant le 25 et être en ligne avant la prise de Saint-Sébastien, qui eut été sauvé, ainsi que Pampelune.

Par suite des renseignemens inexacts qui lui avaient été
donnés, le maréchal Soult, supposant qu'il y avait insuffisance de moyens pour exécuter ce mouvement, proposa une
autre combinaison qui consistait à réunir les armées françaises, *d'Espagne, d'Aragon et de Catalogne*, en deçà des
Pyrénées à Tarbes et à Pau, pour rentrer ensemble en
Aragon, par Oléron et Jaca, et marcher delà en Navarre,
au devant de lord Wellington.

Cette nouvelle combinaison présentait des difficultés, attendu que la route d'Oléron à Jaca n'est pas praticable
pour l'artillerie; mais ces difficultés pouvaient être vain-
cues, en ayant recours à des moyens analogues à ceux employés pour le passage du Saint-Bernard, elles présentaient
même un élément de succès, attendu que l'ennemi était
plus éloigné de prévoir un mouvement semblable, et ne
pouvait être en mesure de le contrarier.

Le maréchal Suchet repoussa cette proposition, comme il
avait repoussé la première, et le 16 septembre, après plus
d'un mois perdu, il présenta un contre-projet qui était un
mélange des deux autres : il consistait à s'avancer, avec
cent pièces d'artillerie, au devant du maréchal Soult, qui
déboucherait de Jaca, avec son infanterie et sa cavalerie,
sans canons; il demandait pour cela que son armée d'opération fût portée à trente mille hommes. Cette combinaison,
quoique présentant des inconvéniens plus graves que les
précédentes, et surtout que la première, pouvait être avantageuse si elle eut été mise de suite à exécution; aussi, le
maréchal Soult, faisant abnégation de tout amour-propre,
l'adopta; seulement, il voulut garder son artillerie, espérant
pouvoir la faire passer par Jaca; mais le maréchal Suchet,
quoiqu'ayant fait éprouver un nouvel échec à l'armée anglo-
espagnole, à Ordal, le 3 septembre, persista à ne point

présenter le véritable état de ses forces disponibles, à les disséminer sur différens points, où elles n'étaient ni indispensables, ni même nécessaires et ne voulut pas agir avant d'avoir reçu des conscrits; ce qui exigeait un temps considérable, dont il était à-peu-près certain qu'on ne pourrait pas disposer; c'était donc une véritable fin de nón-recevoir, à l'aide de laquelle il resta inactif, attendant une augmentation de forces, qu'il était visible qu'il n'obtiendrait pas en temps utile, et dont il n'avait pas besoin, puisqu'il pouvait aisément mettre *trente-deux mille hommes* en campagne, en ne gardant que les places strictement nécessaires, telles que Barcelone, Figuères, Gironne, et renonçant momentanément à une foule de petits postes insignifians, qui n'avaient d'utilité que pour la correspondance quand l'armée était en avant, et qu'on aurait pu occuper de nouveau sans difficulté, au retour de l'expédition.

Aussitôt que le maréchal Suchet eut appris le passage de la Bidassoa, le 7 octobre, par l'armée anglo-espagnole de lord Wellington, il cessa de s'occuper de la jonction de la sienne avec celle du maréchal Soult, quoiqu'elle fût plus nécessaire que jamais pour empêcher la chûte de Pampelune qui tint jusqu'au 31 octobre (1).

A mesure que l'ennemi faisait des progrès sur le territoire français, la jonction devenait plus urgente; si elle

(1) Le passage des mémoires duquel nous tirons cette conclusion est en opposition avec un passage de la lettre du duc d'Albuféra, du 20 octobre, dans laquelle il dit: *Je continue à tout disposer pour le mouvement projeté, parcequ'à tout événement, les préparatifs ne peuvent qu'être avantageux à nos opérations.* Mais il est clair, d'après la dernière phrase, que la continuation de ces préparatifs a un autre but que de marcher au secours de son collègue.

eut eu lieu près de Bayonne, il eut été facile de rejeter lord Wellington au-delà de notre frontière, puisque, malgré la disproportion du nombre, le maréchal Soult lui tenait tête, l'attaquait même avec succès, le forçait à tenir toutes ses forces réunies et que vingt-cinq à trente mille hommes de plus auraient donné une supériorité incontestable à l'armée française.

Au lieu de soutenir cette armée, dont le sang coulait chaque jour, qui était constamment sur le point de livrer une bataille décisive, de laquelle dépendrait le sort du midi de la France, le maréchal Suchet resta inactif en Catalogne : trente-deux mille vieux soldats accoutumés à vaincre furent paralysés pendant les mois d'août, septembre, octobre et novembre, tandis qu'ils avaient un si beau rôle à jouer sur un autre théâtre.

A partir du 29 novembre jusqu'au 26 décembre 1813, l'armée du maréchal Suchet fut diminuée de neuf mille cent soixante-dix-neuf hommes qui furent dirigés sur France, pour diverses causes ; il lui restait encore vingt-trois mille hommes disponibles pour les opérations actives, qu'il a conservés jusqu'à la fin de janvier ; s'il eût fait sa jonction avec cette force devant Bayonne, elle eut encore été suffisante pour rejeter l'armée anglo-espagnole sur la rive gauche de la Bidassoa, et reprendre nos premiers camps sur la rive droite.

A la fin de janvier 1814 les armées des *Pyrénées, d'Aragon et de Catalogne*, au lieu de recevoir des renforts, furent affaiblies par des envois de troupes vers l'intérieur de la France ; le maréchal Suchet envoya 10183 hommes dont 2132 à cheval, il lui restait encore 13 mille hommes disponibles, ce nombre n'aurait pas composé les détachemens faits par le maréchal Soult, mais enfin la disproportion des forces eût été moindre et l'on aurait eu plus de chances pour arrêter ou pour battre lord Wellington. Le duc de Dalmatie écrivit le 9 février 1814 au ministre de la guerre et au maréchal Suchet pour leur faire sentir la nécessité d'évacuer la Catalogne, et faire venir à marches forcées toutes les troupes qui y étaient vers les Pyrénées-Occidentales. Le duc d'Albuféra prétendit qu'il ne prévoyait pas qu'après avoir fourni les garnisons de Roses, Figuières, Perpignan, Port-Vendres, etc., il lui fût possible de disposer de deux à trois mille hommes pour arrêter l'ennemi, et cependant, un mois plus tard, il pût détacher neuf mille six cent soixante et un hommes sur Lyon, et il lui resta encore plus de onze mille hommes, c'est-à-dire, autant qu'il annonçait en avoir avant l'envoi des neuf mille six cent soixante et un.

Si la proposition faite par le maréchal Soult, le 9 février, eut été adoptée, les treize mille hommes disponibles des armées d'Aragon et de Catalogne auraient pu faire leur jonction avant la bataille d'Orthez; cette bataille eut été gagnée par l'armée française; l'ennemi n'eut occupé ni Bordeaux, ni Toulouse; l'armée de réserve aurait eu le temps de se former, et les conscrits de se rendre sous les drapeaux.

Le maréchal Soult n'ayant pu obtenir la jonction des deux armées, prévînt son collègue qu'il était décidé à livrer bataille à Toulouse; il l'invita, en conséquence, à envoyer des troupes par l'Arriège sur les derrières de l'ennemi pour l'inquiéter sur ses communications, intercepter ses convois et le forcer à faire un fort détachement; le maréchal Suchet refusa, en alléguant toujours les mêmes raisons, ensorte que l'ennemi, tranquille sur ce point, pût porter toutes ses forces contre Toulouse, où eût lieu, le 10 avril, une sanglante bataille qui fait le plus grand honneur à l'armée française et à son chef, mais qui eut été encore plus glorieuse et plus décisive si les dix mille hommes que le maréchal Suchet pouvait réunir y eussent pris part, ou que, par leur mouvement sur l'Arriège, ils eussent mis l'ennemi dans la nécessité de détacher des troupes contre eux.

Enfin, après cette bataille, le maréchal Soult proposa au maréchal Suchet de faire leur jonction à Carcassonne pour, de là, se reporter en avant et ramener le théâtre de la guerre dans la Haute-Garonne; cette dernière proposition eût le même sort que les précédentes. Ainsi :

Refus de marcher sur le flanc droit de lord Wellington, pour dégager Saint-Sébastien et Pampelune.

Refus de faire sa jonction à Tarbes et à Pau, pour rentrer en Aragon par Oléron et Jaca, se porter en Navarre et débloquer Pampelune qui tenait encore.

Refus d'exécuter le mouvement qu'il avait lui-même proposé, en combinant les deux premiers projets de son collègue.

Refus de joindre ses forces à celles du maréchal Soult, pour repousser les Anglais avant la bataille d'Orthez.

Refus de faire marcher tout ou partie de ses troupes sur les derrières de l'ennemi, pour inquiéter ses communications, intercepter ses convois, et le forcer à faire un fort détachement, avant la bataille de Toulouse.

Refus de faire sa jonction à Carcassonne après cette bataille, pour se reporter en avant.

Telle a été la conduite du maréchal Suchet pendant les huit mois qui ont précédé le renversement de l'Empire.

Prise de Saint-Sébastien, passage de la Bidassoa, reddition de Pampelune, passage de la Nivelle, passage de la Nive, passage du Gave, passage de l'Adour, passage de la Garonne, occupation de Bordeaux, de Toulouse et d'une partie du midi de la France par l'armée anglo-espagnole, sans parler du sang français glorieusement versé dans un grand nombre de combats et de batailles livrés par son collègue pour défendre pied à pied le sol de la patrie : telles ont été les conséquences des refus du duc d'Albuféra.

Ce maréchal avait l'esprit trop juste pour ne pas avoir fait cette récapitulation; il avait l'ame trop noble pour ne pas avoir gémi sur les maux que son inertie a causés à la France et à celui qui l'avait nommé *colonel-général, maréchal d'empire, duc d'Albuféra, colonel-général de la garde impériale*. Aussi pensons-nous que la tristesse empreinte sur ses traits, vers la fin de sa carrière, tenait moins aux douleurs physiques et au regret qu'il éprouvait en voyant la vie lui échapper, qu'au sentiment pénible qui lui faisait pressentir le jugement sévère de la postérité sur cette époque de sa carrière militaire.

Officiers-généraux, qui pourriez être tentés de vous isoler de vos collègues, au lieu de leur prêter appui et secours, songez que la vérité trouve tôt ou tard des interprètes, que l'histoire enregistre et discute les faits, que si l'on applaudit avec transport aux grandes actions qui contribuent à la gloire et à la puissance du pays, on flétrit sans pitié ces funestes rivalités teintes du sang de vos compagnons d'armes! Puisse cette réflexion débarrasser à jamais la France d'un fléau qui, avec ceux de l'intrigue et de la faveur, l'ont déjà tant de fois fait descendre du faîte où le courage et le génie de ses enfans l'avaient placée.

DEUXIÈME PARTIE.

CORRESPONDANCE

ENTRE LES

Maréchaux Soult et Suchet,

Présentant l'historique des plans d'opérations proposés par chacun d'eux, depuis la bataille de Vittoria, jusqu'à la cessation des hostilités après la déchéance de l'empereur Napoléon.

OBSERVATIONS PRÉLIMINAIRES.

Les lettres que nous donnons comme pièces justificatives sont nombreuses et cependant il en est à peine quelques-unes qui pussent être supprimées sans nuire à la clarté de l'exposé des faits :

Celles qui sont comprises depuis le n° 1 jusqu'au n° 5 sont relatives à la première combinaison proposée par le maréchal Soult, le N° 5 *bis* mérite une attention particulière, car il jette une vive clarté sur les causes de la répugnance du duc d'Albuféra, à agir de concert avec son collègue. Il en a donné un passage à la page 466, tome II, de ses mémoires, sans prévenir que ce n'était *qu'un extrait,* quoiqu'il ait supprimé le commencement et la fin ; quant à celle du 23 août, adressée par le maréchal Suchet au ministre, nous avons cru devoir la supprimer par égard pour sa mémoire ; car nous ne doutons pas qu'il n'ait vivement regretté de l'avoir écrite ; cependant, nous sommes en mesure de la produire s'il en était besoin.

Les lettres, depuis le N° 6 jusqu'au N° 20, sont relatives au deuxième projet du maréchal Soult et au contre-projet du maréchal Suchet ; les N°ˢ 6 à 11 sont les plus importans ; on remarquera dans le N° 19 le passage suivant :

« Je regrette vivement, monsieur le maréchal, de ne pas
» pouvoir disposer de quarante mille hommes pour marcher
» tout de suite ; *ce mouvement de manœuvre aurait un succès*
» *infaillible* et obligerait bientôt Wellington à quitter la por-
» tion de notre territoire où il s'est établi. »

Ce passage, rapproché de ce que nous avons dit dans nos Considérations, est extrêmement remarquable, car il a été démontré que le maréchal Suchet avait 48 mille hommes, indépendamment des garnisons de plusieurs places ; en n'occupant momentanément que la citadelle et le Mont-Juich à Barcelone, les forts de Gironne et Figuères, huit mille hommes auraient été suffisans pour en former les garnisons ; il pouvait donc à la rigueur marcher avec quarante mille hommes sur la flanc droit de lord Wellington, et faire *ce mouvement de manœuvre dont le succès était infaillible.*

Les lettres, des N° 22 à 36, sont relatives aux propositions de coopération faites par le maréchal Soult, jusqu'à la bataille de Toulouse, savoir :

De faire évacuer la Catalogne, pour porter à marches forcées les troupes qui étaient à l'armée des Pyrénées-Occidentales ; ensuite, de porter des troupes sur les derrières de lord Wellington pour menacer ses communications et l'empêcher d'arriver avec toutes ses forces devant Toulouse.

Enfin, celles comprises des N° 37 à 51 sont relatives aux

propositions du maréchal Soult de réunir les deux armées à Carcassonne, pour se reporter en avant par l'Arriège, et aux contestations qui s'élevèrent entre les deux maréchaux à l'occasion de la reconnaissance de la dynastie des Bourbons.

Cette dernière partie présente les deux maréchaux sous le point de vue politique, le lecteur aura à prononcer entre la réserve ferme et vigoureuse de l'un, et l'adhésion facile et empressée de l'autre.

N. 1.— *Le maréchal duc de Dalmatie au maréchal duc d'Albuféra.*

Sare, 6 août 1813.

J'attendais que les communications fussent rétablies pour vous prévenir directement de mon arrivée à l'armée, mais les évènemens, qui ont ramené sur les frontières de l'empire les armées de S. M. qui étaient au centre de l'Espagne, ont encore retardé ce rétablissement. *J'espère que cela sera le premier des résultats que nous devons attendre de vos opérations et de celles de l'armée d'Espagne.*

Dès mon arrivée à l'armée, je me suis disposé à marcher au secours des places assiégées, et à *obliger les ennemis à retirer les troupes qu'ils avaient envoyées contre vous sur l'Ebre.* Je n'ai pu encore obtenir que ce dernier résultat, et je pense que l'ennemi s'est considérablement affaibli devant vous, circonstance qui vous mettra à même de donner suite à vos projets, *et de manœuvrer dans l'esprit des opérations de l'armée d'Espagne.*

M. le général Paris est arrivé à Jaca le 14 du mois avec 4 à 5000 hommes de l'armée d'Aragon. Je lui ai donné des instructions, et je lui ai recommandé de ne rien négliger pour se mettre en communication avec vous, et pour vous instruire de mon arrivée.

Je désire vivement, monsieur le maréchal, être incessamment instruit de vos opérations et de ce qui se passe de vos côtés. J'ai aussi écrit à ce sujet à M. le général Decaen, afin que si les circonstances l'exigeaient je sois à même de prendre les dispositions qui seraient les plus utiles au service de l'Empereur.

N. 1 *bis.* — *Du même, au ministre de la guerre.*

Ascain, 8 août 1813.

J'ai l'honneur d'adresser à V. E. copie d'une lettre de M. le général Rey , commandant à St-Sébastien, en date d'hier à 4 heures après-midi; elle y remarquera que les ennemis se disposent à reprendre le siège, et qu'à cet effet ils font avancer leur artillerie.

Le général Rey se plaint de ne pas avoir reçu divers objets qu'il a demandés; j'ai l'honneur de mettre sous les yeux de V. E. le rapport de ce jour du commandant de la marine au fort Socoa, qui rend compte des tentatives infructueuses qu'il a faites pour la faire parvenir, et annonce qu'il espère être plus heureux la nuit prochaine.

La garnison de Saint-Sébastien a déjà acquis des droits aux grâces de l'Empereur, pour la belle défense qu'elle a faite ; mais j'espère que, par sa valeur, elle ajoutera encore à ses titres honorables. Les dernières opérations de l'armée, que tout faisait présager comme devant être couronnées d'un succès décisif, ont du moins obtenu l'interruption des travaux du siège pendant douze jours , et le général Rey en a pu profiter pour réparer les brèches , et pour ajouter à ses moyens de défense, ainsi qu'il annonce avoir fait. Je vais aviser au moyen de lui procurer une autre diversion, en attendant que les renforts que j'ai eu l'honneur de demander à V. E. me mettent à même de pousser plus loin les opérations.

Je n'ose cependant espérer, que les trente mille hommes que j'ai demandés , si l'Empereur les accorde, puissent arriver assez à temps pour contribuer à sauver les places assiégées ; mais *la diversion serait également efficace, si l'armée d'Aragon, que je présume du côté de Lérida, se portait avec toutes ses forces réunies sur Saragosse, d'où elle se mettrait en communication avec nous par Jaca, et menacerait la droite de l'armée ennemie ;* il est probable que les ennemis feraient un fort détachement pour arrêter sa marche, et dès-lors, leur ligne étant dégarnie, il y aurait moins de difficultés à surmonter pour la forcer. *Je vais écrire à M. le maréchal duc d'Albuféra, et si mon billet peut lui parvenir, il est à espérer qu'il sentira la nécessité de cette manœuvre, laquelle devra toujours avoir lieu pour dégager de l'ennemi les provinces espagnoles, situées à la rive gauche de l'Ebre.*

Mais comme V. E. a probablement le moyen de correspondre plus promptement avec M. le maréchal duc de d'Albuféra, j'ai l'honneur de la prier, de vouloir bien lui écrire à ce sujet , si toutefois V. E. pense que cette disposition soit approuvée par l'Empereur.

Il paraît que les mouvemens qu'hier l'on a remarqués dans la ligne ennemie, avaient pour objet de relever par des troupes espagnoles et portugaises les Anglais qui étaient en ligne ; plusieurs déserteurs qui sont arrivés en ont fait le rapport ; ils ont dit aussi que les régimens anglais ont tellement souffert dans les dernières affaires, qu'en ce moment l'on fait doubler les cadres, c'est-à-dire, que de dix compagnies ils n'en font que cinq. Ils se plaignent aussi de manquer de subsistances.

Mes embarras vont toujours en augmentant au sujet des fourrages ; V. E. en jugera par les ordres que j'ai été obligé de donner et dont l'état-major lui adresse copie. Je suis obligé, pour soutenir les chevaux qui dépérissent beaucoup, de faire distribuer pour quatre jours de blé comme fourrage, à raison de 5 livres la ration ; peut-être que pendant ce temps, il sera opéré quelques versemens en avoine. J'ai fait écrire à ce sujet à tous les préfets des départemens qui ont été requis.

N. 2, — *Du même a M. le maréchal duc d'Albuféra.*

Ascain, 10 août 1813.

Vous avez eté instruit des fâcheux évènemens de Vittoria, du 21 juin dernier, et de la retraite des armées sur les frontières de l'Empire ; le ministre de la guerre a du aussi vous écrire que *l'Empereur m'avait appelé au commandement de ses armées en Espagne ;* je me suis porté sur Pampelune pour dégager cette place, je n'ai pu réussir ; *il est cependant pressant de faire de nouvelles tentatives pour la sauver et pour dégager St.-Sébastien, qui a déjà repoussé deux assauts.* J'ignore votre position, mais je suppose que vous êtes avec toute l'armée d'Aragon du côté de Lerida, *où vous aurez sans doute fait venir les troupes disponibles qui étaient en Catalogne.* J'ignore aussi si les lettres que je vous ai écrites sont parvenues.

Je considère *qu'il serait de la plus grande importance, pour le rétablissement des affaires en Espagne et le succès des armes impériales, que vous vous portiez avec la totalité des forces dont vous pourrez disposer, sur Sarragosse s'il y a possibilité, ou du moins sur l'Isuela pour ouvrir vos communications avec nous par Jaca, où est le général Paris, et ensuite manœuvrer dans le sens des opérations de l'armée d'Espagne en menaçant la Navarre et les communications des armées ennemies sur l'Ebre ; les places de l'Èbre et de la Catalogne vous donnent des appuis assurés.* Si l'armée ennemie faisait un gros détachement pour marcher sur vous, alors il dégarnirait sa ligne et j'aurais moins d'obstacles à surmonter pour la forcer. *Ces mouvemens produiraient infailliblement notre jonction, et alors nous pourrions manœuvrer avec avantage.* Je désire que vous puissiez me faire connaître ce que vous serez à même d'entreprendre, et surtout *que vous soyez persuadé qu'il est de la dernière urgence que vous fassiez une grande diversion pour ramener le théâtre de la guerre sur l'Èbre, et me faciliter les moyens de me porter en avant.* Dans la situation où vous êtes, vous jugerez mieux que moi ce qu'il convient de faire, et je ne puis que m'en rapporter à vos dispositions. *Je serai prêt à attaquer les ennemis lorsque je saurai que vous marchez, où même lorsque je pourrai le présumer selon ce que je remarquerai.*

Je fais part de ce que je vous écris à M. le général Decaen.

N. 3. *Le même au même.*

Ascain, 11 août 1813.

M. le maréchal, je mets ci-joint le triplicata d'une lettre en chiffre, que j'ai eu l'honneur de vous écrire le 10 de ce mois. Je vous dis dans cette lettre ce qui dans les circonstances actuelles me paraît le plus utile pour le bien du service de S. M. l'Empereur et le rétablissement des affaires en Espagne. Je suis persuadé que vous en êtes pénétré comme moi, mais je désire que vous pensiez aussi comme moi pour parvenir aux résultats proposés. S'il vous paraissait utile de faire quelques modifications aux dispositions indiquées, soit en raison de votre situation particulière, soit par rapport aux difficultés qu'il y aurait à surmonter, je vous prierai de m'en instruire le plus promptement possible, et que, dans tout état de chose, *vous considériez qu'il faut agir sans différer et que le temps perdu occasionnerait les conséquences les plus graves.*

Le général Paris m'a écrit de Jaca, le 9 de ce mois; il m'a mandé le 6 qu'il était instruit que le château de Sarragosse avait été pris par les ennemis. Il me dit également qu'on lui avait écrit de Perpignan qu'un nouveau débarquement avait eu lieu entre Taragone et Barcelonne; cela me paraît d'autant moins vraisemblable que je présume que vous devez être rapproché de ce point avec l'armée d'Aragon et les forces disponibles de celle de Catalogne. Je pense d'ailleurs que si le débarquement avait eu lieu, cela serait un nouveau sujet de triomphe pour l'armée que vous commandez.

Quoiqu'il en soit, j'envoie près de vous le chef d'escadron Choiseul, mon aide-de-camp; il aura l'honneur de vous remettre ma lettre et de vous instruire verbalement de ce qui se passe sur cette partie de la frontière. Je désire qu'il parvienne promptement, et qu'en l'expédiant vous vouliez bien lui confier tout ce que vous jugerez ne pas devoir être écrit.

N. 4. — *Le même au même.*

Ascain, le 16 août 1813.

M. le maréchal, un des émissaires que j'avais envoyé pour vous porter le billet ci-joint, est rentré en disant qu'il n'avait pu parvenir. Je m'empresse de le faire partir par estafette, quoique j'aie espoir que d'autres émissaires seront passés.

J'ai aussi l'honneur de vous adresser duplicata de ma lettre du 11 août, que M. le chef d'escadron Choiseul, mon aide-de-camp, a été chargé de vous porter. Je suis très impatient de recevoir de vos nouvelles et d'être instruit de vos opérations. Je désire également que vous me répondiez sur le contenu du billet en chiffres que je mets ci-joint, en même temps que vous aurez la bonté de me faire part de vos dispositions, quelles qu'elles soient; V. Exc. en sentira la nécessité.

Le général Paris m'a écrit de Urdos, le 12 de ce mois, qu'ayant été attaqué par des forces supérieures en avant de Jaca, il a dû repasser les montagnes. Je lui ai envoyé des ordres sur ce qu'il doit faire dans sa nouvelle position. Il m'a rendu compte qu'il a laissé une bonne garnison à Jaca, laquelle a des subsistances pour très long-temps.

N. 5. — *Le maréchal duc d'Albuféra au maréchal duc de Dalmatie.*

Quartier général de Barcelonne, 23 août 1813.

MONSIEUR LE MARÉCHAL,

Le 14 de ce mois, au moment où je partais pour dégager Tarragone, M. le général Decaen m'a remis, à Villafranca votre première dépêche, datée de Sare, le 6 août. Je crus, en la recevant, obtenir l'assurance de vos succès sur Wellington et un démenti formel aux bruits alarmans que répandait l'ennemi. J'attachais d'autant plus de prix à être fixé par vous que si je parvenais à repousser lord Bentinck, j'aurais peut-être tenté de pousser jusqu'à Tortose. Quelle n'a pas été ma surprise lorsque j'ai appris, par votre dépêche, que nous avions marché au secours des places assiégées et que vous n'aviez pas encore pu obtenir de résultat, mais que vous aviez obligé l'ennemi à retirer les troupes qu'il avait envoyées contre moi sur l'Ebre ! V. E. pense également que le rétablissement des affaires d'Espagne sera le premier des résultats que vous devez attendre de mes opérations et de celles de l'armée d'Espagne. Sans doute que vous ne connaissiez pas la faiblesse de mon armée, lorsque vous avez pensé que des malheurs aussi grands que ceux du 21 juin pourraient être réparés par une petite armée affaiblie par de nombreuses garnisons et tout récemment par deux mille malades.

Le 21 août au matin, M. votre aide-de-camp Choiseul m'a remis à *Moline del Rey*, votre dépêche datée d'Ascain le 11, à laquelle se trouvait joint un petit billet en chiffres, et le même jour à Barcelonne, j'en ai reçu le duplicata avec votre lettre du 16. J'arrivais de Tarragone, j'avais assez bien vu les forces de l'ennemi pour connaître combien il deviendrait funeste à l'honneur de l'armée d'exécuter la proposition que V. E. regarde comme de la plus grande importance pour le rétablissement des affaires en Espagne et le succès des armes impériales. Quand bien même je n'aurais point acquis la certitude que Rolland Hill avait rejoint Bentinck avec vingt-quatre mille hommes, que le comte Labisbal arrivait de la Navarre avec quinze mille hommes, je n'aurais pas pu m'empêcher de vous témoigner le danger imminent d'un pareil mouvement. Il suffit, pour en être convaincu, de savoir que les ennemis ont réuni plus de deux cent mille hommes au-delà de l'Ebre, que l'insurrection est générale et fortement organisée, et que si les onze mille hommes, qui composent l'armée d'Aragon, tentaient, dans ce moment un mouvement sur Sarragosse, ils devraient s'attendre au sort inévitable de *Baylen*, à trouver partout les ponts coupés, les positions défendues, la population en armes, les moulins brisés, la disette des vivres, et l'affreuse nécessité d'abandonner à chaque pas les malades ; enfin, il ne leur resterait pour toute perspective de retraite que le point très difficile de *Venasque*, si toutefois l'ennemi ne l'occupe pas. Si, au contraire, dès votre arrivée à l'armée, vous m'eussiez fait part de vos projets offensifs, je pouvais alors découvrir momentanément la Catalogne ; le château de Saragosse n'était pas pris, le général Paris n'avait point repassé les Pyrénées et me donnait cinq mille hommes de plus. Lord Bentinck et le duc del Parque n'avaient pas jeté de ponts sur le Bas-Èbre et ne me donnaient alors que peu d'inquiétudes ; enfin, le général *Rolland Hill* et le comte de *Labisbal* n'étaient point arrivés en Catalogne.

Vous jugerez donc bien facilement de ma position actuelle. Après avoir sauvé la garnison de Tarragone et achevé de démanteler la place ; je suis revenu sur le Llobregat où l'ennemi me suit ; je veux

achever l'approvisionnement de Barcelonne qui a été fort négligé.
Le général Decaen part cette nuit pour aller chercher à *Figuières*
des lards et des viandes salées ; je ferai tout ce que je pourrai pour
attendre son retour, et après m'être assuré du bon état de Barcelonne, je me rapprocherai de Girone pour pouvoir vivre et prévenir les mouvemens de flanc que l'ennemi ne manquera pas de
tenter, soit par mer, soit par terre.

Dans l'état actuel, assuré sur le sort de l'approvisionnement de
toutes nos places, je solliciterai des renforts pour pouvoir être à
même de me porter en avant dans les mois d'octobre et de novembre afin de donner du secours à nos garnisons, dans le cas où
un mouvement général ne nous assurerait pas encore le rétablissement de l'armée sur l'Èbre ; je ne vois que ce parti à prendre, M.
le maréchal, surtout au moment où notre faiblesse numérique et la
santé de l'armée nous indiquent assez qu'il n'y a que du danger à
vouloir entreprendre autre chose.

Il me reste aujourd'hui neuf petits régimens d'infanterie française dont trois réduits par les maladies à moins de huit cents
hommes ; trois régimens de cavalerie ; le général Decaen après
avoir laissé douze bataillons à *Barcelonne*, trois à *Puycerda*, un à
Olot, un à *Besalu*, un à *Figuières*, n'aura plus de disponible que
dix bataillons et trois escadrons, je dois ajouter à cette force un corps
de deux mille Italiens ; vous remarquerez, M. le duc, qu'avec de si
faibles moyens, il est bien difficile de soutenir l'offensive, et qu'à
peine il est permis de répondre d'une défensive vigoureuse ; vous
pouvez cependant croire que tout ce qui sera possible de faire pour
l'honneur des armes et le bien du service de l'Empereur sera fait
avec empressement par des généraux et des troupes entièrement
dévoués à leur souverain.

J'ai l'honneur, etc.

Signé, DUC D'ALBUFÉRA.

N. 5 bis. — *Le ministre de la guerre à M. le maréchal duc
d'Albuféra.*

Paris, 10 septembre 1813.

M. le maréchal, parmi les diverses dépêches que vous m'avez fait
l'honneur de m'adresser dernièrement, et auxquelles j'ai répondu
le 7 du courant, celle du 23 août, qui contenait tous les détails de

votre correspondance avec M. le maréchal duc de Dalmatie, de même qu'elle a été pour moi l'objet d'une attention particulière, m'a paru devoir être celui d'une réponse spéciale, quelque pénible qu'il puisse être pour moi d'intervenir dans une espèce de discussion qui pourrait avoir son principe dans des souvenirs étrangers au service de S. M. Cependant, l'intérêt de ce même service ne me permet pas de voir avec indifférence l'altération de la bonne intelligence qui doit régner entre vous et M. le duc de Dalmatie, et me fait au contraire un devoir de dissiper des préventions que je regarderais comme très funestes, si **V. Exc.** persistait à les conserver, et surtout si elles venaient à influer sur ses rapports avec le maréchal. Le plan que M. le duc de Dalmatie vous a proposé est sans doute inexécutable, au moins dans l'état présent des affaires ; mais je puis vous donner comme certain que le maréchal, lorsqu'il a conçu ce plan, n'avait point une idée exacte de votre situation, et qu'il ne connaissait ni la force des ennemis qui sont devant vous, ni celle que vous êtes en état de leur opposer ; la proposition de M. le maréchal duc de Dalmatie ne peut donc pas être jugée comme ayant pour base l'état réel des choses, mais comme fondée sur un état fictif, qui, à la première explication, ne pouvait manquer d'être réduite à sa juste valeur ; aussi, le maréchal, aussitôt qu'il a eu une connaissance plus exacte de votre position, a été le premier à comprendre que l'espérance qu'il avait eu d'une diversion de votre part, du côté de Sarragosse, devait être au moins ajournée ; il s'est expliqué avec moi sur cet objet de manière à ne me laisser aucune espèce de doute, et je mets quelque prix à vous communiquer ma persuasion à cet égard, convaincu que je ne puis mieux répondre à la confiance qui a dicté vos épanchemens, *qu'en dissipant les fantómes que vous vous êtes créés vous-même, et qui ne vous ont pas permis de voir les choses sous leur véritable jour.* J'espère, monsieur le maréchal, que les inquiétudes de **V. Exc.** ne survivront pas à cet éclaircissement, et, qu'entraîné par l'évidence des faits, vous me transmettrez par votre première lettre l'assurance qu'il ne reste dans votre esprit aucun nuage à cet égard, et que la coopération de talens et de zèle sur laquelle M. le duc de Dalmatie a droit de compter de votre part, et que le bien du service de l'Empereur exige, sera aussi franche et entière que la *promptitude du maréchal à faire l'aveu de sa méprise, aussitôt qu'il a pu la reconnaître.*

N. 6. — *Le duc de Dalmatie au ministre de la guerre.*

Saint-Jean de Luz, 2 septembre 1813.

Le chef d'escadron Choiseul, mon aide-de-camp, que j'avais envoyé près de M. le maréchal duc d'Albuféra, vient d'arriver ; il me remet deux lettres de M. le maréchal sous la date des 19 et 23 août, dont j'ai l'honneur d'adresser copie à V. E.

La première de ces lettres n'est relative qu'à l'opération que M. le duc d'Albuféra vient de terminer en retirant de Taragone la garnison qui s'y trouvait, et complettant la destruction des fortifications de cette place.

La seconde est en réponse à celle que j'ai écrite à M. le duc d'Albuféra, le 11 août, pour lui proposer un mouvement sur Sarragosse, et d'établir ses communications avec l'Espagne par *Jaca*. A cette époque, j'ignorais la position de l'armée d'Aragon ainsi que les forces qu'elle mettrait en campagne après qu'elle aurait fourni aux garnisons des places de guerre et postes militaires qui dépendent de son arrondissement. Je n'avais pas non plus une idée exacte de la composition des troupes ennemies qui étaient opposées à cette armée, et ma proposition était naturellement subordonnée à la situation et à l'état des affaires en Catalogne, ainsi que j'ai eu l'honneur de le faire observer à V. E. lorsque je lui en rendis compte.

L'aperçu que M. le duc d'Albuféra donne des forces dont il peut disposer pour une campagne, me démontre aujourd'hui que ma proposition était inexécutable, et je reconnais avec peine que, de part et d'autre, il y a insuffisance de moyens, non-seulement pour rétablir les affaires de l'Empereur en Espagne, mais pour sauver les places assiégées ou investies qui, tôt ou tard, doivent successivement tomber au pouvoir de l'ennemi *si par de prompts renforts, les armées d'Espagne et d'Aragon ne sont mises à même de reprendre décidément l'offensive, et si, par une concentration de moyens, on ne se détermine aussitôt à porter un coup décisif.*

M. le duc d'Albuféra fait ensuite le tableau de ce qui se passe en Espagne. Je me persuade que ce tableau est outré, et qu'il exagère le nombre des forces ennemies qui lui sont directement opposées, car *si cela était, l'ennemi ne l'aurait pas laissé parvenir sans coup férir avec quinze ou dix huit mille hommes, jusqu'à Taragone pour en retirer la garnison*, à moins qu'il ne comprenne dans cette énumération, la totalité de l'armée combinée. Dans ce cas, j'admettrais sans difficulté son calcul, et je pense que les ennemis ont effectivement près de deux cent mille hommes sous les armes dans cette étendue. Mais c'est tout ce qu'ils peuvent avoir en y comprenant même toutes les bandes espagnoles.

A ce sujet, j'ai l'honneur d'adresser à V. E. l'état actuel de l'infanterie de l'armée ennemie qui m'est opposée. Je l'ai fait dresser avec une telle exactitude que je puis assurer qu'il est au-dessous de la vérité. A l'avenir, je ferai en sorte que V. E. reçoive tous les mois un pareil état. Mais elle remarquera qu'il n'est question que de l'infanterie, et que la cavalerie ni l'artillerie n'y sont point compris.

Quoiqu'il en soit du calcul de M. le duc d'Albuféra, il s'agit moins de disputer sur la valeur et le nombre des troupes ennemies que d'aviser aux moyens de faire échouer toutes les entreprises auxquelles elles peuvent se livrer, et de chercher à éloigner le théâtre de la guerre des frontières de l'Empire, en portant secours aux places d'Espagne occupées par les troupes de l'Empereur, qui sont investies ou assiégées. J'ai fait des tentatives pour parvenir à ce résultat, la première devait réussir; le succès m'est échappé *par des fautes qui sont étrangères à mes dispositions et qu'il était impossible de prévoir.* Je me suis livré à la seconde entreprise par honneur et par devoir, car V. E. a pu remarquer dans ma correspondance que je n'avais pas une grande confiance dans son résultat, et que j'ai toujours considéré comme dangereux pour la conservation de l'armée, tout projet d'opérations par la grande route qui passe à *Irun, à moins qu'un autre corps ne fît une puissante diversion vers la Navarre et l'Aragon.* Il est fâcheux que l'expérience ait rendu cette vérité incontestable, *et que le temps qui s'est écoulé, n'ait pas été mieux employé.* A ce sujet, je crains d'avoir trop facilement cédé aux pressantes insinuations qui m'ont été faites pour reprendre les opérations, et d'avoir accordé trop de confiance aux rapports qui m'ont été donnés sur l'état d'abandon dans lequel se trouvaient les places lorsqu'elles ont été investies, motifs qui m'ont peut-être porté à agir avec trop de précipitation.

Actuellement que l'état des affaires est mieux connu, ou que du moins il est dépouillé du prestige qui le couvrait encore; que nos moyens disponibles sur cette frontière sont justement appréciés, et que nous connaissons à peu près les forces et projets de l'ennemi il me paraît que nos idées peuvent se fixer sur le plan d'opérations qu'il convient d'entreprendre, et je soumettrai à V. E. mon opinion.

J'ai déjà dit qu'il y aurait du danger sans espoir de succès de diriger les opérations par le Guipuscoa et la Biscaye, j'ai aussi exposé *qu'à raison des forces que l'ennemi peut opposer, il est extrêmement difficile de déboucher sur Pampelune par la vallée de Roncevaux;* l'on ne peut non plus penser à vouloir porter le théâtre de la guerre au-delà de l'Èbre en dirigeant les opérations par la Catalogne. Ainsi les idées sont ramenées sur l'Aragon et la Navarre ; mais pour cela, *il faudrait se déterminer à une concentration générale de tous les moyens* ; et je pense qu'on peut en réunir de suffisans sans rien compromettre, si le renfort de trente mille hommes que V. E. m'a annoncé, se réalise promptement.

A cet effet, je propose de se préparer à déboucher avec soixante dix mille hommes effectifs *dans le courant du mois d'octobre prochain, même plutôt s'il y a possibilité*, en *Aragon* par *Jaca*, et ensuite de se diriger, soit sur la *Navarre* par la vallée *d'Aragon*, soit sur Sarragosse.

Cette armée serait composée *par la totalité des troupes disponibles des armées d'Aragon et de Catalogne*, après qu'elles auraient complettè les garnisons des places de cette province ; et par la majeure partie des troupes de l'armée d'Espagne, lesquelles seraient remplacées par la plus forte partie des trente mille hommes de renfort qui sont annoncés.

La réunion serait spontanée et elle aurait lieu entre *Tarbes* et *Pau*. Toute la cavalerie y serait employée ; l'on se préparerait de suite à pouvoir emmener cent pièces de canon de campagne *dut-on leur faire franchir les passages difficiles en trdineaux et les faire confectionner à Paris*, pour ensuite les envoyer en poste au point de réunion.

Les armées de Catalogne et d'Aragon pourraient fournir vingt mille hommes ; l'armée d'Espagne fournirait trente cinq mille hommes, peut-être même quarante mille, suivant le nombre de conscrits qui lui serait destiné, et dix ou quinze mille recrues de la levée annoncée.

Le surplus des trente mille hommes de renfort serait donné ; dix ou quinze mille hommes à la partie de l'armée d'Espagne qui resteraient en position en avant de Bayonne ; et dix mille hommes pour aller former un corps d'observation sous Gironc, en complettant les cadres des régimens qui seraient restés en Catalogne. Ce calcul suppose un renfort de quarante mille hommes.

Je ne fais entrer dans le calcul des soixante-dix mille hommes annoncés ci-dessus, que l'infanterie, car la cavalerie et l'artillerie seraient en sus, ce qui porterait l'armée agissante à quatre vingt mille hommes.

Une armée ainsi composée devrait nécessairement obtenir de grands résultats, d'autant plus qu'elle serait en mesure de se battre contre toutes les armées ennemies, fussent elles réunies, et qu'elle obtiendrait probablement l'avantage de pouvoir attaquer isolément ces armées, *si son mouvement était fait avec rapidité, et surtout si les préparatifs étaient tenus assez secrets pour que l'ennemi ne pût les connaître.*

Il n'est pas douteux que toutes les places assiégées seraient dégagées, du moment où l'armée aurait pénétré en Aragon ou en

Navarre, dès lors elle trouverait partout des appuis, des munit ons et même de l'artillerie. Dans le cas contraire, elle se porterait s r tous les points qui feraient résistance, et ne tarderait pas à ouvrir des débouchés pour que les corps d'observation qui seraient restés en avant de Bayonne et sous Girone vinssent la joindre, ou se portassent en ligne.

Il serait toutefois indispensable d'entrer en opérations *avant le 15 octobre*, car passé cette époque, les neiges et les mauvais temps de l'hiver rendront jusqu'à l'année prochaine, les passages des montagnes impraticables; *ainsi, il n'y aurait pas un moment à perdre pour se préparer à l'exécution.*

L'emploi des troupes disponibles des armées d'Aragon et de Catalogne me paraît d'autant moins sujet à inconvéniens que M. le duc d'Albuféra me dit dans sa lettre, qu'après avoir approvisionné Barcelonne, le manque de subsistance l'obligera à se rapprocher de Girone où il ne pourra être que spectateur éloigné de ce qui se passera en Basse-Catalogne, et que d'ailleurs, à l'époque indiquée, toute entreprise par mer n'est plus à craindre.

Du côté de Bayonne, l'on pourrait aussi, en resserrant la ligne de défense, se donner la facilité de faire le détachement que j'ai proposé, et même en cas de réussite, reculer cette ligne jusqu'à la *Nive* pour qu'elle exigeât moins de défenseurs.

A ce sujet, j'ai déjà eu l'honneur de rendre compte à V. E. des ordres que j'ai donnés pour fortifier toutes les positions que l'armée occupe; mais en lui parlant de la double tête de pont que je fais construire à Cambo, j'ai omis de l'entretenir de la ligne que je me propose également de faire fortifier, dont la droite à Saint-Jean de Luz sera converte par le camp retranché des hauteurs de *Bordageins* et de *Siboure*. Elle suivra le cours de la *Nivelle* jusqu'à Saint-Pé, passera la *Nive à Cambo*, et ira appuyer sa gauche aux montagnes *Ursouia*, couvrant la grande route de Bayonne à saint-Jean-Pied-de-Port; les hauteurs de *Serres* et de *Helbarren-Borda* où passera la ligne, seront également retranchées.

Cette seconde ligne étant forcée, on aurait celle de la *Nive* dont la droite serait au camp retranché de Bayonne, et la gauche à la double tête de pont de *Cambo*, qui serait appuyée par les ouvrages du Mont-Ursouia, et le corps de troupes que l'on y ferait établir.

Ce projet ne pouvant être mis à exécution qu'autant que l'Empereur l'aura jugé conforme à ses vues, j'ai l'honneur de prier V. E. de vouloir bien le soumettre à l'aprobation de S. M., et d'avoir la bonté de donner des ordres en conséquence si l'exécution en est autorisée; *mais je supplie V. E. de faire observer à l'Empereur que s'il n'est pris promptement des mesures pour porter le théâtre de la guerre en Espagne, il faut s'attendre à soutenir avec désavantage une guerre défensive sur nos frontières, et que pour les préserver d'une invasion, il faudra beaucoup plus de monde que n'en exigera une guerre offensive au-delà des Pyrénées, où il faut à tout prix se porter incessamment pour empêcher les armées ennemies de s'accroître d'une manière effrayante comme elles le font.*

N. 7. — *Le maréchal duc de Dalmatie, à M. le maréchal duc d'Albuféra.*

Saint-Jean-de-Luz, 3 septembre 1813.

Le chef d'escadron Choiseul, mon aide-de-camp, est arrivé hier ; il m'a remis les lettres que vous m'avez fait l'honneur de m'écrire, les 19 et 23 août. En lisant cette dernière, j'ai vivement regretté que vous n'ayez point reçu celles que je vous écrivis à mon arrivée à l'armée ; j'ai aussi regretté que vous ayez pensé, que je portais de l'éloignement à vous faire part de mes projets. J'ignorais votre situation lorsque j'ai pris le commandement, le ministre de la guerre n'avait sur vos opérations que des nouvelles très anciennes ; les communications étaient longues et difficiles ; enfin j'ignorais quel nombre de troupes vous pouviez mettre en campagne, après avoir pourvu à la défense des places de guerre, et postes militaires; d'ailleurs, j'étais tellement pressé d'agir, que je ne pouvais attendre ni votre réponse, ni d'avoir completté mon organisation. C'est dans cette situation que je vous ai écrit les 6 et 11 août, et que je vous ai fait la proposition d'un mouvement en avant de Lérida. Si j'avais été instruit comme à présent de ce qui se passe en Basse-Catalogne, et de l'état de vos forces, je ne vous aurais pas fait cette proposition, qu'aujourd'hui je reconnais être inexécutable, comme pourrait le devenir tout autre projet qui serait fait à une aussi grande distance, les évènemens se sont succédé avec une telle rapidité depuis le désastre du 21 juin, que tous les calculs doivent être inexacts.

J'ajouterai à ces observations deux faits qui pourront vous servir à rectifier les rapports que vous avez reçus, sur l'emploi des troupes ennemies : 1° Qu'il est positif que le mouvement sur Pampelune que je fis dans les derniers jours de juillet, *obligea lord Wellington à rappeler les troupes qu'il avait envoyées vers Saragosse, lesquelles étaient commandées par le général Hill,* il l'a dit lui-même dans ses rapports, et depuis il n'a point fait d'autre détachemens dans cette direction. Le général Hill est aujourd'hui à Roncevaux où il commande la droite de l'armée qui m'est opposée. 2° Que le comte de Labisbal, qui, lors de mon mouvement, était avec des troupes sous ses ordres dans la Navarre, et formait l'investissement de Pampelune, est parti il y a seulement cinq

jours de sa personne pour se rendre à Madrid ; *la totalité des trou-*
pes qu'il commandait sont restées campées sur les hauteurs d'Et-
chalar, en face d'un de mes camps ; j'ignore toutefois s'il a été
prendre d'autres troupes et s'il a été les conduire de vos côtés.

Je n'avais pas reçu des détails aussi circonstanciés que ceux
que vous avez sur ce qui ce passe en Espagne ; mais je suis persuadé, d'après ce que je vois devant moi, que les armées ennemies sont nombreuses. Cependant *nous ne pouvons nous dispenser*
de faire tous nos efforts pour éloigner le théâtre de la guerre
des frontières de l'Empire, et pour marcher au secours des pla-
ces assiégées ou investies. Malgré la disproportion des forces qui
existe réellement, j'ose espérer que nous obtiendrons des résultats
honorables pour les armes de l'Empereur ; si, comme je n'en
doute pas, *vous êtes disposé à me communiquer vos idées avec*
la même confiance que je mettrai à vous faire part des miennes,
et si nous nous entendons pour faire concourir à ce résultat tous
nos moyens.

Dans votre lettre du 23, vous me dites qu'après avoir fait completter l'approvisionnement de Barcelone, vous serez obligé de
vous rapprocher de Girone par manque de subsistances et aussi
pour attendre des renforts ; je conçois les difficultés que vous devez
éprouver sous le rapport des subsistances, mais à l'égard des
renforts, je crains que vous et moi ne soyons encore dans le cas
de les attendre pendant quelques mois, quoique le ministre de la
guerre m'ait prévenu qu'il allait être fait une levée de trente
mille hommes, pour les armées d'Espagne.

Il n'est pas douteux que si notre attente se prolongeait long-
temps ; et *si les armées d'Aragon et d'Espagne restaient sur la*
défensive, dans leurs positions actuelles, nous aurions de nouveaux
malheurs à déplorer et nous éprouverions le désagrément de
voir successivement toutes les places assiégées tomber au pouvoir
de l'ennemi.

Ce n'est donc que par la concentration générale de nos moyens
que nous pouvons espérer de changer le théâtre de la guerre, et
d'obtenir de nouveaux succès. A ce sujet, j'ai écrit à S. E. le
ministre de la guerre, de demander l'agrément de l'Empereur
pour que la totalité des troupes des armées d'Aragon et de Catalogne, ainsi que la majeure partie des troupes de l'armée d'Espagne, et la moitié des trente mille hommes de renforts qui sont
annoncés, se réunissent avant le 15 octobre prochain, entre
Pau et *Tarbes*, dans l'objet de se porter rapidement par Oléron
et Jaca, soit en Aragon, soit en Navarre, *pour ensuite manœuvrer*
de manière à obliger les armées ennemies à une affaire générale,
et les battre successivement.

Dans ce cas, je ne laisserais devant Bayonne qu'un fort corps d'observation, lequel se renfermerait dans le camp retranché que je fais construire. Ce corps viendrait nous joindre lorsque nous lui aurions ouvert un débouché.

Il ne resterait en Catalogne aucune troupe agissante à moins que les trente mille hommes annoncés par le ministre n'arrivassent; dans ce cas, huit à dix mille hommes de ce renfort seraient destinés à former un camp d'observation sous Girone, ou sur tel autre point qui vous paraîtrait plus avantageux.

Vous amèneriez la totalité de l'infanterie des armées d'Aragon et de Catalogne qui serait disponible, ainsi que la totalité de la cavalerie; mais vous pourriez laisser une partie du matériel de l'artillerie de campagne, dans une place où nous l'enverrions chercher lorsque nous serions rendus sur les lieux; cependant, les canonniers et les chevaux du train devraient être emmenés.

J'enverrais aussi au point de réunion *toute la cavalerie de l'armée d'Espagne et trente mille hommes d'infanterie, ainsi que toute l'artillerie de campagne que nous voudrions avoir.*

La réunion de toutes ces forces formerait une armée de soixante-dix mille hommes et même de quatre-vingt mille. Si la totalité du renfort annoncé par le ministre arrivait à temps ; *vous et moi nous commanderions cette armée, et l'accord qui régnerait entre nous serait le garant des succès que nous obtiendrions. Il y aurait sans doute de grandes difficultés à surmonter pour faire passer un train de cent pièces de canon par le col de Jaca, mais avec une volonté bien décidée, de la patience et des travaux, nous en viendrions à bout.*

Vous saisirez, M. le Maréchal, *que par cette concentration de forces et par la direction que nous donnerions à la guerre, nous serions bien malheureux et bien maladroits, si nous ne parvenions pas à rétablir les affaires de l'Empereur en Espagne, ou du moins à éloigner de nos frontières les craintes d'une invasion;* du reste, je ne vois pas qu'il puisse en résulter aucun inconvénient, car dans la saison où nous allons entrer, la guerre des montagnes commence à devenir difficile, et l'on est moins exposé à un débarquement.

J'ai soumis ce projet au ministre de la guerre, en le priant de le présenter à l'Empereur, *mais je m'attends que S. M. me fera répondre que je n'ai pas besoin d'une nouvelle autorisation pour entreprendre les opérations qui me paraissent utiles au bien de son service.* Je pourrais donc, dès ce moment, donner des ordres en conséquence; mais auparavant, j'ai voulu vous en faire part; ainsi j'ai l'honneur de vous prier, M. le Maréchal, de vouloir bien me communiquer à ce sujet vos idées, et si ce plan vous paraît exécutable, par la connaissance particulière que vous avez du pays, vous pourriez vous préparer à l'exécution en donnant pour prétexte que le manque de subsistances vous met dans le cas de vous rapprocher des frontières, *car le succès d'une pareille entreprise demande autant de secret que de promptitude.*

Dans ce cas, je vour prierais encore de m'envoyer l'état numérique des forces de toutes armes que vous amèneriez au point de réunion, en m'indiquant l'époque où vous pourriez être rendu, pour que je prenne mes dispositions en conséquence.

J'attendrai avec la plus vive impatience que vous m'ayez répondu sur cette communication.

P. S. Du 4. Je viens de recevoir la lettre que vous m'avez fait l'honneur de m'écrire le 28. Je vois, par l'état qu'elle renferme et par celui que le général Decaen m'a adressé, que les forces disponibles que vous pourriez emmener, y compris celles du général Paris, qui vous joindraient, dépasseraient vingt-six mille hommes (1). Daprès le calcul que je viens de faire, l'armée d'Espagne pourrait en fournir de quarante à quarante-cinq mille tout compris; ainsi nous serions bien près de la force que j'ai indiquée.

N. 8.— *Le maréchal Suchet au maréchal Soult.*

Villafranca, 16 septembre 1813.

Monsieur le maréchal, M. de Bonneval, votre aide-de-camp, a fait une grande diligence, et m'a remis le 11 votre dépêche du 4 de ce mois.

J'ai vu avec plaisir que vous reconnaissiez inexécutable la proposition que vous m'aviez faite le 11 août, et je suis bien aise que vous ajoutiez que tout autre projet pourrait également le devenir étant fait à une aussi grande distance. Je vous prie d'être bien convaincu que je mettrai la plus entière confiance à vous faire part de mes idées, même quand elles ne seraient pas d'accord avec les vôtres, et, qu'ainsi que vous, je n'ai qu'un but, celui de faire concourir les forces qui me sont confiées au bien du service de l'Empereur.

Vous me proposez un plan très hardi, qui, en principe de guerre et dans tout autre lieu que sur les frontières de l'Empire, pourrait présenter un espoir de succès; mais les dangers qui l'accompagnent sont d'une telle gravité que je ne puis m'empêcher de vous l'exprimer.

---

(1) Il est démontré qu'il dépassait trente-deux mille hommes, les états fournis au maréchal Soult, étaient donc inférieurs à l'effectif réel.

Vous désirez que, quittant la Catalogne, je porte la totalité des forces disponibles des armées d'Aragon et de Catalogne sur Tarbes et Pau, pour opérer par Oléron et Jaca. Ce mouvement de retraite par les provinces méridionales de la France, causerait une alarme générale ; nous éprouverions de la désertion parmi nos troupes et je regarderais comme assuré, dès ce moment, l'envahissement de nos frontières ; car, lord Bentinck, qui peut disposer de cinquante mille hommes appuyés par une flotte, ne manquerait pas de suivre ma marche et pénétrerait bientôt à Narbonne, à Carcassonne, au canal du Midi ; etc., en évitant toutes nos places fortes.

Une seconde observation, et qui à vos yeux paraîtra la plus forte, c'est que le passage d'Oléron à Jaca, où vous proposez de faire *passer un train de cent pièces* d'artillerie est impraticable pour toute espèce de voiture, et qu'il n'est pas au pouvoir des hommes d'en changer la forme en travaillant avec activité pendant un an. L'infanterie et la cavalerie éprouvent souvent de très grandes difficultés dans ce passage, et y sont quelquefois arrêtées deux et trois jours par les tourmentes qui y règnent ; dans tous les cas, ces deux armes seules peuvent opérer par ce point, vous pouvez en acquérir facilement la certitude sur les lieux.

Il m'en coûte beaucoup, monsieur le maréchal, de n'avoir que des objections à faire quand, sans doute, il faut agir ; mais enfin s'il faut adopter un plan offensif, j'essaierai de vous en présenter un qui se rapprocherait, quant à ce qui me concerne, de celui que vous aviez déterminé en premier lieu et qui se concilierait pour le le mouvement que vous auriez à opérer vous-même avec les dispostions tracées dans votre dernière dépêche. Les difficultés que rencontrait l'exécution de votre premier projet, par rapport à ma marche sur l'Aragon, seraient vraisemblablement moins grandes à surmonter en raison de la réunion de forces avec lesquelles je me proposerais d'agir, surtout après avoir battu les Anglais ; en conséquence, dès que le ministre m'autoriserait à abandonner les places de Catalogne à de faibles garnisons, à laisser la route royale et tous les débouchés sur la France sans troupes, je proposerais une nouvelle organisation des armées d'Aragon et de Catalogne. Les trois divisions d'infanterie qui composent la première, devraient être portées chacune à quatre régimens, et, pour opérer cette organisation, je vous demanderais le général Paris et les troupes qu'il commande, conformément à l'état ci-joint. Quant à l'armée de Catalogne, elle devrait se composer de huit régimens d'infanterie en deux divisions, dont partie serait tirée de la place de Barcelonne ; j'ajouterais à ces vingt régimens la brigade italienne et six régimens de cavalerie, dont quatre seulement sont en Catalogne ; le 12ᵉ de hussards se trouve à Oléron et suivrait le mouvement du général Paris ; quant au 6ᵉ régiment de cavalerie, je vous le demande pour l'armée de Catalogne. Le général Paris pourrait laisser sur la frontière le 8ᵉ napolitain et les bataillons des 120ᵉ et 31ᵉ léger.

Aussitôt que je recevrais l'ordre de disposer de ces deux corps d'armée, qui, par cette organisation, seraient de trente mille hommes présens, je pourrais marcher contre les Anglais, les combattre de nouveau, les forcer à repasser l'Ebre ou à se rembarquer, tandis que les corps espagnols m'évitant se jetteraient dans les montagnes. Profitant ensuite de cet avantage, je me porterais rapidement sur Lérida avec cent pièces de canon, et, passant le Segre et la Cinca, j'arriverais en Aragon sur le Gallego pour vous donner la main, en même temps qu'avec votre infanterie et votre cavalerie vous déboucheriez par Jaca. Alors, monsieur le maréchal, commenceraient des difficultés qu'il serait possible de surmonter avec de la persévérance, car la route de Sanguessa à Pampelune est impraticable à l'artillerie dans l'espace de quelques lieues. Il en est encore une que je ne dois pas laisser ignorer à V. Exc., c'est l'impossibilité absolue de se procurer des vivres sur les lieux, et il faudrait de toute nécessité que le ministre assurât aux armées de Catalogne et d'Aragon, au moins deux mille bœufs, à leur départ.

Je remets à V. Exc. le rapport du général d'artillerie qui présente l'état du personnel et des chevaux d'artillerie qu'il serait nécessaire d'envoyer en Catalogne pour assurer le transport des cent bouches à feu qui devraient marcher avec l'armée.

V. Exc. sentira que si, par notre réunion, nous parvenions à battre Wellington et à lui faire repasser l'Ebre, alors les armées d'Aragon et de Catalogne ne pourraient pas s'étendre au delà de Sarragosse, puisqu'elles auraient à revenir sur l'ennemi, à conserver de nombreuses places, et, par-dessus tout, à prévenir ou arrêter toute invasion sur le territoire français.

Je dois au reste faire observer à V. Exc. que dans le cas où son plan de concentration n'aurait pas son exécution, les petites armées d'Aragon et de Catalogne ne resteraient pas pour cela inactives puisqu'elles auraient à contenir un ennemi nombreux et à le combattre de nouveau, dès qu'elles seraient renforcées ; elles devraient aussi pourvoir au ravitaillement de Barcelonne, et peut-être prochainement faire lever le siège de Lérida ou de Tortose. Je saisis cette occasion pour vous annoncer à l'avance que cette dernière place, par sa situation dans un pays entièrement stérile, ne peut être réapprovisionnée que par l'Aragon, c'est-à-dire, lorsque nous serons rétablis sur l'Ebre ; cette observation doit être prise en considération, car la garnison de cette importante place étant de plus de cinq mille hommes, il est nécessaire, malgré l'état prospère dans lequel elle se trouve aujourd'hui, de prévoir à l'avance l'époque de ses besoins qui commenceront à se faire sentir à la fin de janvier prochain.

Après vous avoir adressé mes observations sur le plan que vous avez bien voulu me communiquer, je vous en présente un que je pense être d'une exécution moins dangereuse ; cependant, M. le maréchal, je ne puis me dissimuler qu'il entraîne aussi de graves inconvéniens. Le moindre retard dans l'exécution de la combinaison causerait la perte de l'un ou de l'autre corps, et infailliblement celle de toute l'artillerie ; en conséquence, je crois qu'il est de l'importance la plus grande de bien réfléchir avant de prendre un dernier parti. Je sens, comme vous, et c'est pour moi le sujet de graves inquiétudes, combien il importe de rétablir les affaires de l'Empereur en Espagne, et, avant tout, d'éloigner toute espèce de danger pour les frontières de l'Empire : ces deux puissans intérêts méritent d'être mûrement pesés. Je conçois qu'en prolongeant la défensive, les places attaquées sont exposées à tomber, mais cet inconvénient peut-il être mis en balance avec celui qui résulterait de la perte de deux armées ! La France ne pourrait pas les remplacer dans ce moment, et leur défaite ouvrirait l'Empire à nos ennemis.

Je suis affligé, monsieur le maréchal, de n'avoir que des conséquences pénibles à tirer de l'état où nous nous trouvons ; mais je regarde qu'il est d'un devoir sacré de faire connaître à l'Empereur toute la vérité de notre position, de lui présenter la supériorité numérique de l'ennemi, les efforts inouis qu'il fait pour l'accroître encore ; enfin, de démontrer à S. M. l'impossibilité de rétablir d'une manière stable les armées impériales sur l'Ebre sans l'arrivée de grands renforts ; votre lettre du 4 laisse peu d'espoir à ce sujet, et cette circonstance m'entraîne à penser qu'une vigoureuse défensive devient peut-être indispensable. Ce parti, sans doute, serait plus pénible pour moi que pour personne, puisque j'ai été chargé du siège de plusieurs places, et, par suite, d'en assurer la conquête par de bonnes garnisons et de nombreux approvisionnemens ; mais, monsieur le maréchal, et je le dis avec regret, mon dévouement à l'Empereur me force à convenir qu'il est peut être de son intérêt d'abandonner une partie de ces mêmes places, après en avoir retiré les garnisons et détruit les fortifications, plutôt que d'en hasarder des ravitaillemens incertains et de s'aventurer dans des opérations dont les chances sont bien loin d'être égales ; je pense, au reste, que l'Empereur seul peut déterminer d'aussi grands intérêts, particulièrement lorsque les victoires qu'il vient de remporter peuvent changer la face des choses sur tous les points. Vous devez juger, M. le duc, qu'il faut être animé d'un bien absolu dévouement à l'Empereur pour présenter de telles réflexions, surtout lorsque par goût et par habitude on est disposé à faire la guerre tout différemment.

V. E. veut bien me dire que dans le cas d'une réunion qui porterait nos forces à soixante-dix ou quatre vingt mille hommes. Vous et moi nous commanderions et que notre accord serait le garant de nos succès. «Je lui répondrais à cet égard, qu'en pareil cas, je m'empresserais de recevoir ses ordres, bien persuadé que l'unité du commandement est indispensable; je conviendrai seulement avec vous, M. le maréchal, qu'à la distance où nous sommes les ordres de détails sont souvent inexécutables et que le commandement général doit seul se borner à de grands mouvemens en avant ou en arrière, avec les modifications qu'exigent les circonstances.

J'en reviens encore à notre position en Espagne, elle est entre deux écueils, le seul moyen de les éviter tous deux serait que l'Empereur, nous faisant profiter de ses grandes victoires, pût diriger une réserve entre les Pyrénées et l'Èbre et qu'il vous ordonnât d'agir avec soixante mille hommes de bonnes troupes, tandis qu'avec trente mille je vous aiderais à rejeter Wellington au-delà de l'Èbre. Alors, on marcherait avec plus de facilité que jamais à la conquête de l'Espagne, et on parviendrait à arrêter cette réputation de l'armée anglaise trop facilement acquise à Salamanque et à Vittoria.

J'ai l'honneur etc.

N. 9. — *M. le maréchal duc d'Albuféra au maréchal duc de Dalmatie.*

Quartier général de Barcelonne, 22 septembre 1813.

M. LE DUC,

Depuis le départ de M. de Bonneval, votre aide-de-camp, j'ai reçu par plusieurs rapports, l'avis que les Espagnols fesaient une réunion de toupes à *Vique*, avec l'intention présumée de se porter sur la Cerdagne et de faire quelque insulte sur nos frontières; j'ai cru convenable d'en faire part à V. E.

Le ministre de la guerre vient de me prévenir qu'il avait reçu communication de votre plan, et, en conséquence de ce qu'il me prescrit, je fais des dispositions préparatoires pour être en mesure d'exécuter ce qui concerne les armées d'Aragon et de Catalogne, aussitôt que l'Empereur y aura donné son assentiment.

Dans le cas, au contraire, où celui que je vous ai communiqué devrait recevoir son exécution, je prierai V. E. de bien observer *qu'il me sera impossible d'opérer si je n'ai pas les trente mille hommes que je demande, ainsi que les vivres et les chevaux pour l'artillerie.*

Je vous renouvelle, etc.

N. 10. — *Le maréchal duc de Dalmatie au ministre de la guerre.*

Saint-Jean-de-Luz, le 27 septembre 1813.

Le capitaine Bonneval, mon aide-de-camp, que j'avais envoyé en dépêche à M. le maréchal duc d'Albuféra, est rentré la nuit dernière, et il m'a remis les lettres dont j'ai l'honneur d'adresser copie à **V. E. M.** Bonneval a eu l'avantage d'assister au combat d'Ordal, où lord Bentinck a éprouvé un échec. J'imagine que le rapport ci-joint, relatif à ce fait, d'armes est une copie de celui qui a été adressé directement à **V. E.**

M. le duc d'Albuféra considère le plan d'opération, que je lui ai proposé le 4 de ce mois, comme inexécutable pour les conséquences graves qui pourraient en résulter, et, après l'avoir combattu par des objections plus ou moins fondées, il propose lui-même le premier projet que je lui ai communiqué, contre lequel il s'est si fort récrié. Ainsi, *il ne fallait que le convaincre de la nécessité d'établir entre lui et moi un concert d'opérations pour le déterminer à s'expliquer.*

Mais, M. le duc d'Albuféra oublie, en faisant le détail des inconvéniens qui résulteraient du deuxième plan, qu'en combattant le premier projet, il m'a expressément dit que, ne pouvant faire vivre les troupes dans la Basse-Catalogne, il se porterait sous Girone aussitôt qu'il aurait fait entrer un nouveau convoi à Barcelonne ; il est probable que ce mouvement rétrograde ne présentait pas alors pour lui les mêmes conséquences qu'aujourd'hui. En effet, à cette époque, *il paraissait persuadé que lord Bentinck lui opposait directement une armée de cent mille hommes ; elle n'était plus que de cinquante mille au moment où il m'écrivait le 16 de ce mois ; et mon aide-de-camp qui l'a vue et qui a recueilli des renseignemens sur sa composition, m'assure qu'elle est bien de vingt-cinq à trente mille dont dix mille Anglais ou Siciliens ; le reste est formé par divers corps espagnols.* V. E. se rappellera que j'ai eu l'honneur de lui rendre compte que *l'armée espagnole du duc del Parque, qui était avec lord Bentinck, avait joint l'armée alliée commandée par lord Wellington, et que son arrivée devant Pampelune a été annoncée.*

Il me paraît aussi, d'après tous les renseignemens que j'ai recueilis, et les reconnaissances qui viennent de m'être présentées, que *M. le duc d'Albuféra exagère les difficultés qu'il y a à surmonter pour rendre la communication d'Oléron à Jaca praticable pour l'artillerie.*

Quoiqu'il en soit, je vois avec un vif plaisir que M. le duc d'Albuféra *est disposé à concourir à l'exécution d'un projet offensif qui aurait pour but d'éloigner les ennemis des frontières de l'Em-*

pire, et de porter le théâtre de la guerre en Espagne ; les propositions qu'il fait à ce sujet, qui sont absolument celles du premier
projet que je lui ai soumis, me paraissent donc concilier toutes les
opinions, et je les adopte avec empressement en priant V. E. de
vouloir bien obtenir de l'Empereur que des ordres soient donnés en
conséquence ; le résultat en sera d'autant mieux assuré, l'effet en
sera plus tôt sensible, et j'aurai moins de difficultés à surmonter pour
déboucher par Jaca. Ensuite, *lorsque nous aurons obligé lord Wellington à évacuer la Navarre et à repasser l'Ebre*, il sera tout naturel que M. le duc d'Albuféra retourne à ses opérations, suivant
le concert qui sera établi entre lui et moi. Je ne doute pas qu'il ne
soit porté à faire ce qui sera le plus utile au bien du service de
l'Empereur.

Je ferai observer à V. E., avant de passer aux détails d'exécution,
*qu'il est très vraisemblable que la place de Pampelune sera sau-
vée, si le projet dont il s'agit est immédiatement entrepris. Avant
un mois, nous devrions être en pleine opération.*

Je consens à renvoyer à M. le duc d'Albuféra le général Paris
avec toutes les troupes de l'armée d'Aragon qui sont avec lui, aussitôt que V. E. m'aura fait connaître, sur ce mouvement, les inten-
de S. M. ; alors je ferai remplacer ces troupes par une division de
l'armée, et j'enverrai sur les lieux *M. le lieutenant-général Clauzel
auquel je donnerai le commandement de l'avant-garde* lorsque le
mouvement aura lieu.

Ainsi, le général Paris emmènera avec lui les 10ᵉ et 81ᵉ régi-
ments de ligne les détachemens des 114ᵉ 115ᵉ et 117ᵉ régimens,
le 8ᵉ de ligne Napolitain et le 12ᵉ régiment de hussards ; il laissera
en position le 2ᵉ bataillon des chasseurs de montagnes et sa gendarmerie à pied pour être réunis aux troupes de la même arme qui
sont à l'armée d'Espagne ; mais je lui ferai remplacer ces deux détachemens par le 4ᵉ bataillon et deux compagnies du 5ᵉ bataillon
du 115ᵉ régiment qui sont à la réserve de cette armée, et qu'à cet
effet je vais faire rapprocher d'Oléron.

Lors du mouvement, je dirigerai le général Paris sur Montlouis
et Puycerda, où M. le maréchal duc d'Albuféra lui enverra des
ordres, et où il devra laisser quelques troupes, lesquelles au besoin
je ferai renforcer par des cohortes de la garde nationale de la
dixième division militaire.

J'enverrai aussi à M. le duc d'Albuféra, suivant sa demande, les
deux escadrons de chasseurs de Nassau, mais il devra immédiatement renvoyer à l'armée d'Espagne un détachement du 2ᵒ de hussards et d'autres détachemens d'infanterie, appartenant à l'armée
d'Espagne, qui sont en Catalogne.

D'après le rapport que M. le général Vallée a fait à M. le maréchal duc d'Albuféra le 19 de ce mois, je vois que dans les places
de la Catalogne il y a tout le matériel d'artillerie que l'on peut dé-

sirer, même en caissons, pour un équipage de cent pièces de canon, avec un approvisionnement et demi ; cela est un très grand avantage, dont nous profiterions lorsque les deux armées seraient réunies sur l'Ebre ; mais, pour le moment, *je ne serais pas d'avis d'envoyer en Catalogne le personnel d'artillerie et les mille quatre cents chevaux du train que M. le duc d'Albuféra voudrait avoir d'augmentation*, il serait suffisant qu'il emmenât autant de voitures d'artillerie que les mille chevaux qu'ils a pourraient en atteler. *Malgré ses observations, j'espère faire passer par le col de Jaca une partie des canons de l'armée*, et que d'ailleurs lorsque nous serions réunis, l'on pourrait toujours envoyer chercher à Lerida, Mesquinenza et même Tortose, les canons qui manqueraient. Ainsi, *chaque armée garderait ses moyens en artillerie, car il serait imprudent, dans la situation où je me trouve, pouvant être attaqué à tout instant, de faire un pareil détachement.*

A l'égard des bestiaux et des subsistances que M. le duc d'Albuféra voudrait avoir à sa disposition lors du mouvement projeté , je remplirai sa demande en le faisant participer à la réserve extraordinaire, qui se forme en vertu des ordres de S. E. le ministre-directeur de l'administration de la guerre, laquelle doit être versée dans les magasins de Pau et de Tarbes.

Voilà donc à la disposition de M. le duc d'Albuféra tous les moyens qu'il demande pour former le corps actif qui serait directement sous ses ordres, et dont la force s'élèverait au moins à trente mille hommes ; *il me paraît bien certain que ce corps aurait la faculté de battre toutes les troupes ennemies qui sont en basse Catalogne, et de forcer lord Bentinck à se rembarquer ou à repasser l'Ebre* ; ensuite, M. le duc d'Albuféra se porterait sur le *Gallego* où notre jonction s'opérerait.

J'ai eu l'honneur décrire à V. E. que je ferais en sorte d'emmener quarante-cinq mille hommes, tout compris, ce qui porterait l'armée d'opération sur le Gallego à soixante-quinze mille hommes, laquelle pourrait, je n'en doute pas, pousser jusqu'à *Sanguessa* et *Tudela, mouvement qui obligerait lord Wellington à quitter la Navarre et à se porter sur l'Ebre.* Dès-lors, le corps d'observation de vingt mille hommes que j'aurais laissé pour garder la ligne en avant de Bayonne, et qui se serait réuni à Saint-Jean-Pied-de-Port, se porterait en avant et se dirigerait, par le col de Roncevaux, soit sur Pampelune, soit sur *Aoys* et *Uroz* pour s'appuyer à la droite de l'armée d'opération qui serait à Sanguessa.

Je ne pense pas que ce mouvement laissât rien d'incertain et qu'il y eut quelque point de la droite de compromis, car il est probable que *l'ennemi retirerait en toute hâte la plupart des forces qu'il a en Guipuscoa, Biscaye et Navarre.* D'ailleurs, à cette époque, les ouvrages de défense que je fais établir , seront assez avancés pour être livrés à eux-mêmes et pour nuire beaucoup à un corps ennemi qui voudrait forcer la ligne.

M. le duc d'Albuféra fait ensuite observer que, quelque projet offensif qui soit adopté, il doit préalablement être approuvé par l'Empereur. Je suis d'autant plus de son avis que j'ai eu plusieurs fois l'honneur de prier V. E. de vouloir bien prendre à ce sujet les ordres de S. M.; ainsi, je me joins à M. le duc d'Albuféra, pour vous renouveler, M. le duc, la même prière, *en vous représentant qu'il est très important que les intentions de l'Empereur nous soient connues le plus tôt qu'il sera possible, afin d'avoir plus de temps à disposer pour nous préparer, avant que les places ne soient à la dernière extrémité, et avant que la mauvaise saison ait fermé la campagne.*

Ce rapport serait incomplet si je ne faisais l'énumération des forces qui nous seront opposées. J'ai déjà dit que je pensais *que lord Bentinck n'avait pas plus de vingt-cinq à trente mille hommes depuis que le duc del Parque a rejoint Wellington ; ainsi, M. le duc d'Albuféra lui étant supérieur en nombre et en valeur, il n'aura pas de grandes difficultés à surmonter pour atteindre son but ; il est même probable qu'avant d'y arriver, il aura fait éprouver de nouvelles pertes à l'ennemi.*

L'armée de lord Wellington, qui m'est directement opposée, *est un peu plus respectable;* l'état de composition et d'emplacement de cette armée, que j'ai eu l'honneur de soumettre à V. E. le 20 de ce mois, élève sa force à quatre-vingt dix-huit mille huit cent treize hommes d'infanterie présens. Il paraît que, depuis cette époque, elle a reçu un renfort venant directement d'Angleterre et que les trois divisions du duc del Parque l'ont jointe. Ainsi, l'on peut, sans exagération, porter à cent-vingt mille hommes d'infanterie la force de cette armée. Je n'ai pu encore me procurer un état exact de la cavalerie, mais d'après tous les renseignemens, elle doit être de plus de quinze mille hommes Anglais, Portugais et Espagnols indépendamment de ce qui est en Basse-Catalogne. J'accorde cinq mille hommes pour les troupes d'artillerie, du génie et détachement quelconques, de sorte que *lord Wellington a effectivement en ce moment avec lui, devant l'armée que j'ai l'honneur de commander, cent quarante mille hommes tout compris.* Avec ces moyens, *il est à craindre qu'il ne soit tenté de faire une invasion en France, et V. E. concevra que si cela arrivait, il serait difficile d'éviter beaucoup de mal,* et elle jugera aussi, je n'en doute pas, *que nous ne pouvons le prévenir avec quelque espoir de succès, qu'en éloignant promptement des frontières de l'Empire le théâtre de la guerre, sinon de jour en jour le danger augmentera, et les pertes que nous aurons faites seront peut-être irréparables. Dans la Péninsule les ennemis font marcher tout ce qui est en état de porter les armes de dix-huit à quarante ans. Nous pouvons arrêter cet élan, et j'ai la confiance que les quatre-vingt quinze mille hommes, que je propose d'employer à l'opération projetée, obtiendront infailliblement des succès, et rétabliront les affaires de l'Empereur en Espagne.*

N. 11. — *Le même à M. le maréchal duc d'Albuféra.*

Saint-Jean de Luz, 29 septembre 1813.

Le capitaine Bonneval, mon aide-de-camp, m'a rejoint il y a deux jours, et il m'a remis la lettre que vous m'avez fait l'honneur de m'écrire le 16 de ce mois; il m'a aussi entretenu du succès que vous avez remporté le 12 sur lord Bentinck; je m'empresse de vous en féliciter.

J'adopte entièrement vos idées sur l'ensemble des dispositions dont vous avez bien voulu m'entretenir par cette dernière lettre; j'ai déjà écrit en conséquence au ministre de la guerre; aussitôt que sa réponse me sera parvenue, j'aurai l'honneur de vous écrire plus en détail à ce sujet. Aujourd'hui, je me borne à prévenir V. E. que des mesures vont être prises dans ce but; *les modifications qu'il y aura ne changeront rien à l'objet principal de part ni d'autre.*

Vous devez être instruit depuis long-temps *que le duc del Parque est parti dans les premiers jours de septembre avec trois divisions espagnoles de la Basse-Catalogne pour joindre l'armée combinée aux ordres de lord Wellington; ces trois divisions sont arrivées en Navarre depuis le 16 de ce mois.*

J'ai l'honneur de vous prévenir que je donne ordre au 12ᵉ régiment de hussards, qui est avec le général Paris, de se rendre en son entier à Montlouis et à Puycerda, où le général Expert, que je fais prévenir, en disposera, en attendant que ce régiment reçoive directement des ordres de V. E. pour joindre l'armée d'Aragon. Pour le surplus des troupes qui sont avec le général Paris, il en sera comme vous avez dit.

J'ai l'honneur de vous prier de vouloir bien faire donner l'ordre à un détachement du 2ᵉ régiment de hussards et à des détachemens d'infanterie appartenant à l'armée d'Espagne, qui sont en Catalogne, de rejoindre leurs corps à cette armée, et de les faire diriger par Tarbes et Pau sur Bayonne, où je leur donnerai de nouveaux ordres. S'il y avait des militaires isolés qui fussent dans le même cas, je vous serais très obligé d'ordonner qu'ils joignissent ces détachemens. J'ai déjà pris des dispositions pour que l'on vous envoie immédiatement ce qui appartient aux armées d'Aragon et de Catalogne, qui se trouve dans cet arrondissement; il est trop important pour la conservation des cadres et le bien du service, de faire rentrer à leurs corps tous ces détachemens pour les laisser davantage détachés.

N. 12. — *Le même à M. le maréchal duc d'Albuféra.*

Bayonne, 4 octobre 1813.

J'ai l'honneur de vous accuser réception de la lettre que V. E. m'a écrite le 22 septembre. Les derniers rapports que j'ai reçu de Perpignan et des frontières de la Cerdagne n'annoncent rien de nouveau, et jusqu'à présent il ne paraît pas que les troupes ennemies qui se sont rassemblées à Vique, aient rien entrepris dans cette direction; mais si elles faisaient quelques tentatives, une réserve que j'ai fait disposer dans le département de l'Arriège marcherait pour soutenir le général Expert.

J'ai l'honneur de vous adresser duplicata de ma lettre du 29 septembre par laquelle je vous ai annoncé le retour du capitaine Bonneval, mon aide-de-camp, et la réception de votre lettre du 16. Vous y remarquerez que j'adopte entièrement vos vues sur le projet d'opérations proposé, et que je me prépare à l'exécution, afin d'être prêt lorsque le ministre de la guerre m'aura fait connaître les intentions de l'Empereur. Le ministre m'a fait part qu'il vous avait écrit sur le même objet et que nous devions attendre la décision de S. M.

Le 12e de hussards est parti hier d'Oléron pour se rendre à Puycerda où il attendra les ordres que vous voudrez bien lui donner. Je vais envoyer au général Paris le 4e bataillon et deux compagnies du 5e bataillon du 115e régiment, forts de près de huit cents hommes, afin que, lors de son mouvement, il emmène cette troupe, à laquelle je ferai joindre tout ce qu'il y aura de disponible dans les dépôts des régimens qui font partie des armées d'Aragon et de Catalogne qui se trouvent dans les 10e et 11e divisions militaires.

Vous devez être instruit du nombre de conscrits sur la levée de trente mille hommes, qui, d'après la répartition du ministre, doit vous revenir. Cette levée s'opère rapidemment, l'espèce d'hommes en est belle, j'espère qu'elle sera entièrement remplie avant un mois.

J'ai écrit au général Decaen que s'il a besoin de cavalerie, je pourrai lui envoyer trois cents hommes des chasseurs de Nassau, très bonne troupe. Je lui propose d'envoyer à l'armée d'Espagne, des détachemens du 2e hussards, 31e léger et 86e de ligne qui se trouvent en Haute-Catalogne, pour les réunir à leurs corps; il pourra de suite appeler les bataillons du 115e de ligne dont j'ai parlé.

Les dispositions de l'armée ennemie sur mon front paraissent toujours offensives; elle s'accroît journellement; je ne pense pas qu'elle se livre à aucune entreprise; d'ailleurs nous sommes parfaitement en mesure de la recevoir.

J'ai l'honneur de vous prier de me faire part quelquefois de ce qui se passe de vos côtés.

N. 12. — *Le maréchal Suchet au maréchal Soult.*

Quartier-général à Barcelonne, le 13 octobre 1813.

Monsieur le Maréchal,

J'ai reçu par l'estafette deux lettres que vous m'avez fait l'honneur de m'écrire les 29 septembre et 4 octobre ; V. E. m'y fait connaître qu'elle a adopté entièrement mes idées sur le plan projeté. Le ministre de la guerre, ainsi que vous, M. le maréchal, me mande qu'il attend là-dessus les ordres de l'Empereur, et que je dois prendre les mesures préparatoires à l'exécution de ce projet.

Au nombre des difficultés dont j'ai présenté l'énumération, je dois joindre celle qu'entraîne la perte du poste de *Fraga* que l'ennemi occupe aujourd'hui. Cent vingt hommes que j'y avais placés, ont été attaqués par les troupes venues de l'Aragon et de la Catalogne; ils ont dû l'évacuer pour ne pas y être enlevés. Le commandant s'est fort habilement retiré par la rive gauche du Segre sur *Lerida*, en abandonnant dix-huit hommes malades dans la tête de pont. Je regrette cette position, qui est très importante pour le passage de la *Cinca*, rivière dangereuse.

Je remarque dans vos dépêches, M. le duc, que vous avez ordonné au 12ᵉ régiment de hussards de se rendre à Puycerda, et que vous avez tracé les dispositions nécessaires pour que le général Paris, en me rejoignant avec sa brigade, puisse conduire tous les détachemens qui appartiennent aux armées d'Aragon et de Catalogne. Je donne de mon côté l'ordre de vous renvoyer le détachement du 2ᵉ hussard, qui se trouve en Haute-Catalogne, et tout ce qui fait partie des armées réunies aux Pyrénées occidentales. Depuis long-temps, tous les hommes des armées du midi et du centre, qui étaient restés dans le pays de Valence, ont été réunis par mes ordres en un bataillon, qui est rentré en France dans le mois de juillet.

Je vous remets, M. le maréchal, le tableau d'organisation projeté des armées d'Aragon et de Catalogne. Vous y remarquerez l'emploi que je fais des conscrits annoncés par le ministre, et dont je prie V. E. de presser l'arrivée sur l'armée. Ce n'est que par ce moyen que je puis porter à trente mille hommes les troupes agissantes. Je lis avec plaisir dans votre dépêche du 4 courant, ce que vous me dites sur la nature des hommes qui composent cette levée, et la célérité avec laquelle cette opération s'exécute.

Pour completter cette organisation, je dois aussi, suivant le tableau, disposer du général Expert et du 102ᵉ régiment qui se trouve à *Puycerda*, et je vous demande de faire porter momentanément sur ce point la réserve que vous avez formée à Tarbes. Notre marche en avant doit naturellement la porter sur les positions que nous évacuons. La nécessité de conserver Girone, rend indispensable le mouvement du général Expert avec le 102ᵉ régiment. Il devra laisser à Puycerda les canonniers, et le fort approvisionné.

Les vaisseaux anglais devant Barcelonne ont fait ce matin des salves, que je ne sais à quoi attribuer. L'on annonce l'arrivée d'une troupe espagnole, aux ordres de l'*Empecinado*, sur le Bas-Ebre, et l'on dit en même temps qu'un corps assez considérable, commandé par un général anglais, se rend par l'Aragon en Catalogne; un capitaine au service d'Angleterre, qui a déserté hier, me confirme ces rapports. L'ennemi fait quelques mouvemens sur mon front et continue d'opérer sur mon flanc droit; le général Petit a eu un engagement assez vif en avant d'Olot, le 4 courant; les troupes se sont bien battues. Notre perte a été de neuf officiers et de soixante huit hommes tués ou blessés. Le général Decaen m'assure que celle de l'ennemi a été triple.

Je vous fais mille remerciemens de l'intérêt que vous voulez bien mettre à l'échange du jeune Anthoine, etc.

Recevez, etc.

Composition projetée des armées d'Aragon et de Catalogne

Numéros des divis.	NOMS DES GÉNÉRAUX.	Num. des Corps.	Bataillons ou escadr.	Force des Prés.	Chevaux.	OBSERVATIONS.
	ARMÉE D'ARAGON.					
1re	Général Meunier.	1er lég.	2	1214		
	Gén. de brig. Paris. . .	114e lig.	2	1274		Attendu d'Oléron avec le général Paris.
	Gén. de brig. Millet . .	10e id.	2	989		
		121e id.	2	1340		
2e	Général Harispe.	7e id.	2	821		Ces deux corps ont au moins 500 hommes convalescens.
	Gén. de brig. Mesclop.	44e id.	2	656		
	«	81e id.	2	960		Attendu d'Oléron avec le général Paris, en incorporant le détachem. qui est en H.-Catal.
		116e id.	3	1572		Ce régim. peut réunir 500 h. de son 4e. bat. qui est à Tarbes formé depuis 8 mois.
3e	Général Habert.	14e id.	2	1072		
	Gén. de brig. Gudin.	16e id.	2	1198		
		3e léger.	1	680		
	Gén. de brig. Pannetier.	11e lig.	1	620		A tirer de la Haute-Catalog.
		117e id.	3	1930		Le 4e. bataill. doit venir avec le général Paris.
	Total. . . .		26	14276		
Division italienne.	Général Severoli.	1er lég.	1	534		Cette brigade a un grand nombre de malades.
	Gén. de br. Bertholetti.	1er lig.	2	822		
		7e id.	1	454		
	Chasseurs royaux.			122	122	
	Total. . . .		30	16208	122	
Cavalerie.	Gén. de brig. Delort .	4e huss.	4	588	588	Attendu d'Oléron et compris l'escadron qui est en Haute-Catalogne.
		13e cuir.	4	556	556	
		12e huss.	3	450	450	
	Gén. de brig. Meyer. .	24e drag.	3	540	540	
		ch.-lég. westph.	1	155	155	
	Total général. . .		45	18497	2412	

ec les indications des principales garnisons à faire.

des divis.	NOMS DES GÉNÉRAUX.	Num. des Corps.	Bataillons ou escadr.	Force des Prés.	Chevaux.	OBSERVATIONS.
	ARMÉE DE CATALOGNE.					
	Génér. comte Maurice Mathieu.	18e lég	2	1080		
		5e ligne.	2	1500		Le 2e. bat. désigné pour res-ter à Barcelonne.
	Gén. de br. Ordonneau.	1er Nass.	1	800		
		20e lig.	2	1046		
		79e id.	2	1452		
		42e id.	1	472		
2e	Général Lamarque.	23e lég.	2	1070		
	Gén. de brig. Petit. . .	67e lig.	2	1404		Y compris l'incorporation des soldats du 23e. de ligne.
		60e id.	3	2038		
	Id. Beurmann.	115e id.	3	2353		Y compris le 3e. bat. annoncé par le duc de Dalmatie, fort de 880 hommes.
	TOTAL. . . .		20	13215		
Cavalerie.		29e chass.	4	576	576	Attendu les remontes en marche.
		Nassau ...	3	300	300	Promis par le duc de Dalmat.
	TOTAL GÉN. de l'armée de Catalogne		27	14091	876	
	TOTAL GÉN. de l'armée d'Aragon . .		45	18497	2412	
	TOTAL présumé des deux armées.		72	325 8	3288	

Garnisons projetées en l'absence

NOMS DES GÉNÉRAUX.	NUMÉROS des CORPS.	Bataillons ou Escadrons.	Force des Présens.	Chevaux.
BARCELONNE.				
	143e ligne.	4	2700	
	Nassau . .	1	800	
Généraux	7e ligne.		500	
Nicolas	44e id.		600	
et	18e léger.	Conscrits.	400	
Guillemot.	5e ligne.		200	
	20e id.		250	
	42e id.		100	
Artillerie et sapeurs.			400	
Total. . .		5	5950	
HOSTALRICH.				
De divers corps.			300	
GIRONNE.				
	102e ligne.	2	1115	
	3e léger.		100	
Le gén. Espert	115e ligne.		200	
de la Tour,	67e id.		250	
command. la	60e id.	Conscrits.	200	
Haute - Catal.	102e id.		300	
provisoirem.	79e id.		150	
	23e léger.		300	
Total. . .		2	2615	

momentanée de l'armée.

NOMS DES GÉNÉRAUX.	NUMÉROS des CORPS.	Bataillons ou Escadrons.	Force des Présens.	Chevaux.
	FIGIÈRES.			
	32ᵉ léger.	1	529	
	121ᵉ ligne.		200	
	114ᵉ id.		300	
	81ᵉ id.	Conscrits.	300	
	116ᵉ id.		350	
	1ᵉʳ léger.		250	
	14ᵉ ligne.		500	
	16ᵉ id.		100	
	117ᵉ id.		250	
	Total. . .	1	2779	

POUR LES COMMUNICATIONS. — TROUPES DISPONIBLES.

Bataillon de Bayonne . . .		501	
Wurtzbourg.		264	
Gendarmerie impériale . .		984	
Espagnols		354	
Total. . .		2103	

RÉCAPITULATION.

Barcelonne	5950	hommes.
Hostalrich	380	»
Girone	2615	»
Figuières	2779	»
Pour les communications. .	2103	»
Total général. . .	13747	hommes.

N. 14. — *Le maréchal duc de Dalmatie à M. le maréchal duc d'Albuféra.*

Saint-Jean-Pied-de-Port, 14 octobre 1813.

J'ai l'honneur de vous prévenir que j'ai donné ordre au régiment de chasseurs à cheval de Nassau, fort de deux cent cinquante hommes montés, de partir le 17 de ce mois des environs de Pau, pour se rendre à Perpignan où M. le comte Decaen que j'ai prévenu, lui enverra des ordres pour continuer sa marche pour entrer en Catalogne.

Je me propose également de faire partir dans quelques jours, pour la même destination, le 4ᵉ bataillon et deux compagnies du 5ᵉ bataillon du 115ᵐᵉ régiment de ligne, afin de mettre M. le comte Decaen à même de renvoyer à l'armée d'Espagne le bataillon provisoire de Bayonne, qui est en Catalogne.

Aussitôt que les circonstances pourront me le permettre, je vous enverrai aussi le général Paris avec les troupes de l'armée d'Aragon qui sont avec lui; j'espère que, malgré les évènemens qui sont survenus, je pourrai incessamment le mettre en marche; mais j'ai dû le rapprocher de Saint-Jean-Pied-de-Port pour qu'il fût dans le cas d'appuyer au besoin les troupes que j'ai sur ce point.

Le 7 de ce mois, l'armée ennemie qui m'est opposée a repris ses opérations; elle a passé la Bidassoa et s'est établie sur les hauteurs de la rive droite. *Ses progrès ont été arrétes par les camps retranchés que j'ai fait élever sur les deux rives de la Nivelle jusqu'à Saint-Jean-Pied-de-Port, mais les deux armées continuent à étre en présence, et tout semble annoncer une prochaine affaire générale,* à moins que l'ennemi qui, malgré sa supériorité numérique, se retranche aussi de son côté, ne prenne bientôt ses quartiers d'hiver, ainsi que le mauvais temps ne peut tarder de l'y obliger.

Lord Wellington a avec lui cent quinze mille hommes d'infanterie, beaucoup d'artillerie et une nombreuse cavalerie, mais cette dernière arme ne peut lui servir.

Les conscrits commencent à arriver, ils sont animés d'un bon esprit; dans peu, ils feront de bons soldats. Je suis prévenu que ceux qui sont destinés pour votre armée, arrivent aussi à Perpignan.

La dernière lettre que j'ai reçue de V. E. est du 22 septembre, j'imagine qu'il ne s'est rien passé de vos côtés, ou que du moins tout a été à votre avantage. *Je vous serai très reconnaissant, M. le maréchal, si vous avez la complaisance de me faire donner le relevé des corps ennemis qui sont devant vous.* Incessamment je vous enverrai l'état, par corps, de l'armée ennemie qui m'est opposée;

il me paraît utile que vous et moi nous ayons ces états, pour fixer nos idées sur les changemens qui pourraient survenir dans ces armées.

Les dernières lettres que le ministre de la guerre m'a écrites sur les opérations projetées, n'annoncent pas que l'Empereur ait encore fait connaître ses intentions à ce sujet. D'ailleurs, ce qui se passe de mon côté ne me permettrait pas d'entreprendre en ce moment les opérations. Cependant, divers préparatifs que j'avais ordonnés, continuent à s'exécuter, les ministres de la guerre et de l'administration de la guerre ont même donné des ordres en conséquence, et je présume que c'est avec l'agrément de S. M. ; *ainsi, je crois que nous aurons occasion de mettre ce plan à exécution.*

N. 15. — *Le maréchal duc de Dalmatie au maréchal duc d'Albuféra.*

Saint-Jean de Luz, 19 octobre 1813.

J'ai reçu les lettres que vous m'avez fait l'honneur de m'écrire les 29 septembre et 13 de ce mois ; je m'empresse de vous remercier des renseignemens renfermés dans la première. A ce sujet, je dois vous prévenir qu'il paraît vraisemblable que le général Picton a été de sa personne en Catalogne ; du moins, depuis quelque temps il n'est point question de lui quoique sa division soit devant nous, mais je ne crois pas qu'il ait emmené des troupes avec lui : les rapports que j'ai reçus de la Navarre et d'Aragon, confirment qu'il n'est passé aucune troupe anglaise, prenant cette direction. Jusqu'à présent, lord Wellington a gardé avec lui tous les renforts qu'il a reçus ; il a aussi fait porter en ligne une partie du corps espagnol du duc del Parque, ainsi que le corps de Mina.

J'ai eu l'honneur de vous écrire, le 14 de ce mois, pour vous instruire que le 7, l'armée ennemie avait passé la Bidassoa, et que je m'attendais à une affaire générale. Cette affaire n'a pas encore eu lieu, mais nous sommes toujours en présence, et je ne crois pas que l'armée ennemie se retire sans s'engager, soit de son propre mouvement, soit que je la provoque.

Dans cette situation, j'ai dû faire porter le général Paris, avec une partie des troupes sous son commandement, sur Saint-Jean-Pied-de-Port ; il est cependant prévenu qu'il doit se tenir prêt à se mettre en route pour vous joindre, et mon intention est de le faire partir aussitôt que tout ceci sera un peu éclairci. Du reste, cela ne retardera pas le mouvement projeté, car j'aurai moi-même des dispositions préparatoires à faire. qui demanderont du temps.

« Lorsque cela aura lieu, » je ferai diriger sur Puycerda toutes les troupes qui pourront être retirées des départemens de l'Arriège, Haute-Garonne et Pyrénées-Orientales ; mais il conviendra que

vous laissiez sur ce point un officier-général et quelques détachemens de troupes reglées, pour diriger l'emploi de ce que j'enverrai.

J'ai eu l'honneur de vous prévenir que j'avais fais partir le régiment de chasseurs à cheval de Nassau pour Perpignan , où M. le
général comte Decaen lui fera parvenir des ordres.

La conscription continue à bien aller; il y a cependant quelques
retardataires qui, je n'en doute pas, seront obligés à rejoindre.

On m'a écrit de Navarre, que le duc del Parque a été arrêté et
conduit à Cadix.

Il est probable que les salves d'artillerie qu'ont fait, le 13 de ce
mois, les batimens anglais devant Barcelone , avaient pour objet le
passage de la Bidassoa par l'armée ennemie.

N. 16. — *Le maréchal Suchet au maréchal Soult.*

Quartier-général à Barcelone, le 20 octobre 1813.

Monsieur le maréchal,

Votre dépêche du 14 m'est parvenue hier matin ; j'ai appris avec
intérêt les ordres que vous avez donnés aux chasseurs de Nassau et
ceux que vous vous proposez de faire incessamment exécuter au 3ᵐᵉ
bataillon du 115ᵐᵉ, ainsi qu'au général Paris.

V. E. me fait l'honneur de m'annoncer que lord Wellington a
repris ses opérations et a passé la Bidassoa ; d'après vos expressions,
j'étais fondé à croire qu'il n'y avait pas eu d'engagement : le ministre
m'a transmis des détails que j'aurais été bien reconnaissant d'apprendre par vous-même. Le retard qu'a mis l'ennemi à continuer d'o-
pérer offensivement, me donne l'espérance que, comme vous le
pensez, le mauvais temps l'obligera à prendre ses quartiers d'hiver.

Je fais dresser le tableau des corps ennemis qui sont devant moi ;
en attendant, je puis vous apprendre que le corps de Bentinck se
compose de quinze mille hommes, vêtus de rouge , de sept mille
espagnols organisés, commandés et payés par des anglais, des premier et deuxième corps espagnols, aux ordres des généraux Copons
et d'Eliot, ensemble trente deux mille hommes ; l'Empecinado et
Longa, avec huit mille hommes, sont devant Tortose. Le bruit se
répand que le général Morillo vient avec dix mille hommes , pour
remplacer le général Copons, qui est nommé gouverneur de Madrid.

Un fourrage de nos troupes a été attaqué le 16 par quinze cents
Espagnols , qui ont été repoussés avec perte; le convoi est arrivé à
sa destination : nous avons tué ou blessé plus de cent hommes;
notre perte est de onze hommes blessés ou tués.

Le départ de Bentinck et l'affaire du 3 septembre ont rendu les

epuemis assez circonspects ; ils s'occupent à se retrancher ; ils
essayèrent un mouvement offensif le 14 de ce mois, mais ils se re-
tirèrent avant de l'entreprendre réellement.

Je continue de tout disposer pour le mouvement projeté, parce
qu'à tout évènement les préparatifs ne peuvent être qu'avantageux
à nos opérations.

L'armement et l'approvisionnement de Barcelone sont terminés ;
il s'est fait de grands efforts, et cette importante place est dans un
état respectable de défense et d'approvisionnement ; je regrette
seulement de songer que je serai obligé d'y laisser huit mille hommes
de bonnes troupes, dans le cas où il faudrait s'en éloigner.

Je vous renouvelle, etc.

N. 17. *Le maréchal duc de Dalmatie à M. le maréchal duc d'Albuféra.*

Saint-Jean de Luz, 23 octobre 1813.

Je m'empresse de vous faire part que des déserteurs anglais et
espagnols, qui sont arrivés hier à Saint-Jean-Pied-de-Port, ont rendu
compte que la garnison de Pampelune était sortie de cette place le
20 à la pointe du jour, et qu'elle s'est dirigée sur l'Aragon. Ils
assurent qu'un officier espagnol commandant la grand'-garde la plus
rapprochée de la ville, à facilité son départ, que les troupes du blocus ne s'en sont aperçues que très tard, et qu'il n'était resté dans la
place que cent cinquante Français malades.

Cette nouvelle demande encore confirmation ; cependant elle
peut être vraisemblable, d'autant plus que le canon de Pampelune,
que l'on entendait tous les jours des avant-postes de Saint-Jean-
Pied-de-Port, a cessé de tirer depuis le 19 à dix heures du soir.

J'ai envoyé des ordres sur toute la frontière, pour que l'on fit en sorte
d'avoir des renseignemens sur la marche de la garnison de Pampelune,
et qu'on se tînt en mesure de la protéger si elle se présentait ; mais
comme il pourrait arriver que cette garnison, si elle est effectivement
sortie, fût obligée de se jeter en Catalogne, V. E. serait à même de
l'accueillir.

Je fais part de cette même nouvelle à M. le comte Decaen.

Notre situation n'a éprouvé aucun changement depuis la lettre que
j'ai eu l'honneur de vous écrire le 19. Nous sommes toujours en
présence dans l'attente d'un engagement général. Si la garnison de
Pampelune est sortie, il est probable que cette circonstance hâtera
le dénoûment.

N. 18. *Le maréchal duc de Dalmatie à M. le maréchal duc d'Albuféra.*

Saint-Jean de Luz, le 26 octobre 1813.

J'ai eu l'honneur de vous écrire, il y a trois jours, que plusieurs déserteurs anglais et espagnols, avaient positivement annoncé que la garnison de Pampelune était sortie le 20 au point du jour, et s'était dirigée sur l'Aragon. Cette nouvelle s'est trouvée fausse. Depuis, on a entendu de Saint-Jean-Pied-de-Port le canon de Pampelune, et les émissaires, ainsi que d'autres déserteurs, ont rapporté que la garnison avait effectivement fait une sortie, et qu'elle avait pris une batterie, mais qu'elle était rentrée dans la place.

Nous sommes toujours dans la même situation, aucun changement apparent n'a eu lieu dans la position des armées ; cependant les ennemis paraissent se préparer à forcer ma gauche, et dans cette vue, ils ont fait arriver à Roncevaux un équipage de pont ; il est probable qu'ils attendent la reddition de Pampelune pour recommencer leurs opérations. Quoiqu'il en soit, j'espère qu'ils nous trouveront partout en mesure ; l'armée est aujourd'hui beaucoup plus concentrée qu'elle n'était sur la Bidassoa où elle ne pouvait tenir qu'une avant-garde au lieu qu'à présent, elle est sur sa ligne de bataille. Sous ce rapport, nous avons plutôt gagné que perdu, d'autant plus qu'il m'est beaucoup plus facile de me préparer aux opérations concertés que je ne le pouvais auparavant.

J'ai l'honneur de vous adresser l'état de situation et d'emplacement de l'armée ennemie qui m'est opposée ; vous pouvez considérer cet état comme très exact, et que la force des corps est plutôt réduite qu'augmentée ; toutes les non-valeurs ont été distraites. Il y manque plusieurs détachemens qui ont rejoint, dont je n'ai pas la composition. La cavalerie est surtout beaucoup plus nombreuse ainsi que l'artillerie ; les divisions du duc del Parque qui sont portées sur l'état aux environs de Pampelune, ont été rapprochées de la ligne.

Je désirerais, M. le maréchal, qu'il vous fût possible de faire dresser un pareil état de l'armée ennemie qui vous est opposée, et que vous eussiez la complaisance de me l'adresser.

J'ai reçu aujourd'hui la lettre que vous m'avez fait l'honneur de m'écrire le 20. Vous remarquerez sur l'état de l'armée ennemie que je vous envoie, que la division de l'Empecinado n'a pas bougé de la *Navarre ;* elle doit même se mettre en marche pour se porter en ligne avec les autres divisions du duc del Parque, ainsi que je viens de le dire ; que la division Morillo est à Orbayeet, d'où elle fournit aux avant-postes devant Saint-Jean-Pied-de-Port, et que *Longa* est sur l'un des contreforts de la montagne de la Rune, devant moi.

Nous recevons tous les jours des déserteurs de ces dernières divisions. Je puis donc vous assurer qu'aucune de ces troupes n'a été
dirigée vers la Basse-Catalogne, et que l'on pense moins à en
envoyer sur ce point qu'à renforcer l'armée de lord Wellington.

J'ai vu dans une lettre que vous avez écrite le 13 de ce mois à
M. le comte Decaen, que vous aviez demandé au ministre de la
guerre à être autorisé à faire entrer en Catalogne les conscrits qui
se réunissent à Perpignan. Je pense que vous êtes libre d'en donner l'ordre lorsque vous le jugerez convenable. J'ai écrit dans ce
sens au ministre, ainsi qu'au général commandant à Perpignan.

Je vous remercie d'avoir bien voulu me faire part que l'armement
et l'approvisionnement de Barcelone sont complétés.

Je ne puis que vous affermir dans les dispositions préparatoires pour l'exécution du plan d'opérations projeté. Je suis persuadé qu'il aura lieu, et je pense que le passage de la Bidassoa par
l'ennemi, au lieu de nous en empêcher, m'en donnera la facilité.

N. 19. — *Le maréchal Suchet au maréchal Soult.*

Quartier-général à Barcelonne, le 28 octobre 1813.

Monsieur le Maréchal.

J'ai reçu la lettre de V. E. datée du 19 de ce mois; j'y vois avec
plaisir que l'ennemi n'a point entrepris d'opérer de nouveau contre vous; j'ai remarqué surtout avec bien de l'intérêt dans votre
dépêche, que vous étiez vous-même en position de prendre l'initia-
tive, puisqu'il était possible que vous fussiez dans le cas de le provoquer à combattre avant qu'il ne se retirât.

Les ennemis que j'ai devant moi font depuis deux jours des
mouvemens qui n'ont rien encore d'offensif, mais qui semblent
tendre à ce but. Six cents chevaux ont été embarqués à *Salo*,
où ils ont réuni un grand nombre de chaloupes canonnières.

Je regrette vivement, M. le Maréchal, de ne pas pouvoir disposer de quarante mille hommes pour marcher tout de suite; ce
mouvement de manœuvre aurait un succès infaillible et obligerait
bientôt Wellington à quitter la portion de notre territoire où il
s'est établi (1).

J'attends la réunion de la brigade Pâris ainsi que des

____

(1). Voyez l'observation préliminaire.

autres troupes qui appartiennent aux armées d'Aragon et de Catalogne, et le signal de coopérer à l'exécution du plan projeté.

Je vous prie d'agréer, etc.

P. S. Si le signal se faisait attendre, je serais forcé par le manque absolu de paille, à me retirer de la ligne du Lobregat, et j'en éprouverais une peine très vive.

N. 20. — *Le maréchal Suchet au maréchal Soult.*

Barcelonne, 4 novembre 1813.

Monsieur le Maréchal,

Les mouvemens de l'ennemi qui est en face de moi prennent chaque jour une tournure plus offensive et je m'attends à être attaqué au premier moment, j'espère d'être en mesure quoique la difficulté de faire vivre les troupes et les chevaux dans un pays dénué de tout, m'ait obligé de les étendre fort au loin; quatre déserteurs du 44me régiment anglais et de la légion hanovrienne, arrivés hier à mes avant-postes, annoncent l'arrivée du général Graham avec des renforts; je pense que c'est une nouvelle anticipée, puisque les rapports de mes émissaires ne me donnent encore aucune certitude à cet égard.

J'ai reçu les lettres de V. E. en date des 23 et 26 octobre, ainsi que l'état des armées ennemies qui lui sont opposées: je pense que quelques corps espagnols qui y sont portés, doivent être fort en arrière, particulièrement le corps de Durand qui est employé à faire le siége de Morella sur les frontières d'Aragon et de Valence. Je vous communiquerai par le premier courrier la composition des armées qui opèrent contre la mienne.

Le ministre de la guerre ayant autorisé l'entrée des conscrits en Catalogne, je donne des ordres dans les dépôts qui m'ont été désignés, et je vous réitère, M. le Maréchal, que puisque l'exécution du plan projeté vous paraît encore praticable, je continue de mon côté à me mettre en mesure pour y coopérer, quoiqu'aucune des dispositions préliminaires que j'avais indiquées n'ait encore été prescrite.

Recevez, etc.

N. 20 bis. *Le ministre de la guerre à M. le maréchal duc d'Albuféra.*

27 novembre 1813.

Monsieur le Maréchal,

L'empereur a jeté les yeux sur la situation des places de *Sagonte,* de *Peniscola* et de *Tortose,* ainsi que sur la force des garnisons qui les défendent, et S. M. a jugé qu'il serait convenable de *rappeler les garnisons, en faisant sauter les places.*

L'empereur désire encore qu'il lui soit adressé un rapport sur la situation de Méquinenza, qui a quinze cents hommes de garnison et sur celle de Lerida qui en a deux mille. S. M. demande si vous ne pourriez pas faire une opération pour communiquer avec ces places, en retenir les garnisons, en détruire l'artillerie et en employer les poudres à faire sauter les fortifications ; j'ai l'honneur d'inviter V. E. à m'adresser le plutôt possible le rapport que S. M. désire à ce sujet.

S. M. trouve en outre que les armées de Catalogne et d'Aragon ne tiennent *pas en échec des armées proportionnées à leur force personnelle* ; S. M. pense qu'il faudrait que V. E. poussât un gros corps sur Lérida, pour menacer Saragosse et rappeler de ce côté une portion des forces que le duc de Dalmatie a devant lui.

Cet ordre de l'empereur, que je vous transmets à-peu-près textuellement, vous indique, M. le maréchal, la direction à donner en ce moment à vos opérations. Je prie V. E. de vouloir bien me faire part, le plutôt possible, des dispositions qu'elle aura faites en conséquence.

N. 21. *Le maréchal duc de Dalmatie au maréchal duc d'Albuféra.*

Bayonne, 1er décembre 1813.

Monsieur le Maréchal,

Dans les bureaux de la guerre, on a mis, par erreur, sous mon couvert, une lettre que le ministre vous a écrite le 24 novembre, pour vous prévenir que l'empereur vous a nommé colonel-général de la garde impériale. Je m'empresse de vous remettre cette lettre, et je saisis cette occasion pour vous faire mes sincères félicitations, en vous témoignant tout le plaisir que j'éprouverai de me trouver, en cette qualité, plus souvent en rapport avec vous.

Il y a quelque temps que je n'ai reçu de vos nouvelles; cela me fait craindre qu'en Catalogne les communications ne soient pas très faciles.

Depuis la lettre que j'ai eu l'honneur de vous écrire le 22 novembre dernier, il n'est rien survenu; les armées sont dans la même position et il paraît que le mauvais temps nous forcera, de part et d'autre, à interrompre les opérations.

N. 22. *M. le maréchal Suchet à M. le maréchal Soult.*

Quartier-général de Girone, le 13 décembre 1813.

Monsieur le Maréchal.

J'ai été extrêmement sensible aux expressions contenues dans la lettre que vous m'avez fait l'honneur de m'écrire le 1er du mois courant. Le souvenir de S. M. me devient plus précieux encore par le nouveau lien qu'il forme entre V. E. et moi, et les rapports plus intimes qu'il établit; permettez-moi de vous témoigner combien je m'en félicite.

L'empereur vient d'ordonner le désarmement et le renvoi en France de tous les Allemands; cette mesure, que l'expérience a rendu nécessaire, me fait cependant de la peine; je croyais pouvoir compter sur ceux qui sont avec moi; néanmoins comme le décret de l'empereur doit être exécuté, et que je pense que V. E. aura reçu des ordres semblables, je vous prie, M. le maréchal, de me faire connaître l'époque à laquelle vous effectuerez cette disposition. Je suis d'avis que, pour éviter toute espèce d'inconvénient, cette opération doit être faite simultanément; j'attendrai vos communications à cet égard.

Je suis venu passer quelques jours à Girone, conservant toujours ma position sur le Llobregat. Les ennemis ont fait et font encore des mouvemens qui, jusqu'ici, sont sans résultats.

Je me trouve singulièrement réduit dans le nombre de mes troupes; je perds à la fois deux mille cinq cents Italiens, deux mille cinq cents hommes pour les cadres des 6mes bataillons, mille gendarmes d'élite, et près de trois mille Allemands. Les conscrits ne sont pas prêts à remplacer de pareilles troupes.

Je vous renouvelle, etc.

N. 23. — *Le Maréchal duc de Dalmatie à M. le maréchal duc d'Albuféra.*

Peyrehorade, le 9 février 1814.

Je suis prévenu que les troupes anglaises qui étaient devant vous sont ou doivent incessamment se mettre en marche pour venir joindre l'armée de lord Wellington; l'on dit même que l'armée espagnole dite d'Alicante, qui était avec ces troupes, doit se rendre à la même destination, et *qu'elle est déjà arrivée en Navarre.*

Lord Wellington se dispose à entrer en campagne, il est même certain que déjà il aurait repris les opérations, si le mauvais temps ne l'avait forcé à suspendre. Ses moyens sont infiniment supérieurs à ceux que je puis lui opposer. Il est vraisemblable que, lorsque ma lettre vous parviendra, les premières affaires auront eu lieu.

Le ci-devant duc d'Angoulême et plusieurs autres émigrés de marque sont arrivés le 4 de ce mois à Saint-Jean-de-Luz, où est le quartier de lord Wellington; ils ont des projets très vastes qui, je l'espère, ne se réaliseront pas.

Ce que j'ai pu démêler du plan des ennemis me porte à croire qu'ils dirigeront sur moi toutes les forces anglaises, espagnoles et portugaises, dont ils peuvent disposer, et qu'ils ne feront de vos côtés que des démonstrations, dans la persuasion que leurs progrès dans cette partie vous obligeront tôt ou tard à évacuer la Catalogne, sans que vous soyez fortement attaqué de front.

J'ai l'honneur de vous prévenir de tout cela, *afin que vous puissiez en conséquence préparer vos dispositions....* J'en rends aussi compte au ministre de la guerre par courrier extraordinaire, et je le prie de prendre les ordres de l'Empereur. Je lui fais aussi observer que, pour opposer une digue au torrent, il serait peut-être à propos que vous eussiez l'ordre d'évacuer la Catalogne, et que la majeure partie des troupes qu'il y a, vînt se réunir à marche forcée à l'armée d'Espagne, bornant la défense du côté du Roussillon à celles de nos places fortes qui seraient pourvues de bonnes garnisons et bien approvisionnées, et au centre desquelles il resterait un corps d'observation.

En vous faisant cette communication, je vous prie, M. le maréchal, de vouloir bien me faire connaître ce qui se passe de vos côtés et ce qui surviendra.

Signé, DUC DE DALMATIE.

N. 23 bis. *Le duc de Dalmatie au ministre de la guerre.*

Peyrehorade, le 9 février 1814.

La personne de confiance qui se rend près de S. E. le ministre de la police générale, de laquelle je vous ai parlé dans mon dernier rapport, m'a dit que l'on préparait en Angleterre une forte expédition, qui doit être dirigée sur les côtes de la douzième division militaire; le ci-devant duc de Berri doit venir avec elle; l'on croit, au quartier-général anglais, que cette expédition aurait déjà opéré son débarquement, si le temps l'eût permis, mais l'on compte bien positivement qu'il aura lieu dans quelques jours.

Je viens d'écrire au général Rivaud pour le prévenir de cela, et lui ordonner de prendre sur-le-champ des dispositions en conséquence, desquelles il rendra compte à V. E., ainsi qu'à M. le commissaire extraordinaire de l'Empereur dans la douzième division.

La même personne de confiance que j'ai citée, m'a aussi confirmé que les troupes anglaises qui étaient en Catalogne sont en marche pour venir joindre l'armée de Wellington, ainsi qu'une partie des troupes espagnoles, et que le projet des ennemis est de réunir tous leurs moyens disponibles sur moi, pour mettre à exécution le plan d'opération dont je n'ai cessé d'entretenir V. E. Suivant la même personne, les ennemis n'ont point le projet d'attaquer en Catalogne, ils se bornent à y faire des démonstrations, bien persuadés que leurs progrès dans la partie où je suis, obligeront tôt ou tard M. le duc d'Albuféra à évacuer la Catalogne.

Nos émissaires annoncent déjà l'arrivée en Navarre de l'armée espagnole, dite d'Alicante.

Je préviens de tout cela M. le maréchal duc d'Albuféra, et je le prie de m'instruire de ce qui se passe de son côté, je l'invite même à se tenir prêt à exécuter les ordres qu'il recevra infailliblement de V. E.

Il me paraît, M. le duc, que dans la circonstance où nous sommes il n'y a point à hésiter; il faut que la Catalogne soit évacuée, et que toutes les troupes disponibles qu'il y a, infanterie, cavalerie et artillerie me soient envoyées à marche forcée, après qu'on aura pourvu par de bonnes garnisons à la défense des places de la dixième division militaire, près desquelles il ne restera qu'un simple corps d'observation pour rallier les gardes nationales, qui avec ce corps seront chargées de garder la frontière. Je vous prie, M. le duc, de rendre compte à l'Empereur du contenu de ma lettre, et de me faire parvenir le plus tôt possible des ordres en conséquence, en m'instruisant de ceux qui seront donnés à M. le duc d'Albuféra. Si nous perdons du temps nous serons prévenus par les ennemis, et les maux qui en résulteront seront effroyables. Je crains même qu'une fausse sécurité n'ait déjà nui au service de S. M., et n'ait exposé les départemens du Midi à une invasion des ennemis.

La personne de confiance qui m'a fourni ces renseignemens m'a dit également que le ci-devant comte d'Artois à dû partir de Londres pour se rendre au quartier-général de l'empereur de Russie, et que la princesse, femme du duc d'Angoulème, doit débarquer à Bordeaux, aussitôt que l'armée anglaise se sera approché de cette ville.

Ne doutez pas, M. le duc, de tout ce que je vous dis. Je déclare à V. E. qu'en mon particulier, j'en ai la conviction la plus intime, ainsi faisons en sorte de prévenir et d'empêcher toutes les calamités que les ennemis nous préparent.

A ce sujet, je supplie V. E., de faire mettre à ma disposition la totalité des troupes que l'Empereur n'aura pas appelés à la grande armée, et qui ne sont pas nécessaires au nord ou dans les départemens de l'ouest, pour les préserver d'une invasion; car il est instant d'opposer une digue insurmontable au torrent qui menace d'inonder le midi de l'empire.

Je fais partir ma lettre par estafette extraordinaire, j'ai l'honneur de prier V. E. de vouloir bien m'en accuser réception. Je la prie aussi de m'écrire quelquefois *M.*   et sur les évènemens qui surviennent.

Signé DUC DE DALMATIE.

N. 23 ter. *Le ministre de la guerre au maréchal duc de Dalmatie.*

15 février 1814.

M. le Maréchal,

Je viens de recevoir et de transmettre à l'empereur la dépêche en date du 9 de ce mois, que vous m'avez fait l'honneur de m'expédier par estafette extraordinaire.

Le contenu de cette dépêche est d'une telle importance, que je ne puis douter que l'empereur, au milieu des opérations actives qui remplissent tous ses instans, n'y donne une attention extrême. Je ne puis qu'approuver, en attendant les instructions que S. M. jugera propos de me faire parvenir, les ordres et avis que vous avez adressés au général commandant la douzième division militaire.

Je dois informer en même temps V. E., que M. le maréchal duc d'Albuféra a déjà exécuté en partie les dispositions proposées dans votre lettre; c'est-à-dire qu'il s'est rapproché de la frontière, après avoir laissé dans Barcelone une garnison de sept à huit mille hommes, approvisionnés pour sept mois, mais je dois vous informer également, que soit par le départ des troupes détachées de l'armée de Catalogne et dirigées sur Lyon, soit par la force des garnisons qu'il a laissées dans les places qu'il a quittées, M. le duc d'Albuféra se trouve réduit à n'avoir que douze mille neuf cents hommes de disponibles qui ne peuvent guère plus être considérés que comme un corps d'observation, tel que le demande la sûreté de la frontière. M. le maréchal se trouve en outre, par suite des négociations entamées pour le renvoi du prince Ferdinand, engagé dans l'exécution de diverses dispositions dont il ne peut abandonner la conduite que d'après de nouvelles instructions de S. M. Toutes ces causes réunies, présentent des obstacles, au moins momentanément, au plan d'ailleurs très bien entendu que V. E. propose, et je ne vois qu'une prompte décision de l'empereur qui puisse résoudre tant de difficultés, qui semblent se compliquer entre elles. J'aurai l'honneur de vous transmettre en toute hâte ses intentions, aussitôt qu'elles me seront connues.

J'ai eu soin d'écrire au ministre de la marine sur la nécessité d'armer au plus tôt une flotille pour la défense de la Gironde.

Signé DUC DE FELTRE.

N. 24. — *Le maréchal Suchet au maréchal Soult.*

Quartier-général de Gironne, 13 février 1814

Monsieur le Maréchal,

Je reçois à l'instant, par estafette extraordinaire, votre dépêche du 9, par laquelle vous m'annoncez que les troupes anglaises qui sont devant moi, sont ou doivent se mettre en marche pour l'armée de lord Wellington. Vous ajoutez que l'on dit même que l'armée espagnole, dite d'Alicante, qui était avec ces troupes, doit se rendre à la même destination et qu'elle est déjà arrivée en Navarre.

L'avis que l'on vous donne du départ de l'armée anglo-sicilienne, est au moins prématuré, puisque le 30, mon aide-de-camp, M. de Lusignan, était au quartier-général anglais à Villafranca, où se trouvait le lieutenant-général Clinton, et que le 2 et le 7 de ce mois, les dragons anglais du 20me et les hussards de Brunswick ont été vus aux environs de Barcelone. Quant à l'arrivée en Navarre de l'armée dite d'Alicante, je vous garantis que ce fait est faux. Witingham, seul, de sa perssonne, est à Saragosse, il est remplacé par un maréchal-de-camp. Instruit par plusieurs rapports que lord Wellington avait fait embarquer six mille Anglais à Saint-Sébastien pour joindre le général Graham en Belgique, en même temps que trois mille partaient de Tarragone, je me suis empressé de faire vérifier le fait qui me regardait, et j'ai eu la conviction qu'à l'époque du 2, aucun mouvement de troupes n'avait été fait. Depuis lors, je tiens au quartier-général anglais deux émissaires uniquement chargés de m'apporter l'avis du départ de cette armée, si elle a lieu, ce que je m'empresserai de vous faire savoir.

Je vois, par ce que vous me marquez avoir écrit au ministre de la guerre, que vous n'êtes pas instruit de la force de l'armée que je commande. Après avoir vu s'éloigner successivement de l'armée dix mille hommes à la fin de l'année dernière, j'ai dû faire partir dix mille hommes en poste sur Lyon avec les deux tiers de ma cavalerie; contraint, par cette diminution de forces, de me rapprocher des Pyrénées, j'ai dû laisser, d'après les ordres de l'Empereur, huit mille hommes de garnison à Barcelonne, et depuis le 2 de ce mois, je ne communique plus avec cette place que par émissaires. Il ne me reste donc environ de disponibles que dix à onze mille hommes d'infanterie et sept cents chevaux. S'il arrivait que l'Empereur adoptât le plan que vous avez proposé, je ne prévois pas qu'après avoir fourni les garnisons de Roses, Figuières, Perpignan (qui exige six mille hommes) (1), Port-Vendre, etc., il fut possible de disposer de deux à trois mille hommes pour arrêter l'ennemi qui deviendra sûrement plus entreprenant, dès l'instant que Wellington, ayant attiré tous les Anglais à lui, aura cédé aux instances des Espagnols, qui depuis long-temps demandent à agir seuls sur un point de nos frontières. Du reste, M. le duc, je dois vous l'avouer, si dans les circonstances importantes où nous nous trouvons, j'entrevoyais la possibilité de laisser sans danger les frontières des Pyrénées-Orientales à découvert, et de disposer d'un corps de troupes, après avoir pourvu aux garnisons des places de la Catalogne et du Roussillon, je conjurerais l'Empereur de me permettre de lui porter en poste le peu de troupes qui me reste, pour combattre sous ses yeux et le servir plus efficacement au sein de la France en aidant à délivrer le territoire envahi par les armées des puissances coalisées.

Hier, cinq vaisseaux de ligne anglais ont canonné vivement Pamalos qui est le dernier petit établissement que je conserve encore sur la côte. Dans la même journée, quarante-deux voiles ont été en vue de la côte, et les Espagnols ont fait avancer huit mille

______

(1) La fixation arrêtée par les ministres était de 5,600 hommes.

hommes sur Amer qui est à deux lieues de Gironne, comme pour menacer mon flanc droit et m'obliger à quitter la ville.

    Agréez, etc.

P. S. Je prie V. E. de faire parvenir les lettres incluses au général Harispe.

N. 25. — *Le ministre de la guerre au maréchal duc d'Albuféra.*

15 février 1814.

    Monsieur le maréchal,

Je réponds aux lettres que V. E. m'a fait l'honneur de m'écrire le 3 et le 4 du courant; j'en ai mis aussitôt le contenu sous les yeux de l'Empereur.

V. E. a dû dans l'intervalle, recevoir des dépêches de M. le maréchal duc de Dalmatie, qui s'attend à voir opérer au premier jour un débarquement sur les derrières de son armée, et qui regarde comme instant que vous lui ameniez des renforts à *marches forcées*, persuadé que vous pouvez à la fois effectuer cette disposition, et laisser sur la frontière un corps d'observation suffisant pour la couvrir. Le maréchal paraissait ignorer que vous aviez déjà détaché *dix mille* hommes sur Lyon et que vous aviez abandonné Barcelouc en y laissant garnison. Il ignorait également les nouvelles instructions que j'ai eu l'honneur de vous transmettre au nom de l'Empereur, pour la rentrée en Espagne du prince Ferdinand.

Une telle complication de difficultés m'a paru ne pouvoir se résoudre que par une décision expresse de S. M., je lui ai demandé ses instructions à cet égard, et j'ai informé M. le maréchal duc de Dalmatie de l'état des choses, j'aurai soin de transmettre en toute hâte à V. E. les ordres de l'Empereur, aussitôt qu'ils me seront parvenus.

Signé DUC DE FELTRE.

N. 26. — *Le maréchal duc de Dalmatie à M. le maréchal duc d'Albuféra.*

Vic de Bigorre, 12 mars 1814.

Depuis la lettre que j'ai eu l'honneur de vous écrire le 28 février dernier, l'armée a soutenu de nouveaux combats à *Cazérès* et à *Aire*, et je l'ai portée sur le Haut-Adour entre *Vic de Bigorre* et *Plaisance* pour lui faire prendre quelques jours de repos et la disposer à marcher de nouveau aux ennemis qui ont concentré leur armée sur les deux rives de l'Adour du côté d'*Aire* et de *Barcelonne.* Aujourd'hui je commence mon mouvement. Les ennemis ont envoyé des partis vers la Basse-Garonne, mais je n'ai p.s encore appris qu'ils y avaient dirigé des colonnes dans l'objet de s'emparer de *Bordeaux.* J'espère que mon mouvement forcera tous ces détachemens à revenir.

Je reçois à l'instant la lettre que vous m'avez fait l'honneur de m'écrire le 8, D'après l'avis que le ministre de la guerre m'a donné des ordres qui vous ont été adressés, j'ai de suite donné ordre au général Travot, commandant la dixième division militaire, de tenir à votre disposition les levées de gardes nationales et les corps de volontaires que le général Lafitte organise dans les départemens de l'*Arriège*, de l'*Aude* et des *Pyrénées-Orientales.*

Je lui ai aussi ordonné d'envoyer à *Carcassonne* et à *Narbonne* les dépôts des 14ᵉ et 116ᵉ, 117ᵉ régimens de ligne qui recrutent pour votre armée.

M. le comte Cafarelli, commissaire extraordinaire de l'Empereur dans la dixième division militaire, me fait observer que si vous disposiez des gardes nationales et des volontaires de l'*Arriège* pour les places et postes militaires des Pyrénées-Orientales, les débouchés qui donnent dans le département de l'Arriège, se trouveraient entièrement à découvert, et qu'il est cependant d'une grande importance de les faire garder. Je ne doute pas que, dans l'emploi de ces troupes, vous ne compreniez toute la frontière des deux départemens, d'autant plus que si les débouchés sur votre droite étaient dégarnis, votre situation et la mienne n'en seraient que plus embarrassantes.

Le général Saint-Hilaire, qui commande dans le département de la Haute-Garonne, a rendu compte que le fort de *Venasque* se trouve investi par un corps espagnol qui menace de se porter dans la vallée d'*Arau.* Je fais renforcer ce point par le fonds d'une cohorte de Tarn-et-Garonne qui était à *Tarbes.*

Les pertes que les ennemis ont éprouvées depuis l'ouverture de la campagne s'élèvent au moins à dix mille hommes tués ou blessés ; celles de la bataille d'Orthez dépassent six mille hommes. Je n'ai pas perdu la moitié de cela, mais la désertion des conscrits à l'intérieur m'est plus sensible. Vous en jugerez par la proclamation que j'ai été dans le cas de faire à l'armée pour atténuer l'effet de celles que lord Wellington et l'ex-duc d'Angoulême ont fait répandre dans le pays et aussi pour remonter l'opinion ; j'en mets ci-joint deux exemplaires.

N. 27. — *Le maréchal duc de Dalmatie à M. le maréchal duc d'Albuféra.*

Martres, 22 mars 1814.

J'ai l'honneur de vous prévenir que je me trouve dans le cas de me porter avec l'armée sur *Toulouse* où j'espère arriver après-demain. J'ai tenu sur l'*Adour* en remontant jusques vers les sources de cette rivière autant qu'il a été possible. Tous les jours il y a eu quelque engagement; mais il n'y a pas eu d'affaire générale depuis que je vous ai écrit. Il y a une trop grande disproportion dans les forces pour que je puisse me maintenir sans l'appui d'une bonne ligne.

Je ne pense pas que les ennemis cherchent à passer la Garonne au-dessus de *Toulouse*, et tout me porte à croire qu'ils dirigeront leurs opérations vers la Basse-Garonne, où déjà ils ont effectué un passage du côté de *Langon*, lequel n'a pas eu de suite, les troupes qui s'étaient portées à la rive droite étant repassés précipitamment pour rejoindre leur armée lors de mes derniers mouvemens. Etant à Toulouse, je serai plus à même d'empêcher qu'elle se livre à de nouvelles entreprises de cette nature, et je pourrai d'ailleurs pourvoir les troupes de souliers et d'autres choses indispensables dont elles éprouvent un urgent besoin.

Il y a plusieurs jours que je n'ai reçu de nouvelles et j'ignore ce qui se passe de vos côtés; je vous serai très obligé si vous avez la complaisance de m'en instruire.

N. 28. *Le maréchal duc d'Albuféra à M. le maréchal duc de Dalmatie.*

Perpignan, le 27 mars 1814.

Monsieur le Maréchal,

Par votre dernière dépêche, vous m'annoncez que vous portez votre armée à Toulouse. Cette disposition, qui découvre entièrement ma droite semblerait me commander de repasser promptement les Pyrénées et de me porter sur Narbonne. Vous me faites espérer que l'ennemi ne tentera pas de passer la Garonne, au-dessus de Toulouse. Réduit à douze bataillons et six escadrons, je me tiens réuni au-dessus de Figuières pour contenir l'ennemi, favoriser des évacuations de munitions, et donner le temps de s'achever à une négociation pour la rentrée de nos garnisons et la remise de nos places. Si la force des évènemens n'eût pas retardé l'exécution de

cette dernière mesure, les démarches des cortès et des Anglais auraient été déjouées, et déjà ces troupes seraient en ligne. Le retour
du roi Ferdinand doit faire renaître nos espérances, mais il faut du
temps, et je crains que les évènemens ne se pressent trop pour
conclure avec succès.

Je charge le chef de bataillon Mrosinsky, de porter cette dépêche
à V. E.; c'est un officier de confiance, auquel je vous prie de faire
connaître ce que vous pensez des projets de Wellington, et sur quel
point vous vous proposeriez de vous retirer, dans le cas (que je crois
très éloigné) où l'ennemi parviendrait à vous forcer sur Toulouse.
Je ne me détermine à vous faire ces deux questions que par le besoin
que j'ai d'être exactement informé pour prendre un parti, et de
faire diriger à l'avance des munitions sur Narbonne et Montpellier.

N. 29. *Le maréchal duc de Dalmatie à M. le maréchal duc d'Albuféra.*

Toulouse, 29 mars 1814.

Le chef de bataillon Mrozinsky m'a remis la lettre que vous
m'avez fait l'honneur de m'écrire de Perpignan le 27; je ne l'ai
retenu que pour lui donner le temps de prendre quelques heures
de repos, et je vous le renvoie aussitôt.

Je vous remercie d'avoir bien voulu me communiquer la remise
que vous avez faite du roi Ferdinand aux Espagnols. Il est à espérer, que cet évènement contribuera à changer l'état des affaires
dans tout le midi de l'empire; il est seulement fâcheux qu'il
n'ait pas eu lieu quelques mois plutôt. Je ne doute pas de l'effet qu'a
dû produire la présence du roi sur les Espagnols, qui vous sont op-
posés; mais je ne sais si ceux qui sont avec lord Wellington, seront
aussi dociles : du moins il exerce sur eux la plus grande influence,
quoiqu'il n'en fasse aucun cas; mais obtenez la rentrée de nos garnisons ainsi que celle de nos prisonniers qui sont en Espagne, et
vous aurez rendu un très grand service.

Vous êtes sans doute instruit que l'empereur a ordonné la formation d'une armée sur la Dordogne, dite de la Garonne, dont il
a donné le commandement au général Decaen : six mille hommes
des dernières troupes parties de la Catalogne, sous les ordres du
général Beurmann, forment le premier fond de cette armée et doivent arriver à Libourne du 29 au 31 de ce mois. J'espère que cette
réunion de forces dans l'ouest, produira un bon effet, et arrêtera
les progrès des ennemis vers la Basse-Garonne. J'espère aussi qu'il
en résultera une diversion utile, dont peut-être on profitera pour
reprendre Bordeaux.

L'ennemi qui avait marché avec douze ou quatorze mille hommes sur Bordeaux, n'y a laissé qu'une garnison de quatre cents Anglais et six cents Portugais, et deux ou trois mille hommes qui se sont répandus entre la Dordogne et la Garonne. Le surplus est venu joindre lord Wellington, qui est avec toute son armée devant Toulouse.

J'ai fait retrancher le faubourg Saint-Cyprien, qui forme une bonne tête de pont; je ne pense pas que l'ennemi m'y attaque, à moins qu'il ne veuille faire le sacrifice d'une partie de son armée; mais il est probable qu'il cherchera à passer la Garonne au-dessous de Toulouse malgré que l'avant-dernière nuit, il ait fait des démonstrations pour la passer à deux lieues au-dessus. Lorsque cela aura lieu, je marcherai à lui pour le combattre, quelle que soit la disproportion des forces; car il m'importe beaucoup de ne pas être prévenu à Montauban, où je fais aussi établir une tête de pont.

Je n'ai pas appris que les ennemis aient fait passer des troupes sur la rive droite de la Garonne, dans la direction de l'Arriège; je crois même qu'ils ne chercheront pas à le faire, car cela ne les menerait à aucun résultat, leur objet étant de suivre toujours les mouvemens que je fais, de se tenir réunis, et de ne pas trop s'éloigner de la mer. Ainsi je ne pense pas qu'ils se portent de vos côtés, à moins que je ne sois forcé à y venir, et je suis bien déterminé à l'éviter autant qu'il sera en mon pouvoir.

Je lutte contre des forces très considérables, surtout en cavalerie; les habitans qui ont vu défiler celle de l'ennemi, l'élèvent jusqu'à vingt mille hommes. Ce nombre est exagéré, mais je suis persuadé qu'elle est au moins de douze mille hommes, qui se composent de toute la cavalerie anglaise, y compris celle de la garde royale, toute la cavalerie portugaise et deux régimens espagnols, qui sont même restés du côté des places. Je ne puis opposer à tout cela que deux mille hommes de cavalerie légère. Il y a aussi une très grande disproportion entre l'infanterie et l'artillerie.

Si je pouvais rester un mois sur la Garonne, je ferais entrer dans les rangs six à huit mille conscrits qui aujourd'hui m'embarrassent, et qui même manquent encore de fusils; j'en attends avec la plus grande impatience de Perpignan.

J'ai laissé à la disposition du général Laffite une légion de la Haute-Garonne, forte de sept cents hommes, et je lui ai écrit de pousser un parti sur Saint-Gaudens et Saint-Martory, pour inquiéter les derrières des ennemis et avoir des nouvelles; il peut le faire sans inconvéniens en même temps qu'il couvrira le département de l'Arriège.

Je vous communique par la copie ci-jointe, une nouvelle proclamation que lord Wellington vient de faire, en réponse à la mienne du 8 de ce mois.

N. 30. — *Le maréchal duc de Dalmatie à M. le maréchal duc d'Albuféra.*

Toulouse, 31 Mars 1814.

Je m'empresse de vous prévenir que la nuit dernière, l'ennemi a jeté un pont sur la Garonne, au-dessus du confluent de l'Arriège, où il a fait passer une colonne qui a été jugée de dix mille hommes, dont deux mille de cavalerie avec du canon. Cette colonne a remonté la rive gauche de l'Arriège, prenant la direction d'*Auterive* et de *Cintegabelle*. J'ai envoyé des partis pour la reconnaître, mais j'ignore encore si elle continuera son mouvement sur *Pamiers* et *Foix*, ou si elle se portera sur *Villefranche*, pour tourner ma gauche et couper ma communication avec le Bas-Languedoc.

J'ai fait prévenir le général Laffite de ce mouvement qui n'est peut-être que la fausse attaque, et je me dispose à livrer bataille aux ennemis, près de Toulouse, ou entre cette ville et Montauban, si un second passage y a lieu, ainsi que je dois le supposer.

N. 31. — *Le maréchal duc de Dalmatie à M. le maréchal duc d'Albuféra.*

Toulouse, 3 avril 1814.

La colonne ennemie dont j'ai eu l'honneur de vous entretenir dans ma lettre du 31 mars, qui avait passé la Garonne à *Pinsaguel*, et l'Arriège à *Cintegabelle*, a rétrogradé hier matin, et a repassé en très grande partie la Garonne; j'ignore encore si elle remontera cette rivière pour la passer de nouveau à *Narbonne*, et se porter directement sur *Pamiers;* mais ce mouvement qui serait sans objet, me paraît très douteux; les rapports que je reçois me font au contraire supposer que les ennemis se disposent à effectuer un passage entre l'embouchure du Tarn et Toulouse. Quoiqu'il en soit, je me prépare à leur livrer bataille de quelque côté qu'ils viennent, et je fais mettre la ville de Toulouse en état de défense.

Si vous n'aviez rien à craindre du côté de l'Espagne et que vous eussiez la possibilité de renforcer le général Laffitte dans le département de l'Arriège, si même vous pensiez pouvoir vous y porter en personne avec la totalité de vos troupes disponibles, cette diversion serait du plus grand effet, surtout si vous poussiez votre tête de colonne vers *Saint Martoy* et *Saint-Gaudens* par *Saint-Girons*. Il est même probable qu'elle me mettrait à même de reprendre l'offensive, car elle coinciderait avec celle que produira infailliblement l'armée de la Garonne qui doit se réunir à *Libourne*, de laquelle j'ai eu l'honneur de vous entretenir dans ma lettre du 29 ; mais, je le répète, cela est naturellement subordonné à votre situation, et je ne doute pas que si le mouvement vous paraît utile et praticable, vous ne l'exécutiez aussitôt.

Je crois cependant devoir vous prévenir que le bruit circule parmi les ennemis qu'ils ont le projet de marcher sur *Lyon*. Si cela était, il deviendrait indispensable que nos opérations fussent concertées, et en conséquence je vous prierai de vouloir bien me faire part de vos projets.

N. 32. — Le maréchal duc de Dalmatie à M. le maréchal duc d'Albuféra.

Toulouse, 5 avril 1814.

Par ma lettre du 3 de ce mois, je vous ai fait pressentir que l'ennemi se disposait à passer la Garonne du côté de *Toulouse*. Le passage a eu effectivement lieu hier matin avant le jour, à *Grenade*. L'avant-garde de l'armée ennemie a pris aussitôt la direction de Toulouse. Ses avant-postes se sont arrêtés à hauteur de *Fenouillet* devant les miens. J'ignore ce qui s'est passé du côté de Montauban, mais comme on est aussi en état de défense sur ce point, je ne crois pas qu'il y soit survenu rien de fâcheux ; d'ailleurs je suis prêt à livrer bataille aux ennemis, et il est probable que l'engagement aurait déjà commencé si le mauvais temps n'y mettait obstacle.

Je desire bien connaître les dispositions que vous jugerez convenables de faire d'après la proposition contenue dans ma lettre du 3 ; c'est l'instant d'agir, et je pense que nous pouvons obtenir de très grands avantages s'il y a du concert dans nos opérations. J'ai écrit au général Laffitte de réunir la totalité des troupes dont il pourra disposer, et de se porter en reconnaissance sur la Haute-Garonne et la route de *Saint-Gaudens* à Toulouse, pour intercepter cette communication et nuire aux ennemis.

N. 33. — *Le maréchal duc d'Albuféra au maréchal duc de*
Dalmatie.

6 avril 1814.

Monsieur le maréchal ,

M. le chef de bataillon Mrozenski m'a remis votre lettre du 29,
et j'ai reçu celles que vous m'avez écrites le 31 , et le 3 de ce mois.
La situation des affaires en Espagne ne me permet pas de m'éloigner
des frontières. Les Anglais et les Espagnols réunissent toutes leurs
forces en Catalogne. Barcelonne est serrée de très près par dix-
huit mille hommes. Je suis informé que le régiment de Dillon
anglais a été tiré de Carthagène, et a été débarqué à Taragone. La
garnison de Peniscola est réduite à soixante-dix ou quatre-vingts
hommes ; l'explosion d'un magasin à poudre a fait périr le gouverneur, l'état-major de la place et plusieurs soldats : le siége se pour-
suit depuis trois mois. Six mille hommes bloquent Sagonte, Tortose,
dont les besoins deviennent très pressans, est attaqué par la seconde
r mée en entier, forte de dix mille hommes et trois cents chevaux.
   e général Coponsy Navia a sous ses ordres quinze à dix-huit mille
hommes, avec lesquels il menace de faire une invasion.
   J'occupe les bords du Ter ; et contiens ainsi par mes garnisons et
ma position sur les Pyrénées des forces considérables : cependant
dès que j'eus avis du mouvement que les Anglais ont fait dans l'Arriège, je m'empressai de faire rapprocher de Perpignan une portion des faibles troupes qui me restent, je fis mettre Narbonne en
état de défense, et je chargeai le général Poujet à Carcassonne de
pousser cent cinquante chevaux pour s'éclairer dans l'Arriège et
communiquer avec Toulouse, service qu'il continuera à faire. Mais
les circonstances ne peuvent me permettre de me porter sur la
Haute-Garonne, sans exposer le reste du midi de la France, et renoncer au fruit de la négociation entamée pour la rentrée de nos
garnisons et la remise des places.
   Vous paraissez croire que je rendrai un grand service en obtenant
le retour de ces garnisons. Peut-être ne penseriez-vous pas ainsi, si
vous étiez bien fixé sur le nombre d'ennemis que les places occupent. Les troupes que j'y ai laissées sont pour la moitié composées
de conscrits, comme vous l'avez fait à Bayonne.
   Si les Anglais exécutent le mouvement qu'ils annoncent sur Lyon,
je n'aurai d'autre parti à prendre que de réunir le petit nombre de
nos bataillons sur Narbonne, d'y tenir le plus possible, et de me
retirer sur Béziers que je fais mettre aussi en état de défense, et
enfin sur Montpellier, couvrant ainsi tous les départemens du

Midi qui ne sont point envahis, et donnant la main à l'armée de Lyon.

Il y a trois marches de Figuières à Perpignan, deux de cette ville à Narbonne, et autant pour se rendre à Carcassonne. Vous jugerez par cette distance à franchir combien serait peu important le mouvement que je pourrais faire sur ce point avec les forces, je puis dire insignifiantes, que je commande.

Le roi Ferdinand a dépassé Barcelonne ; il a couché le 31 à San-Féliù près cette ville. Les Anglais, les Espagnols, les Siciliens, étaient sous les armes pour le recevoir. Il est certain que les premiers mettront tout en usage pour allumer la guerre civile en Espagne. Les cortès redoutent la présence du roi, et ont publié un manifeste furieux dont je vous envoie une traduction faite à la hâte. L'on veut forcer la nation à faire la guerre, et contraindre l'Espagne à ne point signer de paix sans les alliés, ainsi le roi sera obligé de se prononcer pour la guerre.

Cet état de choses est d'autant plus malheureux, que tous les jours, plus réduit par la formation de nouvelles garnisons, je ne commande plus qu'une division. Je suis forcé de laisser trois mille hommes à Figuières par un ordre du 19 mars, et je dos songer à Perpignan. Vous pourrez juger par cet exposé combien j'aurai peu de moyens pour arrêter les Anglais ; mais dans ce cas, je compte beaucoup sur la puissante diversion que vous serez en position de faire sur les derrières de l'ennemi, tandis que l'armée de la Dordogne pourra elle-même franchir ce fleuve, délivrer Bordeaux et couvrir votre droite.

D'après les dernières nouvelles de Valence, notre armée se serait de nouveau portée en avant vers Lyon, et des renforts arrivés d'Italie donneraient l'espérance de voir bientôt reprendre l'offensive.

Je me propose d'aller à Narbonne demain, pour m'assurer de l'état des travaux et de l'armement.

Signé, DUC D'ALBUFÉRA.

N. 34. — *Le maréchal duc de Dalmatie à M. le maréchal duc d'Albuféra.*

Toulouse, 7 avril 1814.

L'adjudant commandant Ricard m'a remis ce soir la lettre que vous m'avez fait l'honneur de m'écrire le 6. Je ne l'ai retenu que le temps nécessaire pour m'entretenir avec lui et vous répondre. Cet officier supérieur vous dira quelle est ma situation et celle des ennemis. Il vous rendra compte aussi des motifs qui me font desi-

rer, malgré les observations que vous avez bien voulu me soumettre, que vous fassiez une diversion vers la Haute-Garonne, soit
effectivement, soit par démonstrations.

Je suis déterminé à livrer bataille aux ennemis près de Toulouse,
quelle que soit la supériorité de leurs forces. A cet effet, je fais fortifier une position qui s'appuie à la ville et au canal, laquelle me
présente un camp rétranché susceptible de défense, soit que les ennemis dirigent leur attaque par la route de Montauban , soit qu'ils
viennent par celle de Castelnaudary. J'espère que dans quatre jours
tous les ouvrages seront terminés. Ce soir j'ai fait armer les plus
importans.

M. Ricard était avec moi lorsque j'ai reçu la fâcheuse nouvelle
que les ennemis sont entrés à Paris. Ce grand malheur m'affermit
dans la détermination de défendre Toulouse, quoi qu'il puisse en
arriver ; la conservation de cette place, qui renferme des établissemens de toute nature , est pour nous de la plus grande importance,
mais si malheureusement j'étais forcé à la quitter , les mouvemens
que je ferais, devraient naturellement me rapprocher de vous. Dans
ce cas, vous ne pouvez pas vous soutenir à *Perpignan*, car l'armée
ennemie suivrait inévitablement la direction que j'aurais prise. Il
est donc de l'intérêt du service , même par rapport à votre situation, que vous fassiez une diversion vers la Haute-Garonne par la
ligne la plus courte. L'effet qu'elle produira sera proportionné aux
moyens que vous y emploierez.

L'ennemi paraît étonné de la détermination que j'ai prise, de défendre Toulouse ; depuis quatre jours qu'il a passé la Garonne , il
n'a rien entrepris, peut-être le mauvais temps en est-il cause. Son
armée est entre Lespinasse et *St.-Jory*. Il a envoyé un détachement
sur la route de Montauban, mais je n'ai pas appris qu'il y ait fait
aucune tentative. Il a aussi un gros corps d'observation devant la
tête de pont de *St.-Cyprien*. Je ne prétends pas cependant qu'il ait
renoncé au projet de m'attaquer ; je crois au contraire que demain
ou au premier jour, il marchera sur moi.

Je ne puis vous envoyer le général Travot, pour les motifs que
j'ai expliqué à M. Ricard ; mais je donne ordre au général de division Paris de partir demain en poste, pour se rendre à Perpignan,
où vous en disposerez. Je pense qu'il vous conviendra mieux que le
général Travot.

J'ai fait témoigner mon mécontentement au général Pouget, pour
s'être permis d'envoyer au général Laffitte des chevaux pris dans
les petits dépôts des régimens de cavalerie légère de l'armée à *Carcassonne*, pour se rétablir, au lieu de disposer à cet effet du détachement du 29ᵉ de chasseurs qu'il a envoyé se reposer à *Castelnaudary*.
Je fais revenir ces petitsdépôts, et je vous prie, M. le maréchal,
de vouloir bien faire mettre à la disposition du général Laffitte
quelque cavalerie dont il a besoin. Je suis si faible sous ce rap-

port, que je dois user de tous les moyens pour ménager ce qui me reste.

J'attendrai avec la plus grande impatience que vous m'ayez fait connaître la détermination que vous aurez prise, d'après le contenu de ma lettre, et les observations que M. l'adjudant commandant Ricard est chargé de vous rendre.

N. 36. — *Le maréchal duc de Dalmatie à M. le maréchal duc d'Albuféra.*

Toulouse, 10 avril 1814.

La bataille que je vous ai annoncé dans mes dernières, a eu lieu aujourd'hui ; elle a été des plus meurtrières. L'ennemi a horriblement souffert, mais il est parvenu à s'établir sur une position que j'occupais à droite de Toulouse. Le général de division Taupin a été tué, le général Harispe a eu le pied emporté par un boulet ; j'ai aussi eu trois généraux de brigade blessés. D'ailleurs je me dispose à recommencer demain, si l'ennemi m'attaque.

Je ne crois pas pouvoir faire un long séjour à Toulouse ; il peut même arriver que je sois dans le cas de m'ouvrir un passage pour en sortir. Je vous engage à vous régler là-dessus, et à donner des ordres en conséquence au général Laffitte. Si demain la communication est libre, je vous écrirai.

Je viens de recevoir la lettre que vous m'avez écrite le 8. Les observations que vous me faites au sujet des demandes de subsistances qui ont été faites au préfet de l'Aude, ne seront point un sujet de discussion ; car probablement je ne serai pas à même de consommer ces denrées.

N. 37. — *Le maréchal duc de Dalmatie à M. le maréchal duc d'Albuféra.*

Toulouse, 11 avril 1814.

Ainsi que je vous l'ai fait pressentir par la lettre qu'hier je vous ai écrite, je suis dans la nécessité de me retirer de Toulouse, et je crains d'être obligé de combattre pour passer à *Baziege*, où l'ennemi vient de diriger une colonne pour me couper cette communication. Demain je prendrai position à Villefranche, car j'espère bien que l'obstacle ne m'empêchera pas de passer, et après-demain je me dirigerai sur *Castelnaudary*. Si je puis m'y arrêter, je le ferai; dans le cas contraire, j'irai prendre position sur l'Aude à Carcassonne, pour vous donner le temps de prendre vos dispositions.

J'ai eu l'honneur de vous proposer une diversion sur la Haute-Garonne; la circonstance est venue où il n'est plus possible de différer pour prendre parti, sinon nous allons nous trouver forcément réunis sur la Méditerranée du côté de *Béziers*. Cela peut encore s'éviter, mais nous ne pouvons y parvenir que par la prompte réunion de la totalité de vos troupes, après que vous aurez pourvu à la sûreté des places, à celles de l'armée que j'ai l'honneur de commander. Je vous en fais expressément la proposition, et je vous prie de me faire connaître de suite la détermination que vous prendrez.

Si vous vous décidez à combiner nos opérations, il vous paraîtra sans doute convenable de vous diriger immédiatement, avec la totalité de vos forces, sur *Quillan*, d'où vous pourriez venir opérer notre réunion à *Carcassonne*, et nous nous reporterions aussitôt en avant par l'Arriège, pour aller établir le théâtre de la guerre dans la Haute-Garonne, en nous appuyant des Pyrénées. Ce mouvement serait décisif. Je ne doute pas qu'en sauvant tout le midi de la France, il ne forçât les ennemis à rappeler toutes les troupes qu'ils ont engagées sur les deux rives de la Garonne. Ainsi M. le comte Decaen serait à même de reprendre Bordeaux, et il pourrait bientôt faire une diversion en notre faveur.

J'envoie près de vous M. le capitaine de Bonneval, mon aide-de-camp; il vous instruira de ma situation et m'apportera votre réponse. Je desire vivement qu'elle soit favorable à ma proposition, et dans tous les cas qu'elle m'instruise des dispositions que vous jugerez à propos de prendre.

Je vous propose de marcher sur *Quillan*, dans la persuasion que vous pourrez y arriver aussitôt que moi à Carcassonne; d'ailleurs cette direction me paraît plus courte, même pour marcher sur *Mirepoix* et *Pamiers;* mais si vous prenez par Narbonne, je vous prie de m'en prévenir.

N. 38. — *M. le maréchal Suchet au maréchal Soult.*

Quartier-général de Perpignan, le 12 avril 1814.

Monsieur le maréchal,

M. le capitaine de Bonneval m'a remis ce soir votre dépêche du 11, par laquelle vous m'apprenez votre retraite sur Villefranche et Carcassonne; j'ai eu d'autant plus lieu d'en être surpris que votre lettre du 10 m'annonçait le contraire.

En réfléchissant au parti que vous me proposez, de me diriger avec la totalité de mes forces sur Quillan, pour opérer notre réunion sur Carcassonne, nous reporter en avant par l'Arriège, et rétablir le théâtre de la guerre sur la Haute-Garonne, en nous appuyant aux Pyrénées, je vois d'abord que vous avez été étrangement trompé sur la route qui conduit de Perpignan à Quillan, puisqu'à peine des mulets peuvent y passer, et que je serais obligé d'opérer dans un mauvais pays sans artillerie ni équipages; en second lieu, comment nous porter en avant par l'Arriège et rétablir le théâtre de la guerre sur la Haute-Garonne, tandis que la difficulté des routes y est telle que le général Hill a manqué y perdre son artillerie, pour s'y être engagé? De quel appui pourraient être pour nous les Pyrénées que les Espagnols vont franchir en forces? Enfin, d'où tirerions-nous nos munitions et nos vivres, et quelles communications garderions-nous avec l'intérieur de la France, lorsque nous aurions quitté la grande route de Montpellier, par laquelle l'ennemi jeterait des partis pour se lier avec les Autrichiens? Je suis loin de croire comme vous, que ce mouvement sauverait le midi de la France et forcerait l'ennemi à retirer toutes les troupes qu'il a engagées sur la Garonne; je crois, au contraire, qu'il achèverait la désorganisation et la ruine du peu de troupes qui nous restent. Je ne pense pas non plus que ce mouvement pût faciliter en rien les opérations du général Decaen sur Bordeaux. Je fonde mon opinion sur les différentes lettres que vous m'avez écrites, et par lesquelles vous m'avez constamment marqué que la supériorité de l'ennemi en infanterie était comme trois est à un, et en cavalerie comme quatorze est à deux. Certes, M. le duc, une telle supériorité nous commande assez d'adopter un système défensif, qui nous permette de conserver des munitions et de faire arriver des vivres.

Je sens tous les inconvéniens de l'aglomération de deux corps sur une même route, et je regarderais comme bien avantageux que vous puissiez adopter, pour l'armée que vous commandez, la route qui conduit de Carcassonne à Saint-Pons, tandis que j'occuperais Béziers que je fais fortifier. Par ce mouvement, vous pourriez tirer des subsistances du département du Tarn, et nous serions tellement rapprochés que l'ennemi aurait de la peine à rien entreprendre de sérieux sur nos positions. Je ne vous fais cette proposition, que pour éviter l'encombrement de deux armées opérant sur une seule route.

Je suis particulièrement investi du commandement de la neuvième division militaire, je voudrais en ménager les ressources et que le commissaire extraordinaire Pelet de la Lozère fut exclusivement chargé de les répartir, suivant nos besoins et la force de nos armées. J'engage le duc de Castiglione à retirer les réquisitions qu'il a faites dans l'Hérault et le Gard, attendu qu'ayant les 7ᵉ et 8ᵉ divisions libres, il peut bien mieux que nous faire subsister son armée.

Je me rends demain à Narbonne; je compte y avoir trois mille hommes le 14, et dans la nuit le reste de mon infanterie. Ainsi, comme j'ai chargé le colonel Ricard de vous le dire, j'espère, le 15, avoir retiré d'Espagne et du Roussillon toutes mes petites forces. Dans cette même journée, nous pourrons nous rapprocher pour nous concerter sur le meilleur parti à adopter.

M. de Bonneval, votre aide-de-camp, m'annonce qu'on ne trouve pas pour de l'argent de quoi nourrir un cheval à Carcassonne, ce qui me fait présumer que nous aurons de grandes privations à éprouver, d'autant que le voisinage de la Méditerranée offre peu de ressources en fon et en avoine.

Agréez, etc.

N. 40.—*Le maréchal duc d'Albuféra au maréchal duc de Dalmatie.*

Au quartier-général de Narbonne, le 14 avril 1814.

Monsieur le maréchal,

Je viens de recevoir votre lettre confidentielle d'hier. Le colonel Saint-Simon m'a en effet remis des lettres et des papiers sur les évènemens qui se sont passés dans la capitale. Quelques heures auparavant j'avais reçu deux courriers, porteurs de dépêches et de journaux, qui déjà m'avaient fixé. Cependant, à l'arrivée du colonel Saint-Simon, j'ai voulu voir tous les papiers dont il était porteur, et j'ai reconnu à la suite du passeport qui lui a été délivré par le gouvernement provisoire, quelques lignes écrites de la main du duc de Feltre, datées de Blois, le 8. Je vous en adresse une copie littérale au bas de la déclaration que m'a faite le colonel Saint-Simon. Vous y verrez que, le 8 au matin, l'Impératrice a reçu la signification de l'Empereur pour le rejoindre à Fontainebleau ; que les ministres ont été déliés de leurs sermens, et ont reçu la faculté de se retirer à Paris où, le même jour, les ducs de Feltre et de Rovigo se sont rendus, ce qui nous ôte tout espoir de recevoir des ordres officiels de l'Empereur.

Dans les graves circonstances où nous nous trouvons, les actes du gouvernement et l'abdication volontaire de l'Empereur ont paru à tous les officiers-généraux et supérieurs, que j'ai réunis aujourd'hui chez moi, tellement décisifs, qu'ils ont tous pensé avec moi que je ne pouvais mieux faire que de demander une suspension d'armes à lord Wellington, tant pour la France et l'Espagne que pour le retour de mes garnisons.

Ce parti qui m'a paru le plus convenable aux intérêts de l'armée, sera sans doute adopté par V. E. qui en sentira le besoin. Je le désire d'autant plus que rien ne m'affligerait davantage, que de ne pas marcher d'accord avec l'armée de V. E. dans une circonstance aussi importante.

Le chef de bataillon Vidal, aide-de-camp du général Digeon, m'a été expédié de Valence et arrive à l'instant. Il m'apprend qu'une suspension d'armes a été arrêtée entre le duc de Castiglione et le général autrichien, au premier avis des évènemens de Paris. Elle a été d'abord fixée jusqu'au 17, et au moment de son départ, on allait la renouveler indéfiniment.

J'envoie le chef d'escadron Auvray, mon aide-de-camp, auprès du maréchal Wellington; je vous prie de faire favoriser son passage.

Je vous renouvelle, etc.

N. 41. — Le maréchal Suchet au maréchal Soult.

Quartier-général de Narbonne, le 16 avril au soir.

Monsieur le maréchal,

Je n'ai pas vu sans une étrange surprise revenir mon aide-de-camp sans votre réponse à la lettre que j'ai eu l'honneur de vous écrire le 14 au soir, et j'ai été également étonné que vous l'ayez empêché de se rendre aux avant-postes de l'armée anglaise : vous avez jugé à propos de demander une suspension d'armes sans mon concours; je l'ai demandée à mon tour en vous communiquant tous les divers motifs qui m'y dirigeaient. J'étais fondé à le faire et assuré qu'en l'obtenant, bien loin de m'isoler de votre armée, je lui préparais les moyens de convenir comme moi d'une suspension d'armes.

Les évènemens se pressent avec une telle force qu'il importe de ne pas rester seuls en guerre, lorsque les hostilités ont cessé dans toute la France.

L'exaltation des peuples est au comble. Le général Garnier qui arrive aujourd'hui de Nice, m'apprend que tout le pays qu'il a traversé est en mouvement, que la cocarde blanche a partout été adoptée et Louis XVIII proclamé; il a vu avant-hier à Nîmes plus de huit mille personnes arborer la cocarde blanche et suivre le même mouvement. Le colonel Latour, chef d'état-major de la 9ᵉ division, arrive à l'instant de Montpellier; il m'apprend qu'à l'arrivée d'un courrier, couvert de branches de lauriers et de cocardes blanches, porteur des Moniteurs jusqu'au 11, et d'une quantité de lettres particulières, confirmant l'abdication de l'Empereur, l'exaltation du peuple avait été jusqu'à la fureur. La statue de l'Empereur a été renversée et les jours de la princesse menacés; le commissaire et le préfet se sont eux-mêmes décorés de la cocarde blanche. La garnison a fait connaître le desir de conserver la sienne, jusqu'à ce qu'elle reçoive un ordre de la quitter; elle a dû se retirer à la citadelle pour se préserver de scènes sanglantes. Un sergent, trouvé dans la rue, a été couché par terre et sa cocarde enlevée. M. Pelet de la Lozère a pris sur lui d'ordonner que la cocarde blanche fut prise par les troupes. La même exaltation a éclaté à Pézenas, à Béziers où la statue de l'empereur a été également précipitée, etc.

Narbonne est calme. Perpignan est extrêmement agité, et je reçois en deux heures deux estafettes qui m'annoncent que la fermentation est à son comble.

L'état actuel des choses, M. le maréchal, m'a déterminé à vous écrire encore une fois pour vous engager à faire, en votre nom et au mien, la demande d'un armistice à lord Wellington. En l'obtenant, nous épargnerons une effusion de sang inutile, nous aurons le temps d'être bien informés de tout ce qui s'est fait, et après avoir adhéré aux actes du gouvernement provisoire, d'après l'abdication de l'Empereur, d'attendre les ordres qui pourront nous être transmis pour la désignation de la cocarde et du souverain que la nation aura adopté.

J'ai retenu jusqu'à ce jour M. le colonel Saint-Simon; je l'ai beaucoup questionné et j'ai été satisfait de la suite constante de ses réponses. Je ne le ferai partir pour Paris, que lorsque j'aurai votre réponse à cette lettre. Je desire bien que vous me mettiez dans le cas de le faire retourner par votre quartier-général. Il s'agit dans ce moment du sort de la France, M. le maréchal, et nos promptes réponses hâteront le départ des étrangers du territoire. Jusqu'à ce moment je n'ai encore expédié personne pour Paris.

M. de Saint-Simon est colonel depuis 6 mois. Il n'est point major du 29ᵉ; il en existe ici un autre qui l'a remplacé.

Je joins un extrait de la lettre du préfet de l'Hérault et celle du général Chabot.

Des lettres officielles arrivées d'Italie, annoncent qu'une suspension d'armes a eu lieu entre le prince vice-roi et le comte de Bellegarde. Le sénat de Milan s'est assemblé pour établir un nouvel ordre de choses, et témoigner hautement le droit de conserver le vice-roi.

Recevez, etc.

P. S. Les journaux que le chef d'état-major du général Chabot a vu à Montpellier, portent qu'un armistice général a été conclu pour les troupes aux environs de Paris, et que le gouvernement va s'occuper d'un pareil acte pour les armées du Midi.

N. 42. — *M. le maréchal duc de Dalmatie à M. le maréchal Suchet.*

Castelnaudary, 17 avril 1814.

J'ai reçu la lettre que vous m'avez fait l'honneur de m'écrire hier au soir de Narbonne, à l'instant même où M. le lieutenant-général comte Gazan allait partir pour porter à lord Wellington la proposition itérative d'une suspension d'armes, et de convenir d'une ligne de cantonnement pour les armées respectives. J'ai ajouté au plein pouvoir que je lui avais déjà donné, que l'armée sous vos ordres serait aussi comprise dans cet arrangement suivant le vœu de votre lettre.

Je me suis déterminé à cette seconde démarche à la réception d'une lettre du prince de Neufchâtel, écrite de Fontainebleau le 9, laquelle renferme copie de l'armistice qui a été conclu avec les puissances alliées. L'officier qui m'a remis cette dépêche, est aussi porteur d'une pareille pour V. E.; je le fais partir à l'instant même, avec celle-ci.

« Avant d'avoir reçu ce document, toute détermination était « prématurée; il n'appartenait pas aux armées de manifester aucun « vœu sur les insinuations qui nous étaient faites des quartiers-gé- « néraux ennemis, et avant que la nation entière se fut prononcée, « je dirai même avant d'avoir reçu un ordre régulier, tel que celui « du prince major-général porte l'empreinte. »

C'est d'après ces motifs qu'il m'a paru que vous aviez mis trop de précipitation à manifester votre vœu, d'autant plus qu'elle pouvait mettre l'armée, que j'ai l'honneur de commander, dans une situation embarrassante et équivoque.

J'aurai l'honneur de vous faire part de tous les arrangemens qui seront convenus avec lord Wellington, dans lesquels votre armée sera nécessairement comprise. J'ai même chargé le général Gazan de demander les garnisons des places de la Catalogne, ou en cas de refus qu'elles soient ravitaillées par le pays jusqu'à ce qu'il y ait un arrangement définitif.

N. 43. — *Le maréchal Suchet au maréchal Soult.*

Quartier-général à Narbonne, le 17 avril 1814.

Monsieur le maréchal.

Je reçois à l'instant votre lettre de ce jour, que m'a remise un officier du ministre de la guerre. Je suis satisfait d'apprendre qu'à la réception d'une lettre du prince de Neuchâtel, écrite de Fontainebleau le 9, vous vous soyez déterminé à une seconde démarche près de lord Wellington. J'ai également reçu des ordres du major-général, en vertu desquels je dois passer une convention avec lord Wellington et le général espagnol Copons y Navia. En conséquence, j'envoie le colonel Ricard à Toulouse, pour remplir cette disposition. V. E. sentira que, dans la circonstance actuelle, je dois tenir à traiter séparément. Je vous prie donc de faciliter le passage du colonel Ricard et de mon aide-de-champ Brosse pour Toulouse, et je vous avoue que je suis d'autant plus pressé d'obtenir de lord Wellington l'envoi d'un officier en Espagne, que la garnison de Tortose est aux abois, et que, d'après mes ordres, elle doit, à la fin du mois, tenter de venir à Barcelonne et les deux garnisons réunies, marcher sur les Pyrénées pour me rejoindre. Je tiens essentiellement à prévenir de nouvelles hostilités au moment où elles cessent dans toute l'Europe.

Si vous eussiez rendu plus de justice à mon caractère connu,

M. le maréchal, vous n'auriez pas trouvé de la précipitatiou de ma part à manifester mon vœu. Je n'ai rien encore expédié à Paris dans le désir de marcher d'accord avec vous. Certain de ce qui se passait à Paris et assuré de la résolution de l'empereur j'ai du presser la conclusion d'un armistice, parceque j'attache un grand prix à sauver quatre mille cinq cents hommes qui se battent depuis dix mois à Tortose avec une haute valeur, et par-dessus tout pour hâter le moment où les étrangers auront évacué le territoire français.

Je vais placer mes troupes en cantonnement dans le département des Pyrénées-Orientales, dans la sous-préfecture de Narbonne et dans les départemens de l'Hérault et du Gard. Je vous engage à vouloir bien ordonner à l'intendant-genéral de votre armée de ne faire aucune réquisition sur ces points.

Je vous propose M. le maréchal, de vous renvoyer de suite mille deux cents hommes aguerris des 18ᵉ, 81ᵉ et 86ᵉ, si vous voulez m'envoyer en échange, ce qui peut appartenir aux 114ᵉ, 117ᵉ et 121ᵉ.

Je vous renouvelle, etc.

N. 44. — *Le maréchal duc de Dalmatie à M. le maréchal Suchet.*

Castelnaudary, le 18 avril 1814.

M. le colonel Ricard et M. Brosse, votre aide-de-camp, sont arrivés à Castelnaudary et m'ont remis la lettre que vous m'avez fait l'honneur de m'écrire le 17. Je leur ai remis une lettre pour le général Gazan et ils sont partis pour Toulouse. Je leur ai fait cependant des observations sur leur mission.

Je n'ai encore rien reçu du général Gazan, mais j'espère que dans la journée ou la nuit prochaine, son premier rapport me parviendra; je m'empresserai de vous le communiquer.

Hier les ennemis ont fait un grand mouvement sur ma droite; deux mille hommes de cavalerie se sont portés sur *Puy-Laurens, Castres* et *Revel.* Un camp de plusieurs divisions d'infanterie s'est en même temps établi sur les hauteurs de *Lescasses,* à droite de Saint-Felix; deux autres camps sont en arrière et en avant de *Villefranche.* Aujourd'hui l'attaque devait avoir lieu, mais les généraux commandans les colonnes anglaises, ayant été prévenus que j'avais donné ordre de faire cesser les hostilités en ont référé à lord Wellington et nous attendons l'effet de leurs nouvelles dispositions.

Je suis très disposé à vous renvoyer de suite tout ce qui appartient aux 114ᵉ et 117ᵉ régimens en échange des détachemens de 10ᵉ, 81ᵉ et 86ᵉ de ligne que vous me proposez; ainsi, j'ai l'honneur de vous prier, de faire immédiatement mettre en marche ces derniers détachemens; à leur arrivée, je ferai partir les autres.

Je n'ai absolument rien du 121ᵉ régiment que vous m'indiquez, mais il y a à l'armée le fond d'un bataillon du 115ᵉ régiment, dont le corps est, je crois, avec vous. Je pourrai vous l'envoyer en place.

Je me rappelle même que les deux compagnies du 114ᵉ régiment sont restées à Navarreins; ainsi je ne pourrai vous les envoyer.

Il y a à Narbonne des compagnies du 116ᵉ régiment de ligne que vous devez avoir, dont le bataillon est à cette armée. Vous devez avoir des compagnies du 31ᵉ d'infanterie légère : je vous serai obligé de me renvoyer les unes et les autres.

N. 45. — *Le maréchal duc de Dalmatie à M. le maréchal Suchet.*

Castelnaudary, le 18 avril 1814.

M. le lieutenant-général, comte Gazan arrive à l'instant de Toulouse. Il me remet les trois expéditions de la convention d'armistice qu'il a arrêté avec les fondés de pouvoir du maréchal marquis de Wellington.

Cette convention étant faite tant en votre nom, pour l'armée que vous commandez, qu'au mien pour l'armée sous mes ordres, je vous envoie les trois expéditions, pour être ratifiées par vous comme elles le sont déjà par le maréchal Wellington et par moi.

Une de ces expéditions restera entre vos mains et vous aurez la complaisance de me renvoyer immédiatement les deux autres expéditions, pour me mettre à même d'adresser dans le délai prescrit à lord Wellington celle qui doit lui revenir.

Vous remarquerez, que les garnisons de toutes les places que vous avez eues en Espagne, doivent vous être immédiatement renvoyées avec leur artillerie et généralement tout ce qui leur appartient. Je pense que c'est ce que vous desirez à leur égard, et que sous ce rapport vous serez satisfait.

Demain, j'arrêterai la ligne des cantonnemens de l'armée, et j'aurai l'honneur de vous en faire part.

Je profiterai de cette circonstance pour vous prier de nouveau de me renvoyer tous les détachemens et portions de corps appartenant à l'armée qui se trouvent avec vous. Je vous renverrai aussi ceux dont j'ai eu l'honneur de vous entretenir dans ma lettre de ce matin.

N. 47. — *Le maréchal duc de Dalmatie à M. le maréchal Sachet.*

Castelnaudary, le 19 avril 1814.

J'ai l'honneur de vous communiquer un ordre du jour que je viens de donner à l'armée.

M. le comte Gazan, ayant rapporté le Moniteur et le Bulletin des lois, qui contiennent l'abdication de l'Empereur, et ayant jugé par toutes les publications qui ont été faites, que la volonté nationale était exprimée, j'ai pensé que c'était le moment de manifester, en mon nom et au nom de l'armée sous mes ordres, notre adhésion.

J'attends, avec impatience, le retour de l'aide-de-camp qu'hier je vous ai envoyé, pour adresser à lord Wellington l'expédition de la convention d'armistice que vous avez dû approuver, et pour recevoir aussi l'expédition qui doit rester entre mes mains.

P. S. Je reçois à l'instant une lettre de lord Wellington ; il me presse de lui renvoyer les expéditions de la convention qu'hier j'ai soumises à votre signature. Je vous prie, M. le maréchal, de me faire parvenir de suite ces deux expéditions qui doivent me revenir, quand bien même vous ne les auriez point signées. Lord Wellington me dit que, sur la demande de votre adjudant commandant, l'on s'occupe à vous faire une convention séparée sur les mêmes bases que la première. d'après cela, celle-ci ne vous est plus nécessaire. A ce sujet, je ne puis me dispenser de vous témoigner tous les regrets que j'éprouve que nos ennemis soient témoins du peu d'harmonie qui règne entre nous. surtout après que vous m'avez écrit de vous comprendre dans la première convention.

ORDRE DU JOUR.

La nation ayant manifesté son vœu sur la déchéance de l'Empereur Napoléon et le rétablissement de Louis XVIII au trône de nos anciens rois, l'armée, essentiellement obéissante et nationale doit se conformer à la volonté de la nation.

Ainsi, au nom de l'armée, je déclare que j'adhère aux actes du sénat conservateur et du gouvernement provisoire, relatifs au rétablissement de Louis XVIII au trône de St.-Louis et de Henri IV, et que nous jurons fidélité à S. M.

Castelnaudary, le 19 avril 1814.

N. 48. — *Le maréchal duc de Dalmatie à M. le maréchal duc d'Albuféra.*

Castelnaudary, le 19 avril 1814.

Mon aide-de-camp m'a remis, pendant la nuit la lettre qu'hier vous m'avez fait l'honneur de m'écrire ; j'ai aussitôt fait partir pour lord Wellington les ratifications de suspension d'armes.

Demain, je commencerai mon mouvement ; je laisserai les divisions aux ordres du général Clausel dans les sous-préfectures de *Carcassonne* et de *Castelnaudary*, et il fera peut-être occuper quelques communes du département de l'Arriège. Lorsque le mouvement sera terminé, je verrai s'il y a possibilité de faire suivre ces divisions. dans ce cas je le ferai. Mon quartier-général sera provisoirement établi à *Castres*.

Je vais donner l'ordre que toutes les portions de corps faisant partie des régimens de votre armée, qui sont à celle-ci, partent demain pour vous joindre, vous me renverrez ce que vous voudrez ; vous-même vous m'avez offert les détachemens des 10e, 81e et 86e régimens, et par votre dernière lettre celui du 31e léger, laquelle ne fait plus mention que de ce dernier détachement et de celui du 10e.

N. 49. — *Le maréchal Suchet au maréchal Soult.*

Quartier-général de Narbonne, le 29 avril 1814.

Le chef d'escadron Kerboux, adjoint du ministre de la guerre, vient d'arriver à mon quartier-général et m'a remis l'arrêté de

S. A. R. Monsieur, lieutenant général du royaume, qui ordonne que les armées des Pyrénées et de Catalogne soient réunies sous le nom d'armée du Midi, et soient mises sous mon commandement. Par le même arrêté vous êtes invité à vous rendre à Paris.

Au même moment, j'apprends que le duc d'Angoulême est arrivé à Toulouse, et on m'assure que vous vous y êtes rendu, ce qui me détermine à y aller, pour vous y voir et présenter mes respects au prince. Dans le cas où je ne vous rencontrerais pas à Toulouse, je vous prie de me faire connaître jusqu'à quelle époque je pourrais vous voir à Castres, pour recevoir de vous les renseignemens nécessaires sur l'état de vos troupes.

Je charge le chef de bataillon du 44e régiment, Feuchères, de vous porter cette lettre et de me rapporter une prompte réponse, mon projet étant de rentrer à Narbonne, dimanche 1er mai.

Le ministre de la guerre m'annonce que l'on s'occupe activement de la paix, et que les Russes et les Autrichiens vont repasser le Rhin, que déjà il a l'ordre de faire disposer les vivres pour les troupes alliées. Je suis chargé en même temps de conclure un armistice indéfini avec lord Wellington.

N. 50. — *Le maréchal duc de Dalmatie à M. le maréchal Suchet.*

Saint-Amans, 1er mai 1814.

J'ai reçu la lettre que vous m'avez fait l'honneur de m'écrire de Toulouse, le 30 avril, deux heures avant celle datée de Narbonne le 29, et par conséquent avant la lettre du ministre de la guerre, renfermant copie de l'arrêté de S. A. R. Monsieur, lieutenant-général du royaume, qui réunit sous votre commandement les armées de Catalogne et des Pyrénées.

S. A. R. M. le duc d'Angoulême m'ayant témoigné que son intention est de voir les troupes de l'armée des Pyrénées, je me propose de les présenter au prince, le 4 et le 5, à Lavaur et à Montauban, et ensuite à Castelnaudary. Aussitôt la revue passée, je vous remettrai le commandement et je me rendrai à Paris. Si auparavant je n'ai pas occasion de vous voir, je laisserai à M. le lieutenant-général comte Gazan tous les états et renseignemens qui pourront vous être utiles. D'ailleurs, il est lui-même instruit des moindres détails qui ont rapport au service de l'armée.

N. 51. — *Le maréchal duc de Dalmatie à M. le maréchal duc d'Albuféra.*

Montauban, 6 mai 1814.

J'ai l'honneur de vous prévenir que j'ai fait mettre à l'ordre de l'armée l'ordre de S. A. R. Monsieur, lieutenant-général du Royaume, en date du 22 avril dernier, qui prescrit la réunion des armées des Pyrénées et de Catalogne sous votre commandement, et m'enjoint de me rendre à Paris près de S. A.; ainsi, je me considère comme déchargé du commandement dont j'ai été revêtu jusq'a présent.

CONSIDÉRATIONS MILITAIRES

SUR LA BATAILLE DE TOULOUSE.

La ville de Toulouse, située sur la rive droite de la Garonne, avait encore en 1814 une ancienne enceinte flanquée de tours, qui la rendait susceptible de défense; elle est couverte au nord et à l'est par le canal de Languedoc; les ponts qui se trouvent sur ce canal, depuis son embouchure jusqu'au pont des Demoiselles, ayant été retranchés, il offrait une excellente ligne de défense, à laquelle la ville servait de réduit, et couvrait la route de Carcassone, par laquelle devait se faire la jonction du maréchal Soult avec le maréchal Suchet, soit que ce dernier se décidât enfin à quitter la Catalogne pour faire une diversion en faveur de son collègue, soit qu'ils se retirassent tous les deux sur Béziers.

La tête du pont Guillemerie, placée sur un *mamelon* ou *contrefort*, qui dominait le terrain environnant et prenait en flanc les approches de la ligne du canal au nord et au sud, lui donnait un grand degré de force et la rendait inattaquable, tant que cette tête de pont n'était pas enlevée. Il était extrêmement difficile à l'ennemi de forcer cette dernière qui, indépendamment de ses ouvrages de campagne, avait pour réduit le faubourg Guillemerie, soutenu par le faubourg Saint-Etienne qui lui-même l'était par la ville de Toulouse. (Voyez le plan.)

On voit, qu'à la rigueur, le maréchal Soult aurait pu se bor-

ner à défendre cette ligne : c'est aussi celle qu'il commença
par fortifier sur la rive droite de la Garonne, mais comme elle
était couverte et dominée par le plateau du Calvinet de l'extrémité nord, duquel on pouvait enfiler ou prendre à
revers quelques parties de l'espace compris entre le pont
Matabiau et l'embouchure du canal, il était convenable d'occuper ce plateau, *comme ligne avancée,* afin d'en faire payer la
possession assez cher à l'ennemi, pour le dégouter de toute
entreprise ultérieure.

Dans la position de l'armée française sur la rive droite, il
y avait donc : *des ouvrages avancés,* sur le plateau du Calvinet;
un corps de place formé par la ligne fortifiée du canal; et *un
retranchement général,* formé par l'enceinte de la ville de Toulouse.

Sur la rive gauche, dans le rentrant formé par la Garonne,
est placé le faubourg Saint-Cyprien, également enveloppé par
un ancien mur d'enceinte qui, à l'aide de quelques ouvrages
de campagne, formait une excellente tête de pont, et permettait à l'armée française de manœuvrer à volonté sur les
deux rives.

Prévoyant le cas ou lord Wellington tenterait de forcer le
passage de la Garonne à Toulouse même, en attaquant le
faubourg Saint-Cyprien avec toutes ses forces, et où l'armée
française toute entière devrait prendre part à la défense sur
la rive gauche, le maréchal Soult avait fait fortifier *une première ligne,* à plus de six cents mètres en avant du mur d'enceinte du faubourg.

Il résulte évidemment de cet exposé que pour vaincre
l'armée française sur l'une ou l'autre rive, il fallait lui enlever,
non-seulement *ses ouvrages avancés,* qu'elle n'avait point inté-

rêt de défendre à outrance, mais aussi, son *corps de place* et *son retranchement général*; car, si les ouvrages avancés étaient *la clef de la position*, la ligne du canal et le mur d'enceinte du faubourg Saint-Cyprien *en étaient les verroux*.

Il suffit de jeter un coup-d'œil sur le plan des environs de Toulouse et sur la distribution des forces de l'armée anglo-espagnole, pour se convaincre que le premier projet de lord Wellington était de forcer la ligne du canal, entre son embouchure dans la Garonne et le pont Matabiau, et particulièrement au pont Jumeau.

En effet, le corps du général *Hill* placé en avant du faubourg Saint-Cyprien, appuie sa gauche à la Garonne, établit des batteries d'enfilade et de revers, pour seconder l'attaque que les divisions Picton, Alten et la brigade de cavalerie allemande doivent faire contre les têtes du pont Jumeau et de celui des Minimes.

Le général Freyre est placé en face des retranchemens du nord du plateau du Calvinet, prêt à les attaquer en même temps que la tête du pont Matabiau.

Le général Beresfort couvre la gauche du général Freyre et *refuse* sa propre gauche en la tenant en arrière, pour éviter qu'elle ne soit tournée par quelque colonne de l'armée française, qui pourrait être lancée du centre du plateau.

Assurément, si jamais projet d'attaque et ligne de bataille ont été clairement formulés, ce sont ceux-là; pourquoi le dissimulerions-nous? C'était aussi ce qu'il y avait de mieux à faire.

Le général anglais, avec *cinquante-trois mille* hommes d'infanterie et *huit mille quatre cents* de cavalerie, indépendamment de la réserve de *dix-huit mille* hommes, n'ayant à combattre qu'une armée de *vingt-cinq mille* hommes d'infanterie, *deux mille cinq cents* de cavalerie légère et *sept mille* conscrits non-instruits, et dont *quatre mille* seulement étaient armés, ne venait pas, sans doute, pour enlever quelques misérables retranchemens en terre, au prix du sang de dix à douze mille de ses meilleurs soldats, en laissant à cette faible armée *sa ligne de bataille*, et la liberté de se retirer quand et où bon lui semblerait.

Lord Wellington voulait culbuter l'armée française, forcer ses débris à se renfermer dans Toulouse et à mettre bas les armes ; pour cela, il fallait pénétrer dans l'angle formé par la Garonne et le canal ; le meilleur moyen pour arriver à ce résultat était évidemment d'attaquer la partie nord du canal, qui se trouvait en première ligne, qui est enfilable de la rive gauche de la Garonne et du nord du plateau du Calvinet, tandis que la partie située à l'est était couverte par les retranchemens du plateau, et ne pouvait être enfilée d'aucun côté.

Le général en chef de l'armée anglaise avait donc, d'abord, bien saisi le point capital; ses mesures pour arriver au but étaient bien prises. Si cette partie de la ligne du canal eut été forcée, les troupes françaises qui étaient sur le plateau du Calvinet eussent été coupées et privées de moyens de retraite, le faubourg Saint-Cyprien eut été pris à revers, on eut été forcé de l'évacuer promptement, la brigade qui le défendait eut été poussée l'épée dans les reins, par le corps du général Hill, qui eut redoublé d'efforts; il est douteux qu'on eut eu le temps de faire sauter le pont, en sorte que la ville serait peut-être tombée en même temps que la ligne du canal.

De son côté le général français avait pris un ordre de bataille qui prouve qu'il appréciait parfaitement tous les avantages de sa position.

La première division fut chargée de la défense du canal depuis son embouchure jusqu'au pont Matabiau, la 8me fut établie sur le plateau du Calvinet, pour en défendre les retranchemens et garnir les intervalles qu'ils laissaient entre eux; les 2me, 6me et 4me divisions furent tenues en réserve, entre le plateau du Calvinet et la partie est du canal, pouvant ainsi se porter à volonté au secours du plateau et des parties de ce canal qui se trouvaient en première ligne, ou se replier dans la ligne de bataille, si le plateau était forcé.(1) *Cette disposition, très simple, était conforme aux meilleurs principes de l'art de la guerre; car la combinaison des troupes avec les ouvrages détachés, donnait à cette ligne avancée la forme d'un couronné, dont les ailes et les courtines mobiles étaient toujours prêtes à prendre l'ennemi en flanc ou à revers, sans pouvoir être tournées par lui.*

Sur la rive gauche, la 5me division fut chargée de défendre la tête de pont du faubourg Saint-Cyprien, avec ordre de tenir sa 2me brigade prête à se porter sur la rive droite, après avoir évacué les ouvrages avancés.

Enfin les conscrits, sous les ordres du général Travot, formèrent une réserve pour la défense de la ville et du faubourg Saint-Michel, qui la couvrait au sud.

Examinons maintenant ce qui s'est passé pendant l'action : Lord Wellington partage son armée en quatre corps. L'un, composé de *quinze mille* hommes d'infanterie et *quinze cents*

---

(1) La brigade Saint-Pol de la 6e division avait été placée en avant des ouvrages pour ralentir la marche de l'ennemi; mais elle avait reçu ordre de se replier sans trop s'engager, pour venir rallier le reste de sa division sur le plateau du Calvinet.

de cavalerie (2), reste sur la rive gauche en face du faubourg Saint-Cyprien, on ne lui oppose qu'une simple division française qui, après avoir fait déployer toutes les forces de l'en-

(2) Voici les états des deux armées ; nous prenons celui de l'armée anglaise dans l'ouvrage du général Vaudoncourt. Celui de l'armée française est extrait de l'état officiel.

État de situation des troupes composant l'armée impériale d'Espagne à l'époque du 1ᵉʳ avril 1814.

LIEUTENANS-GÉNÉRAUX.	DIVISIONS.	BRIGADES.	RÉGIMENS.		TOTAUX.	OBSERVAT.
Lieut.-gén. Reille.	4ᵉ Division. Gén. Taupin.	Gén. Rey.	12ᵉ inf. lég.	632	2462	Sur ce total il y a 383 conscr. non instruits.
			32ᵉ de lign.	944		
			43ᵉ id.	589		
		Adjud. comm. Gasquet.	47ᵉ id.	1042	2136	
			55ᵉ id.	501		
			58ᵉ id.	593		
	5ᵉ Division. Gén. Maransin.	Gén. Barbot.	4ᵉ inf. lég.	490	1640	
			40ᵉ de lign.	689		
			50ᵉ id.	461		
		Gén. Rouget.	27ᵉ id.	426	1371	
			34ᵉ id.	393		
			59ᵉ id.	552		

Les accolades de droite donnent : 4298 pour la 4ᵉ Division et 3011 pour la 5ᵉ Division.

A reporter 7309

nemi, se retire en bon ordre dans sa ligne de bataille après avoir évacué les ouvrages avancés. Cette division, conformément à l'ordre qu'elle avait reçu, détache sa deuxième bri-

LIEUTENANS-GÉNÉRAUX.	DIVISIONS.	BRIGADÉS.	RÉGIMENS.		TOTAUX.	OBSERVAT.
					Report 7309	
Lieut.-gén. D'Erlon.	1re Division. Gén. Darricau.	Gén. Fririon.	6e inf. lég.	481	1818	
			69e de lign.	872		
			76e id.	465		
					3982	
		Gén. Berlier.	36e id.	856	2164	
			39e id.	516		
			65e id.	792		
	2e Division. Gén. Darmagnac.	Gén. Le Seur.	34e inf. lég.	875	2258	
			51e de lign.	620		
			75e id.	763		
					4752	
		Gén. Menne.	118e id.	1236	2494	
			120e id.	1258		
	6e Division. Gén. Villatte.	Gén. St.-Pol.	21e inf. lég.	735	2562	
			86e de lign.	478		
			96e id.	568		
			100e id.	781		
					4423	Sur ce total il y a 214 conscr. non instruits.
		Gén. Lamorandière.	28e id.	554	1861	
			103e id.	671		
			119e id.	636		
					A reporter 20466	

gade sur la rive droite, il ne reste que *seize cent quarante* hommes dans le faubourg Saint-Cyprien, le général Hill fait de vains efforts pour s'en emparer, les *seize cent quarante* hommes repoussent toutes ses attaques, restent maîtres de la tête de pont et font éprouver des pertes considérables à l'ennemi ; le général Hill a-t-il été vainqueur parce qu'on l'a

LIEUTENANS-GÉNÉRAUX.	DIVISIONS.	BRIGADES.	RÉGIMENS.	TOTAUX.	OBSERVAT.
				Report 20466	
	8e Division. Gén. Harispe.	Gén. Dauture.	9e inf. lég. 641 ; 25e id. 732 ; 34e id. 597	1970	
		Gén. Baurot.	10e de lign. 524 ; 45e id. 588 ; 81e id. 501 ; 115e id. 494 ; 116e id. 290 ; 117e id. 188	2585	
				4555	
			Total....	25021	
	Réserve. Gén. Travot.	Gén. Pourailly et Vouillemont.	Conscrits non instruits.........	7267	
				32288	
			Cavalerie : 2583 hommes 2396 chevaux.		

laissé avancer jusqu'auprès du mur d'enceinte du faubourg ?

ÉTAT DE L'ARMÉE ANGLO-ESPAGNOLE ,

Tel qu'il se trouve dans l'Histoire des campagnes de 1814 et 1815 du gén. Vaudoncourt.

GÉNÉRAUX COMMAND. DES CORPS D'ARMÉE.	GÉNÉRAUX DE DIVISION.	GÉNÉRAUX DE BRIGADE.	INFANT.	CAVALERIE.	OBSERVATIONS.
Maréchal Béresfort.	Cole. Clinton.		10,000		Appuyant d'abord la gauche du général Freyre et formant l'extrême gauche de la ligne de bataille de l'armée anglo-espagnole contre la partie nord du canal, depuis l'embouchure jusqu'au pont Matabiau; a été ensuite dirigée contre la redoute Sypière.
		Sommers. Vivian.		3,000	
Picton.	Alten. Picton.		10,000		A l'attaque du canal depuis son embouchure jusqu'au pont Matabiau.
		Brig. allem.		1,500	
Freyre.		Ponsomby.	18,000	900 1,500	A l'attaque du pont Matabiau et des redoutes du nord du plateau du Calvinet.
Hill.	Stewart. Lecor. Morillo.		15,000		
		Fane.		1,500	A l'attaque du faubourg St.-Cyprien et favorisant l'attaque du pont Jumeau par des batteries d'enfilade et de revers.
		Totaux.	53,000	8,400	
Giron.			18,000	900	Réserve espagn. n'a point pris part à l'action.
			71,000	9,300	
				80,300	

Non, sans doute, *il voulait franchir cette barrière, il a manqué son but, il a été battu.* (1)

Sur la rive droite :

Le 2me corps, composé de deux divisions anglaises et d'une brigade de cavalerie, formant un total de *onze mille cinq cents* hommes, attaque à plusieurs reprises la partie du canal, comprise entre son embouchure et le pont Matabiau ainsi que le couvent des Minimes, placé à trois cents mètres en avant; ce corps est constamment repoussé, il ne peut forcer cette partie de la ligne de bataille (2), ni le couvent des Minimes; par

(1) Le maréchal Soult avait parfaitement prévu que la première ligne devrait être évacuée; voici ce qu'on trouve à ce sujet dans son ordre du 8 avril :

« La 5e division sera chargée de défendre la tête de pont de » Saint-Cyprien; mais si cette division était attaquée par des forces » supérieures, qui l'obligeassent malgré sa résistance, à évacuer la » première ligne, elle défendrait avec *vigueur* et *acharnement la* » *2e ligne.* »

(2) Pour se convaincre que le maréchal Soult considérait le canal du Languedoc comme *sa vraie ligne de bataille,* sur la rive droite de la Garonne, il suffit de se reporter à sa lettre du 24 mars au ministre de la guerre; on y trouve ce qui suit :

« La tête de pont que je fais construire en avant du faubourg » Saint-Cyprien, offre déjà des moyens de défense; je me propose » de faire perfectionner les ouvrages, et même *d'en élever sur la* » *rive droite,* pour mettre la ville entièrement à couvert. *Le canal* » *du Languedoc donne à ce sujet beaucoup de facilités.* »

Le passage suivant, de son ordre du 2 avril au colonel du génie, *Michaux,* est encore plus concluant :

« Indépendamment des ouvrages que vous devez faire exécuter » d'après la lettre que je vous ai écrite hier au soir, je désire que » vous fassiez la reconnaissance de la ville, et que vous déterminiez

conséquent, pendant toute la journée, *la droite de l'armée anglo-espagnole a été battue, la gauche de l'armée française a été victorieuse.*

Le 3ᵐᵉ corps, composé de *dix-huit mille* hommes, soutenus par une nombreuse artillerie et *deux mille quatre cents* hommes de cavalerie, attaque la partie nord du plateau du Calvinet, et la ligne de bataille au pont Matabiau ; ce corps, pris en flanc par la 2ᵐᵉ division de réserve, est repoussé et culbuté avec une perte effroyable ; non-seulement il ne peut forcer la ligne de bataille au pont Matabiau, il échoue même contre les retranchemens avancés ; deux nouvelles tentatives de sa part sont suivies de deux nouvelles déroutes.

Pendant toute la journée, *le centre de l'armée anglo-espagnole a donc été complètement battu, le centre de l'armée française a été victorieux.*

Le 4ᵐᵉ corps, composé de *dix mille* hommes d'infanterie et de *quinze cents* chevaux, fait une démonstration contre les redoutes du centre du plateau, le feu des tirailleurs et celui de l'artillerie des ouvrages suffisent pour le repousser, et le dégoûter de son entreprise.

Ici commence une nouvelle époque dont nous allons suivre le développement et apprécier les conséquences.

Soit que le général Beresfort ait agi d'après sa propre inspiration en ne donnant pas suite à sa démonstration contre les redoutes du centre, soit que son général en chef, ayant rencontré à l'attaque du nord du canal et du plateau une résistance et un système de défense qu'il n'avait pas

» les points qui doivent être réparés, afin que dans le cas où *la ligne » du canal et des faubourgs serait forcée,* l'on puisse défendre cette » enceinte. »

prévus, ait jugé à-propos de faire une diversion sur un autre point pendant qu'il ferait renouveller les autres attaques, le 4ᵐᵉ corps commença une marche de flanc, sous le feu de l'artillerie du plateau, dans des prairies marécageuses coupées de canaux d'irrigation, pour se porter à l'extrême droite, contre la redoute Sypière; ce mouvement occasionna nécessairement du désordre dans sa colonne et lui fit éprouver de grandes pertes.

Le général français devait suivre ce mouvement avec une vive satisfaction, car il lui offrait deux moyens de battre cette colonne.

Le premier, était de la faire attaquer en flanc pendant sa marche, avant quelle put se former.

Le deuxième, moins prompt mais plus brillant, pouvant conduire à un résultat plus décisif, consistait à laisser l'ennemi s'engager à l'attaque de la redoute de l'extrême droite, de le prendre en *flagrant délit*, dans cet instant, par une manœuvre semblable à celle qui avait déjà procuré un succès éclatant contre le corps du général Freyre. Dans ce cas, les chances étaient encore plus belles, car les deux flancs de l'ennemi étaient en *l'air* et l'on pouvait faire agir simultanément contre eux, l'artillerie, l'infanterie et la cavalerie.

Les dispositions du maréchal Soult avaient été prises à l'avance dans ce dernier sens, parce qu'il avait dû supposer que si l'ennemi l'attaquait par sa droite, les colonnes d'attaque seraient appuyées par d'autres troupes, et qu'il n'y aurait pas de lacunes dans l'ordre de bataille.

Mais quand il vit deux simples divisions ainsi aventurées, il donna ordre de les culbuter, sans leur donner le temps de se former. Voici comme il rend compte, au ministre de la guerre, des dispositions qu'il avait prises:

« Les divisions ennemies qui longeaient la rive gauche de

« l'Ers avaient déjà poussé leurs têtes, jusques près du pont
« de *Bordes* sur la route de *Caraman,* que j'avais fait détruire
« ainsi que celui de *Aigua* sur la route de Verfeil ; ces di-
« visions marchaient par le flanc sur trois lignes et tenaient,
« par conséquent, une grande étendue ; l'occasion me parut
« favorable pour les compromettre. A cet effet je donnai
« ordre au général de division Taupin, dont la division était
« formée sur le plateau , de se porter avec elle, au pas de
« charge, sur l'ennemi, de couper sa ligne et d'enlever tout
« ce qui s'était ainsi imprudemment engagé. Cette division
« était soutenue par une brigade de la division d'Armagnac ;
« elle était appuyée par les ouvrages de la droite de la ligne,
« dans lesquels le général Dauture était enfermé avec le 9ᵐᵉ
« d'infanterie légère, enfin le général Soult reçut ordre de
« porter un régiment de cavalerie pour couper la communi-
« cation de cette colonne ennemie, tandis que deux autres
« régimens furent engagés sur sa gauche. Cette disposition
« promettait le plus beau résultat ; sept à huit mille Anglais
« ou Portugais devaient être *détruits ou pris,* si la 4ᵐᵉ divi-
« sion d'infanterie s'était lancée comme on devait l'attendre ;
« mais l'ardeur qu'elle montra d'abord se ralentit ; au lieu
« *d'aborder* l'ennemi, ainsi que je lui en avais donné l'ordre,
« elle appuya à droite , voulut prendre position , donna le
« temps aux ennemis de se former de nouveau et de marcher
« contre elle. Dès-lors elle ne s'occupa que de sa défense,
« se rejeta sur l'ouvrage que le 9ᵐᵉ d'infanterie légère dé-
« fendait, et entraîna ce régiment dans son mouvement.
« Dans cet instant le général Taupin fut blessé mortellement
« et l'adjudant commandant Gasquet, qui remplissait les
« fonctions de général de brigade, reçut une très forte con-
« tusion. »

L'abandon de la redoute Sypière; quoiqu'elle ne fût ni terminée, ni armée, fut sans contredit un évènement fâcheux, parce qu'il empêcha de donner suite à une opération décisive, et qu'il augmenta les pertes et le désordre dans la 4me division; l'ennemi voyant ce désordre voulut en profiter pour marcher immédiatement à l'attaque du faubourg Guillemérie et surprendre le passage du canal au pont des Demoiselles: S'il eut réussi dans cette entreprise, l'armée française eût été fortement compromise, et se fut trouvée dans la position la plus critique. Le général en chef comprit la gravité de la situation, et prit rapidement les mesures qu'elle commandait; il se mit lui-même à la tête du 55me régiment qui était resté en réserve, fit avancer une partie de la 2de division, rallia les restes de la 4me; attaqua l'ennemi, le repoussa jusque sur le plateau, et disposa les troupes de manière que leur droite fut appuyée au faubourg Guillemérie, et leur gauche aux redoutes du centre du plateau.

Ainsi, le désordre fut réparé, *la tentative faite par le corps du maréchal Béresfort contre la droite du canal, échoua aussi complètement, que celles qui avaient été faites par les généraux Picton, Alten et Freyre contre la partie du nord.*

Il y a donc deux phases bien distinctes dans l'attaque de Béresfort contre l'extrême droite du plateau. D'abord, il obtient un succès contre une division mal engagée; et une redoute, qui n'est ni terminée, ni armée, que ses défenseurs abandonnent sans combat; dans un moment de confusion; mais aussitôt qu'il fait des dispositions pour attaquer la ligne du canal, il échoue, il est attaqué et repoussé à son tour. La nouvelle disposition défensive adoptée par le général français est telle, que la ligne de bataille ne peut être abordée sans que l'ennemi ne soit pris en flanc, par celle qui s'étend du faubourg Guillemerie aux redoutes du centre, et réciproquement, on ne peut attaquer celle-ci de front, sans être pris en flanc par la ligne du canal, le faubourg Guillemerie se trouve ainsi placé *dans un rentrant inattaquable*, contre lequel l'ennemi vient se briser, quoiqu'il ait réuni de nouvelles masses sur ce point; il est bientôt forcé de se tenir à distance respectueuse; dès-lors il ne combat plus pour la victoire, mais pour éviter la honte d'une défaite complète, car *la ligne de bataille* est hors de cause dans les combats qui vont désormais se livrer sur le plateau, le canal est à couvert, l'ennemi est obligé de venir sur le terrain qui lui était le plus défavorable. (1)

Nous ne saurions trop insister sur cette distinction, car c'est faute de l'avoir saisie, que la plupart des auteurs qui ont écrit sur la bataille de Toulouse, ont conclu que lord Wellington a été victorieux, tandis qu'*il a complètement échoué dans son projet qui, comme nous l'avons fait voir, était de forcer la ligne du canal.*

Nous avons dit que la première attaque était la bonne, puisque, si elle eut réussi, l'ordre de bataille de l'armée française eut été rompu. On va voir maintenant que le système d'opération de lord Wellington, qui a succédé au premier, était le plus mauvais que l'on put adopter, et que l'attaque de lord Béresfort sur le plateau ne peut être considérée que comme un pis-aller ou un accessoire de l'attaque principale, qui se continuait à droite et à gauche sur le canal.

(1) L'ennemi, en se portant sur les retranchemens du centre et du nord du plateau, laissa des forces qui continuèrent leurs tentatives contre la ligne du canal et contre la tête de pont de Guillemerie; le combat continua jusqu'à la nuit sur ce point, mais l'avantage fut constamment en faveur des Français : les Anglais échouèrent complettement.

Représentons-nous une partie d'enceinte de place E E E, dominée sur un de ses lcngs côtés par une hauteur H H que l'on occupe par un couronné 1. 2. 3. 4. 5. 6. 7. 8. relié avec l'enceinte par deux branches 1. 2. et 6. 7. 8. en supposant toutes choses égales d'ailleurs ; soit que l'on veuille s'emparer de l'enceinte par une attaque de vive-force, ou par un siège régulier, il est évident qu'il sera plus avantageux de marcher contre la partie découverte que contre celle qui est protegée par le couronné, car les colonnes d'attaque, ou la première parallèle que l'on disposera contre l'une ou l'autre, devront être a peu près à la même distance des saillans. Les difficultés des approches seront sensiblement les mêmes, exigeront le même temps ; en sorte qu'au moment où les colonnes d'attaque donneront l'assaut au couronné elles le donneraient à l'enceinte sur les autres fronts : soit qu'il ait fallu préablement ouvrir les brèches, ou que l'attaque ait eu lieu d'emblée. Il s'ensuit que, *tout le temps qui s'écoulera entre la prise du couronné et celle de l'enceinte qu'il couvre, sera un temps perdu.* On sait que dans l'attaque des places, comme dans les batailles, le temps perdu coûte cher.

Si le désavantage qui résulte de l'attaque du coté du couronné est grand, lors même qu'on l'enlève tout entier par cette attaque, il devient bien plus grand encore si le point que l'on enlève d'abord, permet au défenseur d'établir, dans l'intérieur, des retranchemens qu'il faille prendre les uns après les autres, puisque les pertes d'hommes et de temps croîtront proportionnellement au nombre de ces retranchemens.

Supposons, par exemple, que le couronné 1. 2. 3. 4. 5. 6. 7. 8 soit attaqué par le saillant 6. et que l'on ait fait un 1er retranchement à partir de la ligne 4. 4. 7. après la prise du saillant 6., le défenseur se trouvera dans la position où il eut été dès l'origine si, au lieu de s'étendre jusqu'au point 6. il se fut borné à occuper la partie 2. 3. 4. du plateau; par le couronné 1. 2. 3. 4. 7. 8. l'assaillant sera encore forcé de cheminer contre le point 4. et de donner un nouve assaut, soit d'emblée, soit après avoir ouvert des brèches.

Si, en arrière de ce premier retranchement, on en fait un second à partir de la ligne 3. 3. 7, le défenseur se trouvera dans la même position que s'il n'eut occupé que la partie 2. 3. du plateau par le couronné 1. 2. 3. 3. 7. 8; il faudra encore enlever ce nouveau couronné d'emblée, ou après avoir fait brèche à son saillant 3; en sorte qu'avant de pouvoir arriver en position d'attaquer l'enceinte, il aura fallu donner préalablement trois assauts, les uns après les autres, tandis que pour les fronts qui ne sont point couverts par le couronné il n'en aurait fallu aucun.

Assurément l'ingénieur qui, pour s'emparer d'une enceinte semblable, procéderait comme nous venons de l'indiquer, en commençant par l'attaque du couronné et de ses re tranchemens, ferait plus qu'une faute, il ferait une opération absurde. (1)

C'est cependant une opération de cette nature, à laquelle lord Wellington a été conduit, en abandonnant son premier plan. L'hypothèse que nous venons de faire n'est point une fiction, le terrain figuré sur notre croquis est celui des envi-

(1) Ce système d'attaque était encore plus défavorable que nous ne l'indiquons, car la tête du pont Guillemerie formait un véritable réduit des retranchemens du plateau, qu'on ne pouvait se dispenser de prendre avant l'attaque contre le canal; c'est donc réellement l'équivalent de quatre assauts préliminaires, et, le plus difficile était évidemment le dernier.

rons de Toulouse. L'enceinte E. E. E. est le canal du Midi qui formait la ligne de bataille du maréchal Soult ; le plateau sur lequel est tracée la ligne ponctuée 2. 3. 4. 5. 6. est celui du Calvinet, où l'on avait placé des ouvrages de campagne à la gauche, au centre et à l'extrême droite; mais au lieu des longues branches indiquées par les lignes ponctuées 1. 2. et 6, 7. 8. pour relier le couronnement du plateau avec le canal, le général en chef avait placé, comme nous l'avons déjà dit, *des branches mobiles,* en sorte que les 2me et 4me divisions en pivotant autour des extrémités 1. et 7. appuyées au canal et au faubourg Guillemerie, retrouvaient de nouvelles lignes couvertes par les redoutes du centre, et ces nouvelles lignes faisaient l'office de retranchemens.

Cette disposition était extrêmement heureuse et ne pouvait manquer de conduire à de grands résultats, nous avons vu ce qui empêcha qu'elle n'eut à la droite le même succès qu'à la gauche; ce qui précède prouve *que le non succès ne peut être attribué à la combinaison première, mais seulement au mode d'exécution, puisque les mesures adoptées pour les deux côtés reposaient sur les mêmes principes.*
Revenons maintenant aux évènemens de la journée.

On a vu qu'après la prise de la redoute Sypière, lord Beresfort avait fait une tentative contre le faubourg Guillemerie et contre la droite du canal, que cette tentative avait complètement échoué, que ses troupes avaient été ramenées sur le plateau, que le maréchal Soult faisant pivoter la branche mobile de son couronné autour de ce faubourg, l'avait appuyée aux redoutes du centre, ce qui donnait a sa nouvelle ligne de défense avancée, la forme du couronné 1. 2. 3. 4. 7. 8, par ce moyen il mit le général anglais dans la nécessité de marcher contre les redoutes du centre; cette attaque n'avait rien d'inquiétant pour l'armée française puisqu'elle était tout à fait en dehors de la ligne de bataille ; aussi le maréchal Soult se garda-t-il de dégarnir cette ligne; contre laquelle lord Wellington renouvellait ses tentatives, en la faisant attaquer par les généraux Hill, Picton, Alten, Freyre et une partie des troupes de son extrême gauche ; ces attaques eurent le même sort que celles qui les avaient précédées et furent constamment repoussées avec la même vigueur.

Relativement aux retranchemens du plateau, le général français (dont l'armée n'était que le tiers de celle du général anglais), devait ménager ses forces, et ne les exposer qu'autant qu'il serait assuré de faire éprouver à l'ennemi des pertes à peu près triples de celles qu'il éprouverait lui-même, et se réserver pour le moment où sa ligne de bataille serait attaquée; c'est la marche qu'il adopta, il conserva son artillerie dans les redoutes tant que celle de l'ennemi fut à distance et qu'elle put agir contre les masses ; mais quand le combat, prêt à s'engager corps à corps pouvait lui faire éprouver des pertes égales à celles de son adversaire, il donnait l'ordre de la retraite; quand l'occasion d'un retour offensif se présentait, il la mettait à profit, et se retirait ensuite sur la nouvelle ligne qu'il voulait prendre, *comme la garnison d'une place s'empresse d'y rentrer après une sortie, quand elle a obtenu le résultat qu'elle avait en vue, ou que l'ennemi a rassemblé assez de forces pour lui faire craindre une attaque dangereuse.*

C'est ainsi que les redoutes du centre ayant été évacuées après une vive résistance, le général Harispe les attaqua de nouveau, et que la brigade écossaise du général Pack fut presque entièrement détruite; voyant ensuite arriver des renforts nombreux qui auraient pu faire éprouver des pertes hors de proportion avec les avantages qu'on pouvait retirer d'une lutte plus prolongée, le général en chef fit pivotter de nouveau son aile droite autour du faubourg Guillemeric, et en appuya la gauche aux redoutes du nord du plateau, ce qui donna alors à sa ligne de défense avancée, la forme du couronné 1. 2. 3. 3. 7. 8., qui couvrait encore la même étendue de la ligne de bataille.

Le général Beresfort, après avoir parcouru un espace de plus de huit mille mètres à travers des difficultés et des dangers immenses, d'où le hasard seul a pu le tirer, après avoir éprouvé des pertes considérables, se trouve forcément ramené, *à plus de cinq heures du soir* (1), auprès du géneral Freyre, *qu'il avait quitté le matin, devant les retranchemens du nord du plateau, et obligé de concourir à leur attaque*; quel a été le fruit de cette course aventureuse qui devait entraîner sa perte? il a pris la redoute Sypière qui n'était ni terminée, ni armée, il est entré dans les redoutes du centre après que le général français en a eu fait replier l'artillerie sur la ligne de bataille où elle était appelée à jouer un rôle important dans le combat à outrance que l'on était disposé à soutenir.

A la défense des retranchemens du nord le maréchal Soult suit la même marche qu'à ceux du centre, malgré la réunion

(1) Nous avons fait remarquer dans l'introduction, la différence qui se trouve à ce sujet entre le général Vaudoncourt et le chef d'escadron Lapène; nous adoptons la version du général Vaudoncourt, quoiqu'elle soit aussi en opposition avec le rapport du maréchal Soult qui dit que les retranchemens du nord du plateau se défendirent jusqu'à cinq heures du soir.

On conçoit que dans ce rapport fait à la hâte au milieu des soins qu'exigeaient les préparatifs de défense en cas d'une nouvelle at-

des deux corps d'armée des généraux Beresfort et Freyre appuyés par une partie de celui du général Picton ; l'artillerie des retranchemens tonne sur les masses ennemies tant qu'elles sont à distance ; approche-t-on du moment où le combat corps à corps peut s'engager, l'artillerie est évacuée et conduite dans la ligne de bataille, le combat continue avec l'infanterie seule et quelques pièces dont les chevaux ont été tués ; malgré cela la défense était tellement vigoureuse, qu'à 7 heures du soir la grande redoute, ouvrage le plus important du plateau, tenait encore, et qu'il fallut des ordres réitérés du maréchal pour décider ses défenseurs à l'abandonner.

Ainsi, à l'exception du moment de confusion qui fut la conséquence du faux mouvement de la division Taupin, tout se passe avec un ordre admirable, loin qu'on soit obligé d'exciter le soldat français pour le maintenir à son poste, il faut en quelque sorte lui faire violence pour le dé erminer à quitter quelques mauvais retranchemens qu'il a fait payer à l'ennemi par le sang de dix ; mille de ses meilleures troupes ! D'où vient cette constance et cette vigueur ? elle vient de ce

taque et les dispositions préparatoires pour l'évacuation de Toulouse, le général en chef ait pu omettre quelques circonstances et ne pas avoir pu examiner l'instant précis où la dernière redoute a été évacuée ; nous avons recueilli des souvenirs de militaires qui ont pris part à la défense de ces ouvrages, ils nous ont affirmé qu'il était bien sept heures quand les derniers ouvrages furent évacués, qu'ils le furent volontairement, par suite des ordres réitérés du maréchal, qui alla lui-même dans la redoute féliciter les troupes et leur commandant Guerrier, sur leur belle conduite ; quoi qu'il en soit, si les ouvrages du nord eussent été évacués à cinq heures, cela prouverait encore mieux 'impuissance de l'armée anglo-espagnole contre la ligne du canal puisqu'elle serait restée depuis cinq heures jusqu'à la nuit, sans obtenir de résultats, après l'occupation des retranchemens.

que l'armée apprécie les bonnes dispositions de son chef, qu'elle reconnaît que ce qui se passe n'est *qu'une introduction à la bataille qui doit se livrer sur la ligne du canal*, avec laquelle elle est en pleine communication, et où elle viendra se ranger quand le moment sera venu, *comme une avant-garde se replie sur son corps d'armée, pour prendre part à l'action générale.*

Après avoir disputé le terrain pied à pied, sur le plateau du Calvinet, sans rien compromettre, et avoir horriblement maltraité l'ennemi, le maréchal Soult fit replier en bon ordre les dernières troupes vers le pont Matabiau et se trouva ainsi concentré sur la vraie ligne de bataille, conservant la position qu'il avait occupée et défendue pendant toute la journée, depuis l'embouchure du canal jusqu'au pont Matabiau, y compris le couvent retranché des Minimes, comme ouvrage avancé, qui facilitait les retours offensifs sur la rive droite.

Depuis le pont Matabiau jusqu'au pont des Demoiselles, l'armée française resta sur la rive droite, occupant la formidable position retranchée du contrefort en avant du faubourg Guillemerie, dont nous avons déjà developpé les propriétés. Il garda cette position, non seulement le jour de la bataille, mais encore le lendemain, provoquant ainsi lord Wellington à une nouvelle affaire générale qu'il n'a pas acceptée et en cela il a fait preuve de sagesse.

Les raisons qui ont empêché le général anglais d'attaquer le lendemain sont faciles à saisir :

Il a compris que si quelques mauvais ouvrages en terre, faits à la hâte, sans flanquement, en partie ouverts à la gorge, avaient suffi à l'armée française pour le tenir en echec pendant toute la journée du 10, et pour décimer les troupes qu'il commandait, il éprouverait des obstacles bien autrement grands, quand il faudrait franchir des fossés pleins d'eau de 20 mètres de largeur et de deux mètres de profondeur, sous le feu à bout touchant de troupes bien couvertes par de bons parapets et soutenues par de fortes réserves.

Il a compris que, si les divisions Picton , Alten, la brigade allemande, le corps du général Freyre et le corps de lord Beresfort étaient venus se briser contre le couvent des Minimes, les ponts Jumeau, des Minimes, de Matabiau et des Demoiselles, pendant toute la journée du 10 , quand une partie de l'armée française était occupée ailleurs, il n'y avait aucune chance de succès du moment où elle était réunie et concentrée, n'ayant à défendre que six têtes de ponts, entre lesquelles les berges du canal formaient d'excellentes courtines, bien couvertes et infranchissables.

Il a compris que les batteries qu'il établirait sur le plateau seraient de peu d'effet contre la ligne du canal qui lui fait face, contre les têtes de ponts qui en étaient défilées, et qu'elles ne pourraient rien contre le pont des Minimes qui en est à près de deux mille mètres, ni contre le pont Jumeau qui en est à 3500 mètres.

Il a compris que, dans une semblable position sa nombreuse cavalerie serait complètement paralysée, et qu'il serait privé de cet élément de force.

Il a compris que l'armée française n'était point, comme la sienne, affaiblie par les pertes de la veille, que derrière les berges du canal et les murs des maisons des faubourgs et de la ville, les conscrits ne seraient plus *un meuble inutile;* qu'ils vaudraient de vieux soldats, que les armes des morts et des blessés passeraient dans les mains de ceux qui en avaient manqué jusqu'à ce moment.

En un mot, lord Wellington a compris, un peu tard il est

vrai, que s'il tentait de nouveau de forcer cette ligne, il sacri-
fierait son armée sans réussir.

Alors, il prit le parti de manœuvrer au lieu de combattre,
de menacer les communications par la route de Carcassonne,
au lieu d'attaquer la ligne du canal. Le maréchal Soult, dont
le projet était de faire sa jonction avec le maréchal Suchet,
pour se reporter en avant par l'Arriège, et manœuvrer sur la
Haute-Garonne en s'appuyant aux Pyrénées, ne voulut point
laisser l'ennemi se placer entre lui et son collègue; il se
décida à quitter Toulouse, après avoir évacué ses magasins
et ses blessés dans le plus grand ordre et sans que l'ennemi
osât l'inquiéter; il partit dans la nuit du 11 au 12 et se diri-
gea sur Castelnaudary.

Il est donc de la dernière évidence que le maréchal Soult a
été vainqueur à la bataille de Toulouse, que cette journée dans
laquelle *vingt-sept mille* Français ont combattu plus de soixante
mille Anglo-Espagnols (1), ont repoussé toutes leurs attaques,
soit à la gauche, soit à la droite de la véritable ligne de bataille, ne leur ont laissé occuper quelques mauvais retranchemens avancés qu'après les avoir jonchés de cadavres *est une
des plus glorieuse qu'on puisse inscrire dans nos annales et graver
sur nos monumens nationaux.*

Sans doute cette victoire n'a été ni aussi brillante, ni aussi
décisive qu'elle l'eut été si l'attaque du général Taupin avait
eu le résultat qu'on devait en attendre; car, si le corps du
maréchal Beresfort eut été culbuté dans l'inondation de
l'Ers, comme cela était probable, la perte de la bataille fut

(1) Nous ne parlons que de ce qui a pris part à la bataille, et nous
laissons d'une part la réserve de lord Wellington, de l'autre les
conscrits du général Travot, qui n'ont pas tiré un coup de fusil,
excepté ceux qui étaient au pont des Demoiselles.

devenue pour l'armée anglo-espagnole une véritable déroute;
mais, telle quelle est, cette victoire est incontestable et fait
le plus grand honneur à l'armée française et au chef qui
avait su choisir cette position pour racheter la différence du
nombre.

Comment se fait-il donc que la plupart des écrivains français parmi lesquels il s'en trouve dont les connaissances et le
patriotisme ne peuvent être révoqués en doute, n'ont pas
hésité à déclarer que la victoire était restée à lord Wellington?
C'est qu'ils n'ont pas envisagé la question sous son véritable
point de vue; ils ont pris *l'accessoire* pour le *principal*, ils ont
consideré le plateau du Calvinet *comme la ligne de bataille de
l'armée française, tandis que ce n'était qu'une position d'avant-
garde,* ils n'ont pas examiné les dispositions de l'armée anglaise et la marche de son attaque avec assez d'attention pour
y reconnaître que le vrai but de lord Wellington était de
forcer le passage du canal; d'abord, entre l'embouchure et
le pont Matabiau, puis ensuite à la droite, entre le faubourg
Guillemerie et le pont des Demoiselles; que ce n'est qu'en
désespoir de cause et *après avoir complètement échoué contre
ces parties de la ligne,* qu'il a reporté tous ses efforts contre
quelques ouvrages détachés dont la possession trop chèrement
achetée par lui, *a laissé l'armée française maîtresse du terrain
sur lequel elle devait se mouvoir et qu'elle a voulu garder.*

Mais, dira-t-on, si lord Wellington n'est pas entré dans
Toulouse le jour de la bataille, ni même le lendemain, il
y est entré le jour suivant, l'orsque le maréchal Soult eut
quitté sa position pour se replier sur Castelnaudary. A cette
objection la réponse est facile; il y a mille circonstances à la
guerre, qui peuvent décider un général à se retirer d'un
champ de bataille où il a été vainqueur; nous n'en citerons

qu'un exemple, que lord Wellington ne récusera pas et qui présente une analogie parfaite avec la position dans laquelle le maréchal Soult s'est trouvé.

Le 27 septembre 1810, le maréchal Masséna, commandant en chef l'armée française dite de Portugal, commit la faute d'attaquer de front l'inexpugnable position de Boussaco, occupée par l'armée anglo-portugaise, pour couvrir *Coimbre;* après avoir tenté vainement de forcer cette position et y avoir perdu quatre à cinq mille hommes, le général français fit cesser le feu. Le 28 les deux armées restèrent en présence, le 29 au lieu de recommencer le combat, Masséna manœuvra pour tourner la position ; lord Wellington, craignant pour ses communications, se retira et l'armée française entra dans Coimbre.

Dira-t-on que Masséna a été vainqueur parce que le jour de l'affaire il est resté en possession de quelques mamelons que les Anglais occupaient la veille, et parce que le surlendemain ils se sont retirés et ont laissé prendre Coimbre; assurément non, Masséna voulait forcer le passage il n'y est pas parvenu, lord Wellington a conservé sa ligne de bataille, il ne l'a quittée que par suite de mouvemens ultérieurs, qui la lui eussent fait quitter sans combat, s'ils avaient eu lieu dès le commencement : il a donc obtenu la victoire.

Il en est absolument de même du maréchal Soult. Il occupait la ligne du canal qui couvrait Toulouse et la route de communication avec le maréchal Suchet ; le 10 avril 1814 lord Wellington a fait de vains efforts pour enlever cette position, le 11 les deux armées sont demeurées en présence ; le général anglais n'osant plus attaquer cette ligne de front, a manœuvré pour menacer les communications de l'armée française; le maréchal Soult, qui voulait faire sa jonction avec son collègue, par la route de Carcassonne, dut quitter sa position et marcher à la rencontre des armées d'Aragon et de Catalogne.

On voit d'après cela, que pour contester la victoire de Toulouse au maréchal Soult, il faudrait contester la victoire de Boussaco à lord Wellington. Nous ne pensons pas qu'il y eut un homme raisonnable qui voulut émettre une semblable opinion.

COMPLÉMENT

DES CONSIDÉRATIONS MILITAIRES

SUR

LA BATAILLE DE TOULOUSE.

Nous connaissons le terrain sur lequel les deux armées ont agi, l'ordre de bataille primitif adopté par chacun des généraux en chef, les modifications qui ont eu lieu par suite des principaux mouvemens exécutés pendant l'action, le résultat des attaques réitérées faites par chacun des corps de l'armée anglo-espagnole ; les points où ils ont échoué, ceux où ils ont réussi ; nous avons apprécié la nature de leurs succès et de leurs revers, signalé le but qu'ils se proposaient d'atteindre et la distance à laquelle ils en sont restés, après avoir éprouvé des pertes énormes comparativement à celles de l'armée française.

Nous avons donc réuni les élémens nécessaires pour établir une comparaison raisonnée entre les talens militaires déployés dans cette occasion par le maréchal Soult et lord Wellington. Il nous reste à présenter quelques considérations supplémentaires que nous avons laissées de côté pour ne pas distraire l'attention de l'objet principal sur lequel nous voulons la fixer.

La fortification de campagne a joué un rôle assez intéressant dans cette bataille pour que nous recherchions si le commandant du génie a employé les moyens les plus efficaces pour seconder les vues du général en chef et préparer le triomphe de l'armée française.

Description et examen critique des retranchemens établis, autour de la place de Toulouse.

Voici la description détaillée des ouvrages exécutés, telle qu'elle se trouve dans l'ouvrage du chef d'escadron Lapène, et du général Vaudoncourt, (Voir l'ordre du 2 avril.)

« La tête du pont de Saint-Cyprien avait deux enceintes. La » première, adossée à son ancien mur de clôture, *contenait* » un développement d'environ *six cents* toises. A la gauche, » le vaste bastion du *muret,* construit en avant de la grille » de fer qui ferme le cours Dillon, *barrait* la route de Saint- » Gaudens. Un second bastion *entourait* à droite, au » nord, la tour située à l'angle du mur extérieur des hospices. » Au centre de la barrière de fer, établie sur la principale » entrée du quartier, était construit de chaque côté de la » porte, un blockaus, ou palanque, *fait en pieux,* donnant » des feux directs sur la grande avenue, et des feux croisés « avec ceux des bastions collatéraux sur la promenade des » boulevards. Une traverse à l'épreuve du canon, construite » en arrière de la grille, défendait l'entrée de cette porte » destinée à rester libre et ouverte pour les besoins du ser- » vice. La portion des murailles de l'enceinte comprise entre » les ouvrages était crénelée, ainsi que les habitations inté- » rieures et adjacentes. Une tranchée large et profonde for- » mait un fossé devant cette enceinte et la préservait de l'es- » calade et de l'attachement du mineur au pied du parapet.

» Une deuxième ligne de fortification était construite en
» avant de la première. Cette deuxième enceinte, ou plutôt
» ce camp retranché, environnait le faubourg Saint-Cyprien
» proprement dit, c'est-à-dire toutes les habitations extérieu-
» res en avant de la grille du quartier ; appuyée à la Garonne à
» deux cents toises du bastion Muret, elle suivait en dehors les
» murs des cimetières, et allait couper plus loin le chemin de
» Fourguette-Villeneuve. Une redoute construite sur l'ancien
» chemin de Cugnaux, autour des maisons Aurole et Chatel,
» rattachait ces ouvrages à ceux de la place, dite Patte d'Oie;
» la ligne se dirigeait de là vers l'ouest pour atteindre et enve-
» lopper la maison Rodeloze, en face l'école de tir, ou polygone
» de l'artillerie, sur la route d'Auch ; elle se terminait enfin
» au moulin de Saint-Félix, ou Bourrasol, au-dessous et à
» quatre cents toises du quartier. L'armement de la première
» enceinte, rendue sur tous les points susceptibles d'une ex-
» cellente défense consistait en quinze bouches à feu; du canon
» était aussi distribué dans les ouvrages de la seconde ligne les
» plus avancés. Celle-ci présentait du reste sur un développe-
» ment d'environ douze cents toises un grand nombre de points
» faibles ; et son tracé ne parut pas au général en chef exempt
» de défauts. (1)

(1) Evénemens militaires devant Toulouse en 1814. Par Edouard,
Lapène, page 37 et suivantes.

Dans cette description, M. Lapène ne nous paraît pas avoir bien
saisi l'esprit de la disposition adoptée pour l'enceinte avancée, même
d'après le plan qui se trouve dans son ouvrage. Cette enceinte, au
lieu de s'écarter de la première sur la droite, à partir de la patte
d'oie s'en rapproche et vient s'appuyer au ruisseau qui alimente le
moulin de Bourrasol à trois cents mètres environ du bastion de l'hô-
pital, tandis que ce moulin s'en trouve à plus de mille mètres. Ce

« Les retranchemens de la rive droite de la Garonne *for-*
» *maient une triple enceinte;* la *première* était celle de la ville
» même. On avait crénelé le couvent des Récollets et barri-
» cadé les rues du faubourg Saint-Michel. Le Busca avait été
» joint à la promenade par une ligne brisée au milieu de la-
» quelle on avait projeté une redoute bastionnée. Le restant
» des vieux remparts à l'est et au nord avait été armé de ca-
» nons aux points qui avaient vue sur le canal.

« *La seconde enceinte* était formée par le canal du Langue-
» doc. La gauche de cette ligne appuyait à l'embouchure du
» canal, où l'on avait fortement occupé la maison d'admi-
» ministration. Le pont Jumeau, à la jonction du canal neuf,
» avait été couvert par un fort tambour armé de quatre
» bouches à feu ; derrière le pont on avait élevé un pare-à-
» dos , pour le défendre des coups de revers de la rive gauche,

n'est pas sans raison que le chef du génie avait ainsi rapproché la
droite de cette enceinte ; car si le canal eut été forcé à son embouchure ou au pont Jumeau, la droite n'eut pas été tournée puisque son
prolongement venait tomber très près de la vielle enceinte de Toulouse, tandis que si elle eut été appuyée au moulin de Bourrasol,
elle fut tombée en même temps que l'embouchure du canal. Il suit de là
que les retranchemens qui s'étendaient de la patte d'oie à la maison
de Bourrasol ne peuvent être considérés que comme une espèce de
couronné qui était en avant de l'enceinte avancée, dont le but était
d'empêcher l'ennemi d'établir des batteries d'enfilade contre la
ligne du canal près de son embouchure, en sorte que sur la droite,
il y avait réellement trois lignes successives de défense ; 1° les re-
tranchemeus qui s'étendaient du moulin de Bourrasol à la patte
d'oie en passant par la maison Rodeloze, 2° la portion d'enceinte
qui s'étendait depuis le coude formé par le ruisseau qui alimente
le moulin de Bourrasol jusqu'à la patte d'oie, 3° la ligne qui suit le
mur d'enceinte du faubourg.

» le pont d'Arnaud Bernard sur la route de Montauban,
» avait été également couvert par un tambour et armé de six
» pièces. Le couvent des Minimes, à cent toises en avant
» avait été crénelé et mis en état de défense. Le double tam-
» bour qui couvrait le pont Matabiau sur la route d'Alby, ar-
» mé de sept bouches à feu, complettait la ligne de défense
» du canal, vers le nord. Cependant pour ménager, en cas
» de besoin, un double passage de retraite, à la gauche des
» troupes qui couronnaient les hauteurs, un pont volant,
» en planches libres, avait été établi à côté du pont Mata-
» biau. Le pont Guillemerie et le pont Neuf avaient été lais-
» sés libres pour la retraite de l'armée, qui avait été mar-
» quée par le faubourg Saint-Étienne. Cependant *les avenues*
» *de ce faubourg étaient défendues par deux redoutes; l'une à*
» *gauche à la maison Sacarin, l'autre à droite à la maison Ba-*
» *taille* (1); le dernier pont sur le canal, à l'extrême droite,
» qu'on appelle pont de *Montaudran*, ou des *Demoiselles*, avait
» été également couvert d'une redoute armée de quatre
» pièces de canon.

    « L'enceinte la plus avancée, *et qui couvrait le champ de*
» *bataille*, s'étendait sur les hauteurs du Calvinet et de Mon-
» taudran, autrement appelé Mont-Rave. On avait négligé
» d'y comprendre le mamelon qui est au nord de la Pujade,
» et avec raison parce que la défense de cette hauteur iso-
» lée, n'aurait servi qu'à compromettre les troupes qu'on y
» aurait placées. »

    La gauche de cette ligne était fermée par une espèce d'ou-

---

(1) Le général Vaudoncourt, n'a pas suffisamment développé les
avantages de cette position qui, comme nous l'avons déjà dit, était
de la plus haute importance et capable d'une résistance extrêmement vigoureuse.

vrage à cornes, qui faisait face au mamelon de la Pujade, et auquel le chemin creux de Périoles, qui coupe le penchant du coteau, sert d'avant-fossé. Le côté oriental de la butte du Calvinet était défendu par deux redoutes *non achevées*. A l'occident, et autour du signal du Calvinet, une redoute bastionnée, fermée à la gorge, battait à revers les avenues du pont Matabiau et la route d'Alby. Au midi de cette dernière et au pied de la butte supérieure était une autre redoute construite dans le même but. Ces différens ouvrages formaient ce que l'on appelait les redoutes du Calvinet. Un peu plus loin, au midi, entre la butte du Calvinet et le chemin de Lavaur ou de Balma, étaient les redoutes du centre; la première, appelée des Augustins, entourait la maison Pomarède; la seconde entourait la ferme de la Colombette; enfin, la droite de la ligne était fermée par une redoute encore imparfaite établie à l'extrémité nord du mamelon de Sypière, et qui n'était pas armée. (1)

Pour quiconque à lu nos Considérations sur les Mémoires du maréchal *Suchet*, et les pièces justificatives qui les suivent, il est évident que le maréchal *Soult* a toujours conservé l'espérance qu'il déterminerait enfin son collègue à agir de concert avec lui; si le mouvement qu'il avait proposé sur l'Arriège avait eu lieu, l'armée française, au lieu de se retirer sur Castelnaudary après la bataille de Toulouse, eut probablement

(1) Guillaume de Vaudoncourt, Histoire des Campagnes de 1814 et 1815. Tome 3, pages 109 à 111.

Aucun des auteurs ne parle de la coupure qui s'étendait de l'enceinte de la place au canal à gauche du pont des Minimes, qui était cependant d'une haute importance, pour le cas où le pont Jumeau aurait été forcé. (Voyez l'ordre du 6 avril, N. 20.)

14

passé sur le corps du général Hill, pour faire sa jonction avec l'armée d'Aragon, ce qui eut infailliblement obligé lord Wellington à revenir sur ses pas et à recommencer en sens contraire, avec beaucoup plus de désavantage, la promenade qu'il avait déjà faite sur les bords de l'Adour. Il n'y a donc aucun doute qu'en faisant établir la tête de pont de Saint-Cyprien, cette combinaison entrait dans les vues du maréchal Soult, en sorte que cette tête de pont devait être organisée pour une résistance opiniâtre et pour favoriser les retours offensifs de l'armée entière.

Sous ce double point de vue, la première enceinte était bien entendue, la tranchée établie en avant de l'ancien mur était avantageuse pour les rassemblemens de troupes ; en même temps qu'elle augmentait la force de l'enceinte, les deux grands bastions de droite et de gauche étaient bien placés pour soutenir les ailes ; mais le centre était faible ; de simples palanques, une traverse et des maisons crénelées n'auraient point présenté des obstacles suffisans contre une attaque vigoureuse appuyée par une nombreuse artillerie. Sauf ce seul point, il n'y a que des éloges à donner aux dispositions défensives faites pour cette première enceinte.

L'enceinte avancée ne nous paraît pas établie d'après d'aussi bons principes ; formée par un mélange de lignes à crémaillères, à redans et à bastions, presque tous les ouvrages flanquans sont à cheval sur les principales routes, tandis que, dans la bonne fortification, on place les portes d'entrées sur le milieu des courtines, parce que les bastions, ou autres parties saillantes, qui servent au flanquement, ne doivent pas être sur les points les plus abordables, ni encombrées par les troupes et les attirails qui coopèrent aux sorties.

On voit bien à l'inspection du plan, que cette disposition a été faite pour suivre le contour des murs et des maisons du faubourg, et qu'on a voulu ainsi diminuer les travaux à exécuter; mais cette économie de travail, qui est au moins problématique, ne pouvait avoir lieu qu'au dépens de la force; car, si les murs et les maisons que l'on a mis ainsi en première ligne, exposés aux feu de l'artillerie ennemie, eussent été couverts par le relief d'ouvrages placés en avant, ou par des glacis, ils auraient formé d'excellens réduits qui eussent augmenté considérablment les moyens de défense. Nous pensons, en conséquence, que l'enceinte avancée devait être portée plus en avant; alors on eut été libre d'adopter une ligne bastionnée dont les courtines eussent été à cheval sur les routes; ou, ce qui eut mieux valu, une ligne de fortes redoutes avec fossés à glacis intérieurs, réunies par des chemins couverts également avec fossés à glacis; alors les mouvemens de l'armée eussent été libres sur tous les points.

Nous avons dit que l'espèce de couronné qui s'étend du moulin de Bourassol à la Patte-d'Oie, avait pour objet d'empêcher l'ennemi d'établir sur la rive gauche de la Garonne, des batteries d'enfilade et de revers contre les ouvrages de l'embouchure du canal et du pont Jumeau; il y avait quelque chose de mieux à faire pour obtenir ce résultat; il existe en effet une position très favorable pour établir une forte redoute avec réduit et dont les fossés auraient été remplis d'eau; qui aurait non-seulement empêché l'ennemi d'établir des batteries contre la ligne du canal, mais encore aurait flanqué cette ligne et aurait, en quelque sorte, fait corps avec elle, en y communiquant par bateaux. Ce point se trouve entre un petit ruisseau et la Garonne dans laquelle il vient

se jeter un peu au-dessous du confluent du canal ; une
semblable redoute devenue inattaquable de vive force, par
l'emploi des meilleurs moyens que fournit la science de
l'ingénieur eut rendu d'immenses services, que l'inspection
seule du plan suffit pour faire reconnaître, et eut dispensé de
construire la longue et faible ligne dont nous avons parlé,
ou l'eut protégée.

On a vu que le maréchal Soult s'était borné à faire occuper la partie du plateau du Calvinet, qui s'étend de la route
d'Alby au mamelon de Sypière, sur une longueur d'environ
trois mille mètres, qui couvrait tous les ponts établis sur le
canal du midi ; cela était suffisant, puisque l'ennemi ne
pouvait passer outre avant de s'être emparé de cette partie ;
nous avons vu également que les ouvrages avaient été répartis et groupés sur trois points, au centre, et aux extrémités du plateau ; nous avons fait remarquer que cette disposition heureuse forçait nécessairement l'ennemi à
enlever tous ces ouvrages simultanément ou séparément ;
que la prise de l'un d'entre eux ne pouvait entraîner
que de faibles inconvéniens pour l'armée française parce
que si c'était un des ouvrages des extrémités qui fut
enlevé, on pouvait s'appuyer successivement aux ouvrages
du centre et à ceux de l'extrémité opposée. Si, au contraire,
les ouvrages du centre étaient enlevés les premiers, on
pouvait s'appuyer à ceux des extrémités, ce qui plaçait dans
tous les cas le canal dans un rentrant inattaquable. On ne
peut donc qu'applaudir au choix des emplacemens à occuper. Voyons s'il en est ainsi de la forme des retranchemens
qu'on y a placés.

Tous les points de la partie occupée, n'avaient pas la
même importance ; le mamelon de Sypière à l'extrême

droite est à 16 ou 1800 mètres de la portion la plus rapprochée de la ligne du canal qui lui fait face, il ne pouvait donc exercer une influence décisive sur l'attaque de cette ligne; à cet égard, l'expérience est venue à l'appui du raisonnement, puisqu'après la chute de la redoute de Sypière lord Beresfort, *malgré sa bonne volonté,* a échoué quand il a voulu s'approcher du pont des Demoiselles et du faubourg Guillemerie.

Le centre du plateau était beaucoup plus important; sa crête n'est qu'à la distance de 7 à 800 mètres du canal, et 5 à 600 des maisons Cambon et Saccarin; il convenait par conséquent de donner un plus grand degré de force aux retranchemens établis sur ce point. Enfin, la partie nord du plateau était la plus dangereuse et celle dont la conservation était la plus importante, parce quelle n'était qu'à 7 à 800 mètres du pont Matabiau, et que le prolongement de la ligne nord du canal venait tomber sur l'emplacement des retranchemens. C'était donc ce point qui devait être le plus fort et que l'on devait, autant que possible, rendre inattaquable.

Le chef du génie paraît aussi avoir envisagé la question sous ce point de vue, puisqu'il a multiplié les ouvrages à mesure qu'il se rapprochait du nord; il n'a mis que deux redoutes sur le mamelon de Sypière qui a 800 mètres de longueur; ces redoutes sont à 600 mètres l'une de l'autre, tandis que les deux redoutes du centre, plus grandes que celles de droite, ne sont séparées que par un espace de 100 à 150 mètres, en sorte que la redoute du Colombier battait l'intérieur de celle des Augustins et n'était qu'en 2ᵐᵉ ligne, relativement à une attaque dirigée par le versant de l'Est.

Sur la partie du nord les ouvrages ont été accumulés au nombre de cinq, presque les uns sur les autres.

Il n'y a point d'objection fondée à faire contre la redoute Sypière; la maison qu'elle entourait formait un réduit naturel qui augmentait sa force; aussi quoiqu'elle ne fut pas entièrement terminée, ni armée, les troupes qui l'ont abandonnée sans combat ont commis un acte très répréhensible; c'est un de ces coups funestes qu'on ne doit point attendre des troupes françaises et qui dérangent les combinaisons les mieux entendues; honneur au général qui sait réparer instantanément le mal produit par un acte semblable.

Il y aurait peu de chose à dire contre les redoutes des Augustins et du Colombier si elles eussent été réunies par une double caponière solidement établie, qui portât des feux contre l'ennemi, soit qu'il se présentât par la droite ou par la gauche, après avoir pris la redoute Sypière ou les ouvrages du Calvinet.

La disposition des ouvrages du nord nous paraît essentiellement vicieuse. Au lieu de cet amas de petits ouvrages sans consistance, sans flanquement, ouverts à la gorge et laissant entre eux des intervalles par lesquels l'ennemi pouvait aisément pénétrer, il ne fallait qu'un seul fortin, grand, solide, dont toutes les parties fussent bien flanquées; et qui eût un bon réduit, les cotés *est* et *ouest* de ce fortin devaient être couverts par des demi-lunes qui auraient éclairé et battu les deux versans du plateau et la route d'Alby. Un ouvrage semblable n'aurait pu être enlevé que par une attaque régulière, et n'aurait pas demandé plus de temps pour sa construction que les cinq ouvrages qu'il aurait remplacés. Un seul régiment, ainsi posté, eut coupé l'armée ennemie en deux et l'eut tenue en échec quand même elle eut été maîtresse des redoutes du centre et de la redoute Sypière ; avec un appui semblable, l'armée française eut facilement repris pour la troisième fois les redoutes des Augustins et du Colombier, et lord Wellington n'aurait pas eu d'autre parti à prendre que de se retirer.

Nous livrons ces réflexions à M. le général Michaux. En les présentant nous sommes guidé par l'amour de l'art et non par un vain désir de critiquer après coup des dispositions dans lesquelles nous avons déjà reconnu d'excellentes choses. Pressé par le temps, comme il l'était, il lui était permis, jusqu'à un certain point, de ne pas rencontrer ce qu'il y avait de mieux à faire et qu'il eut trouvé dans les méditations du cabinet avec de bons plans sous les yeux ; toutefois, nous avons dû signaler ce fait parce qu'il montre quelle influence le chef du génie d'une armée peut exercer sur ses triomphes ou ses revers, et sur la gloire des généraux. Si le colonel Michaux eut fait au Calvinet un seul fortin qui eût tenu ferme jusqu'à la fin, le maréchal Soult n'en aurait ni plus ni moins de mérite (1). Lord Wellington ne serait ni plus ni moins grand général ; et cependant quelle différence dans les résultats ! la victoire du maréchal Soult eût été

(1) Nous devons faire remarquer qu'en n'établissant qu'un seul fortin solide au nord du plateau, au lieu de plusieurs petits ouvrages séparés, le chef du génie serait mieux entré dans les vues du maréchal Soult. Nous trouvons, en effet, dans son *ordre* du 20 avril 1814 le passage suivant : «Les ouvrages qui doivent être exécutés aux 1re et

complète et sans mélange, la prudence ne lui eut point conseillé d'évacuer Toulouse le surlendemain, et personne n'eut songé à lui contester son triomphe. Lord Wellington eut perdu en un jour la réputation qu'il avait acquise avec tant de peine, en temporisant; et par suite de la mésintelligence qui régnait entre nos généraux, dépouillé du prestige de deux ou trois victoires trop facilement obtenues à Boussaco, à Salamanque et à Vittoria, il n'eut probablement pas obtenu une dernière faveur de la fortune à Waterloo.

Examen d'une question importante.

Plusieurs auteurs ont écrit que le maréchal Soult avait commis une faute *capitale*, en n'attaquant pas le corps ennemi, qui se trouva isolé sur la rive droite de la Garonne,

» 2me lignes (ville et canal), depuis la porte Saint-Etienne inclusive-
» ment jusqu'à la Garonne, au-dessous de Toulouse, seront faits
» par les troupes aux ordres de M. le général comte d'Erlon, sous
» sa surveillance particulière. » Et dans sa lettre du 3 avril au comte
d'Erlon, il dit : « Je vous invite à presser autant que possible les
» travaux qui doivent être exécutés sur votre ligne, afin que la
» défense de tous les ponts et des écluses qu'il y a sur le canal jus-
» qu'à la porte Saint-Etienne, mais plus particulièrement jusqu'au
» pont où passe la route d'Aby, soit parfaitement assurée et que
» l'on puisse y mettre du canon.

  » Je désire également que vous fassiez construire *trois bons ou-*
» *vrages* et quelques tranchées sur la position qu'hier au soir nous
» avons reconnue. »

C'était donc *trois bons ouvrages* et quelques *tranchées* que voulait le maréchal sur tout le plateau, et non les sept à huit redoutes qu'on y a mises.

par suite de la rupture du pont qui avait servi au passage.

Cette assertion conduit naturellement aux deux questions suivantes :

1° Le maréchal a-t-il été instruit à temps de cet évènement ?

2° En supposant qu'il l'eut appris en temps utile, était-il convenable qu'il détachât une partie de son armée pour aller combattre le corps qui avait passé à la rive droite ?

Sur le premier point, les renseignemens officiels que nous avons réunis, conduisent à une réponse négative.

En effet, dans la lettre du 4 avril 1814, le maréchal annonce au ministre de la guerre que l'ennemi a effectué le passage de la Garonne dans la nuit du 3 au 4 vis-à-vis Grenade, que l'avant-garde s'est dirigée sur Toulouse par *Saint-Jory* et *l'Espinasse*, et s'est arrêtée le soir à hauteur de *Fenouilhet* ; que le général Soult, qui lui a tenu tête, a observé que la colonne était très profonde (1).

Cette avant-garde avait donc refoulé les postes d'observation de la cavalerie française, à près de deux lieues du point où le passage s'était effectué ; dès-lors il était impossible que les vedettes pussent s'apercevoir que le pont avait été replié et en instruire le général en chef ; aussi, dans sa lettre du 6, il dit au ministre : « Je ne connais point encore exacte-» ment la force des ennemis qui sont à la rive droite de la » Garonne, mais *tout me porte à croire que la plus forte partie de* » *l'armée s'y trouve.* Les Espagnols ont relevé les Anglais sur » le front du faubourg Saint-Cyprien (2). »

Il est donc évident que le maréchal Soult ignorait encore

(1) Voyez la 4ᵉ partie, N. 18.
(2) Voyez la 4ᵉ partie, N. 20.

la rupture du pont trois jours après qu'elle avait eu lieu ; que loin de supposer qu'il n'y avait qu'un corps de *dix-huit mille* hommes sur la rive droite, il pensait que les principales forces de l'ennemi y étaient ; il n'a donc point commis une faute en ne profitant pas d'un évènement dont il n'avait pas connaissance.

Ce qui précède dégage la deuxième question de toute personnalité, sans lui rien ôter de son importance, puisqu'il s'agit de fixer un principe qui peut recevoir de nombreuses applications.

En général, lorsque deux armées sont en présence et séparées par une rivière, celle qui est sur la défensive, doit observer avec soin les mouvemens de son adversaire, attaquer au moment où le passage commence à s'opérer et culbuter tout ce qui parvient sur sa rive sans laisser aux divers corps le temps de se former. Mais il n'est point de règle sans exception ; c'est en saisissant les cas exceptionnels et s'écartant des règles ordinaires, quand les circonstances l'exigent, qu'un général en chef montre son coup-d'œil et sa supériorité ; il s'agit donc de savoir si la position de l'armée française devant Toulouse n'offrait pas un de ces cas exceptionnels.

Cette armée, après avoir rassemblé tous les détachemens, se composait de vingt-cinq mille vingt et un hommes d'infanterie, sept mille deux cent soixante-sept conscrits non instruits, dont une partie n'était pas même armée, et de deux mille cinq cent quatre-vingt trois hommes de cavalerie légère (1).

L'armée anglo-espagnole se composait de soixante et onze

(1) Voir les états que nous avons donné, pages 182 à 185.

mille hommes d'infanterie et neuf mille trois cents hommes de cavalerie.

En faisant abstraction des troupes de l'artillerie et du génie, des deux côtés, et des conscrits qui n'ont pas pris part à la bataille, le rapport des forces était donc à peu près, en infanterie comme 1 est à 3 et en cavalerie comme 1 est à 4. Dans cet état de choses, on conçoit que le général français devait être extrêmement circonspect et, comme nous l'avons dit ailleurs, ne point engager d'action à moins d'avoir de grandes probabilités de faire éprouver à son adversaire des pertes triples de celles qu'il éprouverait lui-même ; c'est cette disproportion de forces qui l'avait décidé à envoyer à l'avance des officiers du génie pour retrancher le faubourg Saint-Cyprien et y établir une bonne tête de pont.

En jetant un coup-d'œil sur la carte de Cassini, on reconnaît qu'au-dessous de Toulouse, depuis Blagnac jusqu'à Grenade, le terrain situé à la rive gauche domine la plaine de la rive droite de la Garonne, que ce fleuve présente plusieurs rentrans très favorables pour y établir des ponts ; sous la protection de batteries placées sur les hauteurs qui enveloppent ces rentrans, et dont rien à la rive droite ne peut contrebalancer les effets.

Il suit de là que le passage de la rive gauche à la rive droite de la Garonne, au-desssous de Toulouse, ne peut-être disputé avec succès, même à égalité de forces, à plus forte raison une armée très inférieure en nombre ne devait-elle point s'exposer à des pertes certaines et considérables pour s'y opposer.

Lorsque la crue des eaux fit chasser les pontons sur leurs ancres et força de les replier, *quinze mille* hommes d'infanterie (les divisions Picton, Cole, Clinton) *trois mille* hommes de cavalerie (les deux brigades Sommerset et Vivian) étaient déjà passés à la rive droite; si la crue n'avait pas eu lieu, que le reste de l'armée anglo-espagnole eut suivi le mouvement de l'avant-garde et se fut porté immédiatement devant Toulouse, on eut trouvé tout naturel et fort raisonnable, que le général en chef français ne vint pas se présenter pour combattre, dans une plaine découverte, contre des forces triples en infanterie, quadruples en cavalerie, et une artillerie dominante; tandis qu'il avait préparé un champ de bataille où son artillerie aurait une supériorité assurée, son infanterie serait à couvert, la cavalerie ennemie paralysée; son infanterie et une partie de son artillerie dans la boue ou dans l'eau.

Il ne reste donc qu'à examiner quels auraient été les résultats probables d'une attaque dirigée contre la colonne de dix-huit mille Anglais commandée par le général Beresfort.

Cette colonne avait trois mille hommes de cavalerie; c'est-à-dire, plus que n'en comptait toute l'armée française; pour être non pas assuré du succès, mais avoir de grandes probabilités de l'obtenir, il aurait donc fallu avoir une infanterie plus nombreuse afin de compenser l'infériorité en cavalerie. Les quatre divisions aux ordres des lieutenans-généraux Clausel et d'Erlon, formant un total de dix-sept mille sept cent douze hommes, eussent été nécessaires pour cette attaque. Alors il ne serait plus resté pour la défense du faubourg Saint-Cyprien que le corps du lieutenant-général Reille composé de sept mille trois cent neuf hommes, et les conscrits non instruits qu'il faut laisser à l'écart. Ces sept mille hommes auraient pu être attaqués par le reste de l'armée ennemie, montant à soixante mille hommes, c'est-à-dire que le rapport des forces se fut trouvé comme 1 est à 8; personne ne niera, je pense, que dans ce cas, le faubourg pouvait être

forcé, ce qui eut mis l'armée française dans la position la
plus critique.

Avant et pendant cette attaque, si le général Beresfort eut
vu venir à lui des forces supérieures contre lesquelles il n'eut
pas été en mesure de lutter avec avantage, il ne fut certainement pas resté à Fenouilhet exprès pour se faire écraser,
il se fut replié sur la rive droite de *l'Ers* et de la *Giron*, en eut
fait sauter les ponts, et eut pris une excellente position, sa
gauche appuyée aux contreforts du plateau situé entre le
Tarn et la Giron, sa droite à la *Garonne* protégée par les
batteries de gros calibre de la rive gauche de ce fleuve. Qu'eût
fait alors la colonne détachée contre lui? Eut elle tenté le
passage de ces rivières grossies par les pluies? eut elle perdu
son temps à réparer les ponts ou en jeter de nouveaux en
présence d'un ennemi à peu près égal en forces et occupant
une position si avantageuse? eut elle cherché à tourner cette
position en détachant une colonne par la route d'Alby pour
gagner la crète du plateau? Il y aurait eu de sa part folie à
s'engager dans de semblables opérations, car indépendemment des pertes qu'elle eut éprouvées sur ce point, c'eut
été donner à lord Wellington tout le temps nécessaire pour
pousser son attaque contre la tête de pont de Saint-Cyprien;
s'en emparer et par suite de la ville de Toulouse elle-même;
eut-on fait sauter une ou deux arches du pont, elles eussent
été facilement et promptement réparées, attendu que le terrain
eut été favorable à cette opération et que la faiblesse du corps
chargé de l'empêcher n'aurait pas permis d'opposer une longue
résistance. Alors la colonne détachée se fut trouvée entre
deux feux et privée de tout moyen de retraite.

Ainsi, interruption des travaux de défense, promenade dangereuse, fatiguante et inutile jusque sur les bords de *l'Ers* et de la Giron; attaque probable (1) et peut-être prise du faubourg Saint-Cyprien par l'ennemi, et par suite, dispersion et ruine de toute l'armée française: telles pouvaient être les conséquences d'un détachement fait contre la colonne anglaise, rétablie sur la rive droite de la Garonne.

(1) Ce n'est point une supposition hasardée que nous faisons ici, notre opinion est basée sur la correspondance du maréchal *Soult* avec le ministre de la guerre. Dans une lettre du 1ᵉʳ avril, il annonce que le corps du général *Hill* qui a remonté l'Arriège a passé cette rivière à Cintegabelle; il ajoute :

« Le restant de l'armée ennemie *n'a pas bougé*, deux déserteurs » anglais qui sont arrivés, ont dit que le quartier général de lord » Wellington est à Cugneaux et que *ce matin, l'on avait donné l'or-* » *dre de se tenir prêt pour nous attaquer.* » (Voir le N. 8, 4ᵉ partie.)

Dans celle du 3 avril il dit :

« Les ennemis se sont mal conduits à *Cintegabelle* et à *Auterive.* » Les officiers ont dit en se retirant, *qu'en faisant ce mouvement, ils* « *avaient l'espoir que j'enverrais à leur rencontre, un fort détache-* » *ment et qu'ils auraient eu plus de facilité pour attaquer le res-* » *tant de l'armée devant Toulouse; mais que mon immobilité les* » *obligeait à se tenir concentrés et à revenir.* J'ai aussi cru que c'é- » tait leur dessein, quoique je sois toujours persuadé qu'ils ont le » projet de passer la Garonne au-dessous de Toulouse et de venir » m'attaquer par ma droite, près de cette ville, je fais en consé- » quence mes dispositions pour les recevoir et j'ai donné des ordres » pour que la ville de Toulouse fut mise en état de défense sur la » rive droite de la Garonne. La tête de pont du faubourg Saint- » Cyprien est déjà en état d'être respectée.» (Voir le nᵒ 9, 4ᵉ partie.)

Le rapport des déserteurs, les propos tenus par les officiers anglais et l'opinion du maréchal se trouvent donc d'accord avec celle que nous avons émise.

Si, malgré les observations qui précédent, on conservait quelques doutes que tels auraient été les résultats probables de ce mouvement, ils disparaîtraient en examinant la marche suivie par les deux généraux en chef.

Le 24 mars le maréchal Soult arrive devant Toulouse. Il juge de suite qu'il ne pourra empêcher le passage de la Garonne entre Blagnac et Grenade, qu'il sera probablement attaqué par la rive droite, il prend immédiatement ses mesures en conséquence; il écrit, le même jour, au ministre de la guerre :

« La tête de pont que je fais construire en avant du fau-
« bourg Saint-Cyprien présente déjà des moyens de défense,
« je me propose de faire perfectionner les ouvrages, et
« même d'en élever sur la rive droite, *pour mettre la ville*
« *entièrement à couvert: le canal du Languedoc donne à ce sujet*
« *beaucoup de facilités* (1).

Le 25, les 6e et 8e divisions, commandées par le lieutenant-général Clausel reçoivent ordre de passer à la rive droite et d'y exécuter, *dans deux fois 24 heures*, tous les travaux de défense qui doivent être faits sur le canal du Languedoc.

Le 27 mars toute l'armée anglo-espagnole se trouve réunie, elle appuie ses deux ailes à la Garonne et se développe de Portet à Blagnac en passant sur les hauteurs de Saint-Simon, Tournefeuille et Colomiers. Ses premières démonstrations indiquent le projet d'attaquer la tête de pont de Saint-Cyprien; mais l'examen attentif de la position et de l'attitude de l'armée française modifie les idées de lord Wellington. Il reconnaît la nécessité de faire une diversion en attirant l'attention du général français sur d'autres points pour di-

(1) Voyez la note qui précède.

minuer ses forces sur celui qu'il veut attaquer (1). En conséquence, une colonne de dix-huit mille hommes fait

(1) Plusieurs auteurs, et notamment MM. Vaudoncourt, Koch et Lapène ont supposé que la tentative de lord Wellington pour passer la Garonne à Portet, n'avait échoué que par suite de la largeur du fleuve en cet endroit qui avait rendu insuffisant le nombre des pontons de l'armée anglo-espagnole ; c'est une erreur grave, qui dénature un des mouvemens les plus importans qui ont précédé la bataille, et enlève un des fleurons de la couronne du général français ; il a pu convenir à lord Wellington de tenir ce langage dans ses rapports, parce qu'il vaut mieux dire qu'on manque de pontons que d'avouer qu'on a eu peur de se faire culbuter dans la Garonne. L'arrivée de quatre divisions françaises sur les hauteurs qui s'étendent depuis Vieille-Toulouse jusqu'à Pech David donne beaucoup mieux le mot de cette enigme ; d'ailleurs, les deux pièces suivantes ne laissent aucun doute à cet égard.

Toulouse, 31 mars 1814 à 6 heures.

Au général Clausel.

« J'ai l'honneur de vous communiquer un nouveau rapport du « receveur de l'octroi de Vinerque, relatif aux préparatifs de l'enne-« mi au-dessus de Toulouse. La réunion des troupes sur le point « de *Muret* et de St.-Clar, l'enlèvement du parc de Muret et l'arri-« vée du canon à *Portet*, indiquent que le projet des ennemis *est* « *d'effectuer un passage sur ce dernier point*. Je vous invite donc « à faire observer, avec le plus grand soin, toutes leurs dispositions « et à m'en instruire.

« Je désire aussi que vous fassiez reconnaître si, de Castanet, l'on « ne pourrait point amener du canon à Vieille-Toulouse, et sur la « position qui est en face du point où l'on présume que l'ennemi « cherchera à jeter son pont, afin que, dans ce cas, il soit immé-« diatement donné des ordres en conséquence. Veuillez aussi re-» connaître vous-même une position à hauteur et à gauche de

des démonstrations pour passer la Garonne entre le confluent de l'Arriège et Toulouse, et couper la communication de l'armée française avec celle commandée par le maréchal Suchet. Le 31 mars le maréchal Soult est instruit de ce mouvement, il donne aussitôt l'ordre au lieutenant-général Clausel de se tenir prêt à *culbuter tout ce qui se présentera* et met les

« *Vieille-Toulouse*, d'où *le passage pourrait être defendu de vive*
« *force, avec avantage*, soit même en y faisant travailler et la re-
« tranchant ; car je vous préviens que *du moment qu'ils entrepren-*
« *dront de passer, et que même leurs projets ne seront plus douteux*
« *vous devez aller former vos divisions sur la position qui leur sera*
« *le plus rapprochée, pour leur opposer une résistance insurmon-*
« *table*, et même pour attaquer la tête *de colonne qui se sera en-*
« *gagée*, et *la renverser.*

 « Dans le jour j'irai aussi reconnaître la même position. »

Signé DUC DE DALMATIE
Toulouse, 31 mars 1814, à 8 heures.

 Au général Clausel.

 « Je reçois à l'instant la nouvelle que l'ennemi a jeté un pont au
« port de Pinsaguel sur la Garonne, au-dessus de l'embouchure de
« l'Arriège, et que *l'on travaille à un autre pont vis-à-vis Portet.*
« Portez-vous, *sur-le-champ*, avec vos deux divisions, à hauteur de
« Vieille-Toulouse où je vais me rendre et où je vais aussi faire diri-
« ger les divisions du comte d'Erlon. *Il faut arrêter les ennemis et*
« *les culbuter dans la rivière avant que leurs divisions soient for-*
« *mées.* »

DUC DE DALMATIE.

 Si le colonel Koch et le général Vaudoncourt eussent connu ces deux pièces remarquables ils n'eussent point attribué la tranquillité du duc de Dalmatie, à l'égard du passage vis-à-vis Grenade, à la *perte de son activité ordinaire* ou *à l'irrésolution de son caractère.* Ils auraient cherché d'autres causes pour expliquer cette tranquillité.

15

deux divisions du comte d'Erlon en mouvement pour le soutenir au besoin; il ne reste à la vérité que les deux divisions aux ordres du lieutenant-général Reille dans le faubourg Saint-Cyprien; mais de Toulouse à l'embouchure de l'Arriège il n'y a qu'environ quatre mille toises, et le corps du comte d'Erlon peut, suivant que les circonstances l'exigeront, prêter appui au général Clausel ou au général Reille. Cette démonstration change le plan de l'ennemi; au lieu de jeter son pont à *Portet*, où les troupes françaises se disposent à le bien recevoir, il passe la Garonne à Pinsaguel au-dessus du confluent de l'Arriège, par conséquent il faut qu'il exécute un nouveau passage de rivière, qui ne peut avoir lieu qu'à Cintegabelle, à huit lieues au-dessus de Toulouse; alors le maréchal *Soult* le laisse voyager, ramène ses quatre divisions à Toulouse et profite du temps que perd son adversaire, pour perfectionner les ouvrages faits et en entreprendre de nouveaux.

Il se présente encore ici deux phases distinctes; dans la première, le maréchal se conforme au principe général, en faisant les dispositions nécessaires pour culbuter l'ennemi à son passage avant qu'il n'ait pu former ses divisions. Ici l'application du principe est bien entendue, parce que le terrain est favorable à cette entreprise et que le point sur lequel il faut porter une partie de l'armée ne se trouve pas en dehors du rayon d'activité de sa place d'armes.

Le terrain dominant de la rive gauche de la Garonne, le rentrant formé par l'Ers et ce fleuve, les plateaux de Castelnau, Gabaldos, Bouloc situés à la rive droite de l'Ers et de la Gyron; enfin la distance de cinq lieues qui sépare le lieu du passage du faubourg St.-Cyprien, leur en eussent fourni une explication beaucoup plus satisfaisante.

Dans la deuxième époque le maréchal s'écarte du principe
général, il ne suit point la colonne ennemie, il ne l'attaque ni
au passage de la Garonne ni au passage de l'Arriège, parce
que les points de passage se trouvent en dehors du rayon
d'activité de sa place d'armes, parce que pour empêcher le
passage de la Garonne il faudrait qu'il fît lui-même le passage de l'Arriège; parce que pour empêcher le passage de
l'Arriège il faudrait qu'il détachât la plus grande partie de
son armée à huit lieues de distance, dans des chemins d'une
extrême difficulté, parce qu'enfin *le tiers des troupes qu'il lui
faudrait envoyer sur ce point pour y combattre l'ennemi avec avantage, lui suffira pour l'arrêter devant le faubourg Saint-Michel s'il
ose s'y présenter.*

Le général français en agissant ainsi, fit échouer les projets
de son adversaire, et le mit dans la nécessité ou d'attaquer
le faubourg Saint-Cyprien, défendu par toutes les forces de
l'armée réunie, ou de venir l'attaquer par la rive droite,
sur un terrain choisi et préparé, c'est-à-dire de livrer bataille
dans la position la plus dangereuse, puisque, si son attaque
contre le plateau du Calvinet eut échoué complètement,
il eut été forcé de repasser cette rivière en présence d'une
armée victorieuse.

La marche suivie par le duc de Dalmatie, à l'égard de la
colonne de lord Beresfort au-dessous de Toulouse, repose
donc absolument sur les mêmes considérations que celle
qu'il a adoptée à l'égard de la colonne du général Hill au-
dessus de cette place; cette dernière ayant obtenu l'assentiment général de tous les militaires, il y aurait de l'incon-
séquence à blâmer la première. Car si on résumait les raisons
qu'il a eues pour agir ainsi, il suffirait de répéter ce que

nous avons dit plus haut ; en changeant le mot Grenade, contre ceux de Pinsaguel et Cintegabelle, les Boues du Lauragais contre l'Ers et la Giron, et les positions défensives qui sont sur leur rive droite.

Nous n'avons pas craint de trop nous étendre en traitant cette question, parce qu'elle est encore neuve, malgré le grand nombre de relations de la bataille de Toulouse qui ont paru ; la plupart des auteurs se sont bornés à des généralités vagues, sans s'occuper des localités et sans examiner les ressources qu'elles offraient pour la défense ou pour l'attaque.

L'erreur de ceux qui ont critiqué la conduite du duc de Dalmatie dans cette occasion, tient à ce qu'ils ont supposé *qu'il n'y avait qu'à marcher pour écraser un corps moins nombreux qui tient la campagne* ; s'ils eussent pris la peine de réfléchir sur les incidens de la retraite de l'armée française, composée de vingt-cinq à trente mille hommes, devant l'armée anglo-espagnole qui en comptait *quatre-vingt mille*. S'ils eussent fait attention que cette retraite avait duré plus d'un mois pour passer du bassin de *l'Adour* dans celui de la Garonne, malgré le faible intervalle qui les sépare ; que pendant ce temps chaque jour avait été marqué par de nouveaux combats et par la bataille d'Orthez, que cependant la perte totale de l'armée française ne s'était pas élevée à plus de cinq mille hommes, tandis que celle de l'armée ennemie avait été beaucoup plus forte ; s'ils avaient pensé enfin que l'armée française par l'effet de sa seule position, à Toulouse, avait soutenu une lutte dans laquelle elle avait fait perdre plus de dix mille hommes à lord Wellington qui, confiant dans sa force numérique, croyait aussi qu'il

allait l'anéantir, ils auraient certainement tiré une autre
conclusion.

RAPPROCHEMENT ENTRE LA BATAILLE D'AUSTERLITZ ET CELLE DE TOULOUSE.

La gloire d'une bataille gagnée n'appartient pas seulement
au général en chef, quelque admirable que soient ses combinaisons premières et ses inspirations pendant l'action, il
lui faut de bons soldats pour combattre, de bons officiers-
généraux et particuliers pour transmettre ou exécuter ses
ordres. Si, à la bataille d'Austerlitz, Napoléon avait eu des
soldats ordinaires, et un maréchal sans intelligence pour
exécuter le mouvement qui le rendit maître des hauteurs de
Pratzen et précipita la gauche de l'armée austro-russe
dans les étangs de Menitz et de Satschan; si au lieu d'aborder franchement l'ennemi, le maréchal Soult lui eut donné
le temps de se reconaître et de compter les soldats qui l'at-
taquaient, cette manœuvre décisive eut été manquée, la
bataille d'Austerlitz n'eut été qu'une bataille ordinaire dans
laquelle les succès et les revers auraient été balancés; il eut
fallu de nouvelles batailles pour décider du destin de l'Au-
triche. Le mérite de l'empereur Napoléon eut été le même
et cependant quelle différence sous le rapport de la réputation et de la puissance!

Ce n'est point sans raison que nous rappelons la bataille
d'Austerlitz à l'occasion de celle de Toulouse, car elles
offrent une ressemblance frappante sous plusieurs rapports.

A Austerlitz l'armée française était beaucoup moins nombreuse que l'armée austro-russe; à Toulouse l'infériorité
numérique était encore plus grande.

A Austerlitz, pour compenser la différence du nombre, l'empereur Napoléon avait attiré l'ennemi sur une position de son choix, où sa gauche et sa droite ne pouvaient être tournées que très dificilement, la première étant appuyée à une hauteur retranchée, la seconde à des étangs. A Toulouse, le maréchal Soult avait également attiré l'ennemi sur une position choisie à l'avance, où sa droite et sa gauche ne pouvaient être tournées, la première étant appuyée au canal de Languedoc et à la Garonne, et la seconde à l'inondation de l'Ers, protégée par la hauteur retranchée de Sypière, et en deuxième ligne par le même canal.

A Austerlitz, la gauche des Austro-Russes, voulant tourner la droite de l'armée française, s'étendit outre mesure et fut assez imprudente pour venir se placer entre les étangs de Satchan, de Menitz et cette aile droite; le centre ennemi étant affaibli et la réserve engagée, l'empereur Napoléon donna ordre de l'enfoncer, afin de prendre l'aile gauche en flanc et à revers et la couper du reste de son armée, ce qui ne lui laissait d'autre moyen de retraite que de passer sur une digue étroite ou de traverser les étangs, où une partie fut engloutie. A Toulouse, l'aile gauche de l'armée anglo-espagnole, voulant tourner la droite de l'armée française, s'étendit également outre mesure, laissa une lacune dans son ordre de bataille et commit l'imprudence de se placer entre les retranchemens de la droite et l'inondation de la rive gauche de l'Ers; le maréchal Soult voulut profiter de cette imprudence pour couper cette colonne et l'enlever ou la précipiter dans l'inondation.

La différence qui existe entre ces deux occasions est que le maréchal Soult, saisissant parfaitement l'esprit de la manœuvre qui lui était ordonnée, l'exécuta avec intelligence, rapidité et vigueur, tandis que le général Taupin ne paraît pas avoir compris les ordres qu'il avait reçus, puisqu'il a fait absolument le contraire de ce qui lui était ordonné, en appuyant à droite et cherchant à se développer en présence de l'ennemi, au lieu d'appuyer à gauche et de marcher sur lui en colonnes et au pas de charge pour couper sa ligne et le prendre en flanc et à revers.

Comme cela arrive assez ordinairement, quelques auteurs ont jugé d'après l'évènement, et ceux qui applaudissent à la manœuvre ordonnée par l'empereur Napoléon et y trouvent le cachet du génie, parce quelle a été bien exécutée et quelle a réussi, blâment celle ordonnée par le maréchal Soult, parce qu'une mauvaise exécution en a empêché le succès.

Nous ne suivrons point cet exemple, et quoique nous pensions qu'il eût été plus avantageux de laisser l'ennemi s'engager à l'attaque des redoutes avant de le faire attaquer par la division Taupin, nous regardons comme certain que si ce général eût exécuté rapidemment et textuellement l'ordre qu'il avait reçu, le succès n'eut pas été un instant douteux. Au reste, on trouverait peut-être l'explication de l'hésitation des troupes qu'il commandait dans la manière dont ce corps était composé; nous voyons en effet par l'état de situation du 1er avril 1814, que dans le nombre de quatre mille deux cent quatre-vingt-dix-huit hommes il y avait *trois cent quatre-vingt-trois conscrits non instruits* qui ont pu éprouver des craintes et occasionner du désordre dans les rangs.

QUATRIÈME PARTIE.

RAPPORT

DU MARÉCHAL SOULT AU MINISTRE DE LA GUERRE

SUR LA BATAILLE DE TOULOUSE.

Lettres et ordres aux généraux et chefs de corps depuis l'arrivée de
l'armée française devant Toulouse, jusqu'à la fin des hostilités.

N. 1. — *Au ministre de la guerre.*

Toulouse, 24 mars 1814.

Extrait.

La tête de pont que je fais construire en avant du faubourg Saint-
Cyprien à Toulouse, offre déjà des moyens de défense. Je me propose de faire perfectionner les ouvrages, et même d'en élever sur la
rive droite pour mettre la ville entièrement à couvert. Le canal du
Languedoc donne à ce sujet beaucoup de facilités.

N. 2. — ORDRE.

Toulouse, 25 mars 1814.

Le général Soult partira demain matin au point du jour avec
quatre régimens de cavalerie, pour aller s'établir sur la rive droite
de la Garonne, entre *Toulouse* et *Grisolles*, d'où il fera garder et
observer le cours de la Garonne depuis Toulouse jusqu'à l'embouchure du Tarn, soit par des postes, soit par des patrouilles volan-

tes, qui seront contamment en mouvement, afin que si les ennemis faisaient des démonstations de passage dans cette étendue, il en soit aussitôt instruit et en rende compte.

Il détachera un parti de cinquante chevaux, commandé par un bon officier, pour observer le cours de la Garonne, depuis Toulouse jusqu'au confluent de l'Arriège, pour observer les mouvemens que les ennemis pourraient faire entre cette rivière et le canal du Languedoc et par la grand'route de Muret ; dans le cas où les postes de cavalerie, qui seront vers *Portet* seraient repoussés, le commandant de ce parti rendra directement compte au général en chef de tout ce qu'il aura appris ou observé.

Les trois autres régimens de cavalerie, sous les ordres d'un général de brigade, resteront en avant de Toulouse, pour être employés ainsi qu'il sera dit.

Les 6e et 8e divisions d'infanterie passeront le pont de Toulouse demain matin et iront se former en arrière du faubourg Saint-Étienne, où elles resteront jusqu'à ce que le logement soit fait dans ce faubourg, ainsi que dans les maisons détachées de la ville, qui sont sur la route de *Montauban*, sur les deux côtés du canal. Ces deux divisions seront en réserve et s'occuperont de leur instruction, ainsi que de leur mise en état ; elles seront aussi chargées de tous le travaux de défense qui doivent être exécutés sur le canal du Languedoc autour de Toulouse. Demain dans le jour, ces ouvrages seront tracés et ils devront être exécutés dans deux fois vingt-quatre heures.

M. le comte Reille sera chargé de la défense de la tête de pont et de tous les ouvrages qui sont en avant de Saint-Cyprien, avec les 4e et 5e divisions et il fera fournir les travailleurs nécessaires, pour que ces ouvrages soient promptement terminés. A cet effet, il reconnaîtra les points de défense et désignera le poste de chaque chef de corps, commandant ou général. Il demandera au général d'artillerie toutes le pièces de canon qui devront armer les ouvrages, et il emploiera même provisoirement à ce sujet l'artillerie des deux divisions.

M. le comte Reille aura un **régiment de cavalerie** à sa disposition, lequel fournira des grands-gardes de cavalerie du côté de *Muret*, jusqu'à hauteur de *Saint-Simon* et vers *Portet*.

Demain matin, aussitôt que la 4e division aura **relevé** ses postes par les troupes du centre, M. le comte Reille la fera rentrer dans le faubourg Saint-Cyprien, où elle sera logée.

M. le comte d'Erlon sera chargé d'occuper le plateau sur la rive droite du ruisseau le *Touch*, avec les 1re et 2me divisions d'infanterie et deux régimens de cavalerie que le général Soult mettra à sa disposition ; il fera garder le cours du ruisseau jusqu'à hauteur du village de *Tournefeuille*, il établira même ses grand'gardes au-delà ; ensuite la ligne de ses postes traversera le plateau pour se porter vers le village de *Saint-Simon*; mais le fond des deux divisions sera établi en arrière, aux débouchés des routes d'*Auch*, de *Lombez* et de *Saint-Simon*, de manière que si l'ennemi se portait en forces pour l'attaquer, elles puissent recevoir tous les conscrits et détachemens et ensuite opérer leur mouvement par les deux routes sur la tête de pont.

Dans ce cas, M. le comte d'Erlon viendra former ses deux divisions avec les deux régimens de cavalerie dans le faubourg de *Saint-Cyprien*, où il recevrait de nouveaux ordres; alors la défense de M. le comte Reille commencerait.

Le général Travot donnera ordre à toutes les troupes de la division de réserve, et à celles qui forment la garnison de Toulouse, y compris la garde nationale et la garde urbaine, de se réunir demain en totalité, à deux heures après midi, dans les allées de la promenade de la ville, pour passer la revue du général en chef. Chaque chef de corps ou de détachement devra être porteur de son état de situation. Après la revue, le général Travot fera placer les troupes de la division de reserve dans le faubourg Saint-Michel, et il leur fera assigner des points de ralliement. Il leur indiquera aussi les postes qu'ils devront occuper sur la Garonne; il s'occupera particulièrement de l'instruction de cette troupe : discipline, habillement et équipement.

Le général Travot fera fournir les travailleurs nécessaires pour faire construire la redoute qui doit être établie dans l'île au-dessus de la poudrière, laquelle devra être terminée dans deux jours; elle sera armée de quatre bouches à feu.

Le général, commandant l'artillerie, reconnaîtra tous les ouvrages de la tête de pont et il en déterminera l'armement; il disposera à cet effet, de toute l'artillerie de campagne ou autre qui est à Toulouse, et même au besoin de celle de l'armée. Il disposera aussi du personnel de l'artillerie de la place et de celui de l'armée pour la défense des ouvrages.

Il donnera des ordres pour que la matériel de l'artillerie existant à Toulouse, qui ne peut être utilisé et qui n'est point nécessaire, soit dirigé sur Paris, par les transports de l'artillerie, et il rendra compte au ministre de la guerre, afin que si la direction devait être changée, des ordres soient donnés en conséquence.

Il donnera des ordres pour que l'équipage de pont soit attelé et qu'à l'avenir il suive les mouvemens du grand parc. A cet effet, M. le comte Caffarelli, commissaire extraordinaire de l'empereur, sera prié de vouloir bien faire fournir les chevaux de réquisition nécessaires.

Le colonel commandant le génie sera prévenu de toutes les dispositions relatives aux ouvrages de défense, afin que, dès demain, ils soient tous entrepris et qu'il y ait autant d'ouvriers qu'il sera possible d'en employer. Il fera à cet effet les demandes nécessaires aux généraux, et il distribuera des outils.

M. le général Travot fera, en outre, fournir par les habitans, deux mille ouvriers avec leurs outils.

Tous les ouvriers civils et militaires, qui seront employés aux travaux, recevront une demi-bouteille de vin par jour. Il sera fait, à ce sujet, une demande à la ville de Toulouse.

N. 3. — *Au ministre de la guerre.*

Toulouse, 27 mars 1814.

Extrait.

Tout annonce que demain il y aura une affaire sérieuse en avant de Toulouse. Aujourd'hui l'ennemi a fait une reconnaissance générale sur toute la ligne et il a poussé son infanterie jusqu'à *Portet,* devant *Saint-Simon,* à *Tournefeuille,* à *Colomiers* et à *Blagnac.* Ses camps ont été établis sur le prolongement de cette ligne et couronnent les hauteurs.

Il n'y avait qu'une grand'garde à *Tournefeuille,* lorsque la colonne ennemie a débouché par cette route. Cette colonne avait en tête quatre escadrons, deux bataillons et deux pièces de canon ; mais une division anglaise suivait immédiatement ; elle s'est tenue masquée en arrière du village de *Tournefeuille.* Il y a eu un engagement d'avant-poste, et de part et d'autre on a tiré une centaine de coups de canon. Nous n'avons eu que quinze homme tués ou blessés.

Sur les hauteurs de *Colomiers,* les colonnes ennemies étaient plus nombreuses et ce soir l'on a jugé, par la quantité de feux qu'il y avait du côté de Plaisance que, sur ce point, il se trouvait aussi beaucoup de monde.

Les ennemis ont renvoyé le maire de la ville de Boulogne, pour avoir répondu à lord Wellington, qu'il ne voulait administrer sa commune qu'au nom de l'empereur : il est arrivé ce soir à Toulouse et m'a dit que toute l'armée ennemie est devant la place ; que lord Wellington a couché la nuit dernière à Saint-Lys, que ce matin il en est parti pour parcourir la ligne. Ce maire prétend avoir vu vingt mille hommes de cavalerie ; ce nombre est beaucoup exagéré, mais les ennemis peuvent en avoir dix à douze mille.

Il assure aussi que les ennemis, confians dans la supériorité de leurs forces, ne doutent point du succès de leur entreprise.

N. 4. — *Au général Clausel.*

Toulouse, 30 mars 1814.

Extrait.

Je reçois à l'instant le rapport de l'officier, commandant le poste de *Vieille-Toulouse,* que vous m'avez fait passer ; je vous prie de recommander la plus grande surveillance sur ce point et devant

Portet, en vous tenant prêt à vous y porter avec vos divisions, si par cas l'ennemi faisait quelque entreprise.

Il est très à propos que vous fassiez sur-le-champ entreprendre et ensuite pousser avec la plus grande activité les ouvrages de défense, destinés à couvrir la ville de Toulouse, sur la rive droite, qui vous ont été indiqués.

N. 5. — *Au général Clausel.*

Toulouse, 31 mars 1814, à 6 heures.

J'ai l'honneur de vous communiquer un nouveau rapport du receveur de l'octroi de Vinerques, relatif aux préparatifs de l'ennemi au-dessus de Toulouse. La réunion des troupes sur le point de Muret et de de St.-Clar, l'enlèvement du parc de *Muret* et l'arrivée du canon à *Portet,* indiquent que le projet des ennemis est d'effectuer un passage sur ce dernier point. Je vous invite donc à faire observer, avec le plus grand soin, toutes leurs dispositions, et à m'en instruire.

Je desire aussi que vous fassiez reconnaître si, de *Castanet,* l'on ne pourrait point amener du canon à Vieille-Toulouse, et sur la position qui est en face du point où l'on présume que l'ennemi cherchera à jeter son pont, afin que, dans ce cas, il soit immédiatement donné des ordres en conséquence. Veuillez aussi reconnaître vous-même une position à hauteur et à gauche de Vieille-Toulouse, d'où le passage pourrait être défendu de vive force avec avantage, soit même en y faisant travailler et la retranchant ; car je vous préviens que, du moment qu'ils entreprendront de passer, et que même leurs projets ne seront plus douteux, vous devez aller former vos divisions sur la position qui leur sera le plus rapprochée; pour leur opposer une résistance insurmontable, et même pour attaquer la tête de colonne qui se sera engagée, et la renverser.

Dans le jour, j'irai aussi reconnaître la même position.

N. 6. — *Au général Clausel.*

Toulouse, 31 mars 1814, à 8 heures.

Je reçois à l'instant la nouvelle que l'ennemi a jeté un pont au port de *Pinsaguel* sur la Garonne, au-dessus de l'embouchure de l'Arriège, et que l'on travaille à un autre pont, vis-à-vis *Portet.* Portez-vous sur-le-champ avec vos deux divisions à hauteur de Vieille-Toulouse, où je vais me rendre, et où je vais aussi faire diriger les divisions du comte d'Erlon. *Il faut arrêter les ennemis et les culbuter dans la rivière, avant que leurs divisions soient formées.*

N. 7. — *Au ministre de la guerre.*

Toulouse, 1ᵉʳ avril 1814.

Extrait.

La nuit dernière, l'ennemi a jeté un pont sur la Garonne, vis-à-vis le village de *Pinsaguel*, au-dessus du confluent de l'Arriège ; à quatre heures du matin, il a commencé à y faire passer des troupes; la colonne a défilé jusqu'à midi. Le brouillard a d'abord empêché de la distinguer, et les rapports varient sur sa composition ; je la crois de 12,000 hommes d'infanterie, 2,500 chevaux, et une vingtaine de pièces de canon. Cependant, l'officier commandant un parti que j'ai envoyé pour suivre son mouvement par la rive droite de l'Arriège, a écrit qu'il l'estimait de 15 à 20,000 hommes. La colonne marchait toujours et se dirigeait sur *Hauterive* et *Cintegabelle;* elle ne pouvait passer l'Arriège qu'en ce dernier endroit. J'ignore encore si elle poussera jusqu'à *Pamiers* et *Mirepoix*, ainsi qu'on l'a dit, ou si elle se portera sur *Villefranche* pour couper ma communication avec le bas Languedoc, et manœuvrer ensuite sur *Toulouse*. Ce dernier mouvement est le plus vraisemblable.

Aussitôt que j'ai été instruit de cette marche des ennemis, je me suis porté sur les hauteurs en avant de *Vieille-Toulouse*, où j'ai fait avancer les divisions aux ordres de M. le lieutenant général Clausel, et celles du centre commandées par M. le comte d'Erlon. J'ai très bien vu le mouvement, et *j'ai reconnu que le restant de l'armée ennemie était en position sur la rive droite du Touch.*

Le pays entre l'Arriège et le canal du Languedoc est très difficile; les positions que l'on pourrait y prendre nous sont toutes désavantageuses, et l'on est forcé de se servir de la communication de la grande route qui passe à *Castanet;* d'après ces motifs, j'ai fait rapprocher les divisions d'infanterie de Toulouse, et j'engage une partie de la cavalerie sur la route de *Villefranche*. Si, comme je n'en doute pas, l'ennemi marche par cette route, je prendrai position près de Toulouse, et *je livrerai bataille;* mais *je m'attends que cette nuit ou la suivante, il fera un nouveau passage entre Toulouse* et *Montauban;* je suppose même que *c'est dans ce projet qu'il a fait un détachement sur ma gauche, afin de m'engager à me disséminer.*

J'ai fait évacuer de Toulouse tout ce qu'il m'a été possible en objets d'artillerie, mais il y a beaucoup de choses pour lesquelles on manquera peut-être de moyens de transport.

N. 8. — *Au ministre de la guerre.*

Toulouse, 1er avril 1814.

Le corps ennemi qui a remonté l'Arriège, duquel j'ai parlé dans mon dernier rapport, a passé cette rivière à *Cintegabelle*, d'où il a poussé une faible avant-garde jusqu'à *Nailloux*, et il a envoyé des réquisitions à *Villefranche*. Ce corps est commandé par le lieutenant général Hill ; il se compose de deux divisions anglaise et portugaise et d'une division espagnole, formant ensemble 12 à 13,000 hommes d'infanterie, 3,000 de cavalerie, et 20 pièces de canon. Il paraît que la difficulté des chemins, entre *Cintegabelle* et *Villefranche*, a retardé le mouvement de cette colonne ; car elle aurait pu arriver aujourd'hui à *Villefranche* ; il est probable qu'elle y sera demain, et même qu'elle se rapprochera de Toulouse.

Le restant de l'armée ennemie n'a pas bougé. Deux déserteurs anglais, qui sont arrivés, ont dit que le quartier de lord Wellington est à *Cugnaux*, et que, ce matin, l'on avait donné l'ordre de se tenir prêt pour nous attaquer. Ces déserteurs ont aussi confirmé que, depuis dix jours, le général Béresfort avait rejoint l'armée avec les deux divisions, qui s'étaient dirigées sur Bordeaux, et qu'il n'est resté dans cette ville, ou entre la Garonne et la Dordogne, que 2 ou 3,000 Anglais ou Portugais, commandés par le général d'Alhousie. Ce dernier rapport est aussi confirmé par des personnes parties de Bordeaux, il y a trois jours.

N° 9. — *Au ministre de la guerre.*

Toulouse, 2 avril 1814.

Extrait.

La colonne ennemie qui s'était portée sur *Auterive* et *Cintegabelle*, a poussé son avant-poste jusqu'à *Nailloux*, et a fait demander des subsistances à *Villefranche* ; mais, sans les attendre, hier à dix heures du soir elle a commencé son mouvement rétrograde : elle a repassé l'Arriège et est revenue sur *Pinsaguel*, où elle a repassé, en très grande partie, la Garonne. D'après les derniers rapports, il y avait cependant encore, cet après-midi, une arrière-garde entre les deux rivières, qui couvrait le mouvement.

Les ennemis se sont mal conduits à *Cintegabelle* et à *Auterive*. Les officiers ont dit en se retirant qu'en faisant ce mouvement « ils « avaient l'espoir que j'enverrais à leur rencontre un fort détache-

« ment, et qu'ils auraient eu plus de facilités pour attaquer le res-
« tant de l'armée devant *Toulouse*, mais que mon immobilité les
« obligeait à se tenir concentrés et à revenir. » J'ai aussi cru que
c'était leur dessein, quoique je sois toujours persuadé « qu'ils ont le
« projet de passer la Garonne au-dessous de Toulouse, et de venir
« m'attaquer par ma droite près de cette ville. » Je fais, en conséquence, mes dispositions pour les recevoir, et j'ai donné des ordres
pour que la ville de Toulouse fût mise en état de défense sur la rive
droite de la Garonne. La tête de pont du faubourg Saint-Cyprien
est déjà en état d'être respectée.

Je vais faire rétablir les communications sur *Carcassonne* par
Castelnaudary, que, d'après le dernier mouvement des ennemis,
j'avais jugé à propos de suspendre.

Un détachement de gardes nationales d'élite de la légion de Tarn-
et-Garonne, que le général Lafitte avait envoyé de *Saint-Girons*
sur *Saint-Martori*, a poussé jusqu'à ce dernier endroit, où il a
pris trente Anglais, des équipages et un convoi de bœufs.

N° 10. — ORDRE.

Toulouse, 2 avril 1814.

Le Maréchal, etc.;

Considérant l'importance de la ville de Toulouse par rapport à sa
population, les établissemens qu'elle renferme, et son utilité pour
le service de l'armée;

Ordonne :

La ville de Toulouse sera mise en état de défense sur la rive droite
de la Garonne.

Les ouvrages qui ont été ordonnés pour couvrir tous les ponts et
écluses sur le canal, depuis son embouchure jusqu'au pont des Demoiselles inclusivement, seront poussés avec la plus grande activité, et perfectionnés. Les ouvrages qui ont été ordonnés pour
couvrir le faubourg Saint-Michel, et le lier par une ligne depuis
le canal jusqu'à la Garonne, en passant par l'ancienne église des
Récollets, seront également continués et perfectionnés; l'enceinte
de la ville sera réparée partout où il sera nécessaire; l'on profitera
des terre-pleins du rempart pour y établir des banquettes et perfectionner le parapet, depuis la porte Saint-Étienne jusqu'à la Garonne, à gauche de l'arsenal.

La caserne des gendarmes sera rendue défensive; il sera construit en avant un tambour ou une flèche pour couvrir la porte *du
Secours*, qui conduit dans la ville.

Depuis la porte Saint-Étienne jusqu'à la Garonne, par la promenade publique et le faubourg Saint-Michel, les maisons se trouvant

adossées à l'ancienne enceinte , l'on ne peut prendre la défense du rempart ; en conséquence , elle sera faite à l'extérieur par les ouvrages qui couvriront les portes et ceux qui seront plus avancés.

Toutes les portes de la ville seront couvertes par de bonnes palanques ou *blockhauss* défensifs. Il sera même construit en avant, lorsqu'il y aura possibilité, des lunettes pour les couvrir. Les portes, proprement dites, seront mises en bon état et reconstruites ; elles seront en outre appuyées par de bonnes barrières et des chevaux de frise.

Les portes et issues auxquelles ces dispositions sont applicables sont :

1º La communication qui est entre la Garonne et l'Arsenal , à l'embouchure du Canal-Neuf ;

2º La porte d'*Arnaud-Bernard*, où passe la route de Montauban;

3º La porte de *Matabiau* , route d'Alby ;

4º La porte *Neuve*;

5º La porte *Saint-Étienne ;*

6º La porte *Montolieu;*

7º La porte *Montgaillard ;*

8º La porte *Saint-Michel.*

La butte qui est au milieu du Jardin-des-Plantes sera disposée pour une batterie de trois à quatre pièces, lesquelles auront pour objet de battre sur le pont des Demoiselles , ainsi que le terrain qui est entre ce pont et la maison fortifiée qui est à la gauche de Saint-Michel ; mais il est expressément défendu de commettre aucun dégât dans le jardin, sous la responsabilité des officiers , lesquels ne permettront point que, sous aucun prétexte, on quitte les allées.

La partie du rempart qui est dans l'enclos de l'arsenal sera disposée pour recevoir du canon, ainsi que la partie du rempart qui est entre le magasin à poudre et la porte d'*Arnaud-Bernard*. L'on disposera également, pour recevoir du canon, la partie du rempart qui est entre la porte *Matabiau* et celle *Saint-Étienne;* tous les ouvrages qui doivent être exécutés sur le front de la ligne Saint-Michel, première et deuxième lignes, depuis la Garonne jusqu'à la porte *Saint-Étienne* exclusivement, y compris ceux du pont des Demoiselles, auront lieu par les troupes aux ordres de M. le lieutenant-général Clauzel, et sous sa responsabilité particulière.

Les ouvrages qui doivent être exécutés aux 1re et 2e lignes, depuis la porte Saint-Étienne inclusivement jusqu'à la Garonne, au-dessous de Toulouse , seront faits par les troupes aux ordres de M. le lieutenant-général comte d'Erlon , sous sa surveillance particulière.

La totalité des habitans de la ville seront commandés pour être employés aux ouvrages de défense, chacun dans son quartier, particulièrement aux portes, aux ouvrages avancés et sur les remparts; ils devront tous être munis d'outils ; il seront conduits par les commissaires des quartiers, qui en feront l'appel, resteront avec eux au travail, et imposeront des amendes à ceux qui refuseront de s'y rendre.

Tout le charbon de bois qui est à Toulouse sera requis pour le service de l'artillerie. Celui que les marchands remettront, sera expertisé pour que le montant en soit payé. Si le génie a besoin de charbon pour ses travaux, il le demandera à l'artillerie, et il lui sera fourni sauf paiement.

Tout le bois nécessaire aux constructions de l'artillerie et du génie sera mis en réquisition, sauf expertise et paiement.

Si le fer manque, il en sera également requis.

Tous les outils de pionniers qui peuvent se trouver dans les boutiques et magasins des habitans de Toulouse, qui font ce genre de commerce, sont aussi mis en réquisition pour être à la disposition du colonel commandant le génie de l'armée, mais il en sera dressé procès-verbal d'expertise, pour que les propriétaires en soient payés.

M. le commissaire extraordinaire de l'Empereur dans la 10ᵉ division militaire sera prié de vouloir bien donner des ordres pour l'exécution des réquisitions qui seront faites en vertu des présentes dispositions.

Il voudra bien aussi prendre des mesures pour qu'il soit immédiatement réuni à *Toulouse* 10,000 outils de pionniers assortis, lesquels seront demandés dans les départemens de la Haute-Garonne, de l'Aude et de l'Arriège, sauf 2,000 outils qui seront demandés directement au département du Tarn.

Il ne sera plus fait d'évacuations de Toulouse, soit en objets d'administration quelconques, soit en objets d'artillerie ou autres; il sera au contraire pris des mesures pour faire revenir ce qui est parti et qui peut être utile au service de la place, et pour y faire refluer tout ce qui pourrait être compromis à l'extérieur.

M. le lieutenant-général comte Reille fera continuer par les troupes sous ses ordres, les travaux de la tête de pont de St.-Cyprien, et il veillera à ce qu'ils soient poussés avec la plus grande activité.

Ces dispositions seront adressées à M. le commissaire extraordinaire de l'Empereur dans la 10ᵉ division militaire, à MM. les lieutenans généraux, au général commandant l'artillerie de l'armée, au général de division Travot, au colonel commandant le génie de l'armée et à l'ordonnateur en chef en ce qui le concerne.

N. 11. — ORDRE.

Toulouse, 2 avril 1814.

M. le lieutenant-général général Clausel fera construire le plus promptement possible la redoute qui doit être établie sur le pont

de *Montaudran*, laquelle. en cas d'attaque, il devrait armer et défendre avec les troupes sous ses ordres.

Il donnera des ordres , ainsi que le général Soult, pour que la
totalité des bateaux et bois, soit de radeaux où d'autres, qu'il y a
sur le canal, depuis *Villefranche*, ou depuis l'endroit où il sera
possible de remonter, soient immédiatement descendus à Toulouse.

M. le comte d'Erlon sera prévenu de ces dispositions. M. le général Travot le sera également de la dernière.

N. 12. — *Au colonel Michaux.*

Toulouse, 2 avril 1814.

Indépendamment des ouvrages que vous devez faire exécuter, d'a-
près la lettre que je vous ai écrite hier au soir, je désire que vous fassiez
la reconnaissance de l'enceinte de la ville et que vous déterminiez
les points qui doivent être réparés, afin que dans le cas, où la ligne
du canal et des faubourgs serait forcée, l'on puisse défendre cette
enceinte. A cet effet, il faudra faire établir des postes et des barrières à toutes les issues et même les couvrir, par quelques tam-
bours, aux principaux débouchés. Je crois que le dessus du mur
d'enceinte offre un bon parapet, dont on peut tirer parti pour la défense et même que les tours peuvent être à ce sujet utilisées. Prévenez
le chef de bataillon Plazanet, qu'il est chargé de faire construire la
redoute qui doit être établie au pout de *Montaudran*, laquelle sera
éfendue et armée par les troupes aux ordres du général Clausel.

N. 13. — *A M. le général Laffitte.*

Toulouse, 3 avril 1814.

J'ai reçu la lettre que vous m'avez écrite de Pamiers le 2, à huit
heures du soir. Je vois avec plaisir que le mouvement rétrograde
de la colonne ennemie aux ordres du lieutenant-général Hill, qui
avait passé à la rive droite de la Garonne et de l'Arriège, vous était
connu, et que vous faisiez suivre sa marche par l'escadron de cavalerie qui était avec vous ; je ne doute pas que ce détachement
quoique faible, ne vous ramène bon nombre de prisonniers, à Auterive, à Venerque et dans d'autres communes. Les reconnaissances qui ont été envoyées de la gauche de l'armée, en ont ramassé
beaucoup ce matin, qui traînaient en arrière leur colonne.

Le but appparent des ennemis, en faisant ce mouvement, était de
m'engager à détacher un corps sur ma gauche pour m'y *opposer*,

afin d'attaquer avec le restant de leur armée les troupes que j'aurai laissées à Toulouse et s'emparer de la ville. Se voyant déçus dans leur espoir et d'ailleurs inquiets de quelques démonstrations, qui ont été faites vers Pinsaguel, ils ont rappelé précipitamment leurs troupes. Il peut aussi se faire qu'un escadron du 29e de chasseurs, envoyé de Carcassonne, qui a paru en avant de Villefranche, leur ait fait croire que M. le duc d'Albuféra arrivait avec son armée, ainsi qu'il s'y attendent; quoiqu'il en soit, tout a repassé la Garonne, et le pont de Pinsaguel est levé.

Actuellement, les ennemis font des démonstrations pour passer la Garonne, au-dessous de Toulouse; je crois même que la nuit prochaine ou la nuit suivante, ils l'entreprendront et je me prépare à leur livrer bataille près de Toulouse; j'en ai prévenu M. le duc d'Albuféra.

Je désire bien, qu'avec les troupes sous vos ordres, vous poussiez des reconnaissances sur la Garonne et même jusqu'à la route de *Saint-Gaudens* à *Toulouse*, dans la direction de *Carbonne*, *Saint-Martory* et *Saint-Gaudens*, pour y retenir des forces ennemies, leur faire craindre l'arivée de l'armée de M. le duc d'Albuféra, et leur enlever du monde. Si la route est dégarnie, elle est praticable sans inconvénient.

Je vous prie au surplus, de me tenir instruit de vos opérations et de ce que vous apprendrez.

N. 14. — *Au comte d'Erlon.*

Toulouse, 3 avril 1814.

Je viens de parler à un homme, qui est parti de Blagnac, la nuit dernière, il m'a confirmé le mouvement rétrograde, de la colonne ennemie, qui avait remonté l'Arriège et il m'a dit que les ennemis pensaient effectuer leur passage au-dessous de Toulouse. Hier, il a vu un général anglais, donner l'ordre à un officier du génie, d'aller examiner, si *Grenade* offrirait, à ce sujet, des facilités. Il prétend aussi que l'on doit se méfier du point de *Capelette*.

D'après cela, je vous invite à presser, autant que possible, les travaux, qui doivent être exécutés sur votre ligne, afin que la défense de tous les ponts et des écluses, qu'il y a sur ce canal, jusqu'à la porte *Saint-Étienne*, mais plus particulièrement jusqu'au pont où passe le route d'*Alby*, soit parfaitement assurée et que l'on puisse y mettre du canon.

Je désire également que vous fassiez construire trois bons ouvrages et quelques tranchées sur la position qu'hier au soir nous avons reconnue, et qu'indépendamment vous fassiez reconnaître le terrain qui est entre cette position et l'Ers, afin que, si par quelques coupures, on pouvait y multiplier les obstacles, cela soit entrepris.

Dans le cas où l'ennemi aurait effectué un passage et qu'il mar-

cherait pour nous attaquer dans la position indiquée, il conviendrait de faire aussitôt abattre, en forme d'abattis, tous les arbres qui
sont sur la grand'route d'*Alby*, depuis le pont du canal, jusqu'à hauteur de la campagne, dite la *Pujade;* disposition, qui couvrirait parfaitement la ligne sur ce front et contribuerait à rejetter l'attaque
des ennemis vers le bassin de l'*Ers.*

Je vous prie de donner des ordres pour que la troupe soit exercée tous les matins, depuis le moment où elle prend les armes, jusqu'à ce qu'elle reçoive l'ordre de rentrer. Je suis surpris que les
généraux et les chefs la laissent trois à quatre heures sur le terrain,
sans même en passer l'inspection.

N. 15. — ORDRE.

Toulouse, 3 avr l 1814.

M. le comte d'Erlon fera réunir, au point de jour, la deuxième
division d'infanterie en avant de la porte d'*Arnaud Bernard*, sur la
route de Montauban ; la brigade de la première division, qui est en
ville, sera réunie sur le canal, vers le pont où passe la route de
Blagnac, afin de pouvoir protéger l'autre brigade de la même division, qui est en avant sur la Garonne.

Si l'ennemi effectuait le passage de la Garonne, au-dessous de
Toulouse, M. le comte d'Erlon serait chargé de défendre les ponts
et écluses sur le canal, depuis le pont de la porte de *Matabiau*,
où passe la route d'Alby, inclusivement, jusqu'à l'embouchure du
canal. Si la gauche de cette ligne était forcée, les troupes qui y seraient employées se replireraient sur la ville pour en défendre
l'entrée à l'embouchure du canal neuf, à gauche de l'arsenal, d'é-
fense dont le général Travot sera plus particulièrement chargé.
D'ailleurs les troupes de la première division se rallieraient aux
troupes de la deuxième division, en avant de la porte d'*Arnaud-
Bernard*, pour défendre ce point important.

M. le comte d'Erlon fera travailler nuit et jour et même en cas
d'attaque, jusqu'à ce que les ennemis soient à portée, à perfectionner les ouvrages de défense qui ont été indiqués et dans le même
cas, il se tiendra prêt à appuyer à droite une de ses divisions, pour
renforcer les troupes qui seront en position sur le plateau de *Calvinet.*

M. le lieutenant général Clausel formera demain au point du jour
ses divisions, la gauche au faubourg *Saint-Etienne* et la droite dans
la promenade, faisant d'ailleurs occuper sa ligne actuelle par des
postes et il se tiendra prêt à se porter avec les deux divisions sur
le plateau du *Calvinet*, pour occuper la position de la droite de
ce plateau, presque parallelement à la route d'Alby et il y mè-
nera son artillerie. Il donnera ordre au général Vial de se ren-

dre demain avec ses deux régimens à *Montaudran*, d'où le général Clausel en disposerait pour les porter à droite de la position de *Calvinet*, en cas de mouvement ; mais le général Vial laissera sur la ligne de la Garonne, jusqu'à l'embouchure de l'Arriège les postes de cavalerie que le général Clausel demandera.

M. le comte Reille tiendra la quatrième division d'infanterie prête à passer sur la rive droite de la Garonne, la cinquième division serait seule chargée de défendre la tête de pont de Saint-Cyprien.

Si la quatrième division passait à la rive droite de la Garonne, le 5ᵉ régiment de chasseurs à cheval, suivrait ou précéderait son mouvement.

Le général Travot réunira au point du jour la division de réserve sur l'esplanade, et, en cas d'attaque, il la tiendra prête à se former immédiatement sur les remparts de la ville, depuis le front de l'Arsenal, jusqu'à la porte Saint-Etienne et il serait chargé de défendre les portes et passages qui sont dans cet espace, particulièrement l'entrée qui est à gauche de ce canal sur la Garonne. Il disposerait aussi de quelques bataillons pour garder les ouvrages du pont *Saint-Michel* en remplacement des troupes de l'aile gauche qui en seraient parties et pour fournir des postes sur la Garonne, au-dessous de Toulouse.

Le général Travot tiendra aussi une réserve entre le pont de Garonne et l'arsenal, pour soutenir, au besoin, les troupes qui seront à la tête des ponts et celles qui seront chargées de défendre le front de l'arsenal.

M. le général Tirlet fera rentrer, pendant la nuit, les deux pièces de vingt-quatre qui sont au pont sur le canal, sur la route de *Blagnac*, ainsi que les pièces du même calibre qui sont sur le quai de la Garonne et il les fera porter en batterie sur le rempart du front de l'arsenal, où il mettra aussi une batterie de pièces de seize, de manière à battre parfaitement tout le terrain, qui est entre le canal et la Garonne. Cependant il se tiendra prêt, à faire porter deux de ces pièces de vingt quatre, et même les quatre pièces, soit sur le pont du canal, de la route de Montauban, soit de la position de *Calvinet*, lorsque la redoute qui doit y être faite sera construite.

Il fera ses dispositions pour tirer, au premier ordre, de la tête de pont de Saint-Cyprien, huit bouches à feu, y compris les deux pièces de douze, et deux obusier de six pouces, pour être portés en position sur la ligne. Ces huit bouches, à feu seraient remplacées au besoin par l'artillerie de la cinquième division, de manière que les ouvrages de la tête de pont soient défendus, particulièrement ceux de la deuxième ligne.

Le grand parc sera attelé de bonne heure et se tiendra prêt à marcher au premier ordre.

Le colonel du génie tracera, demain au point de jour, deux fortes traverses défensives à l'entrée qui est à la gauche de l'arsenal vers la Garonne, l'une en avant et l'autre en arrière de la grille. Il les fera entreprendre sur-le-champ par l'emploi des moyens les plus expéditifs. Le général Travot fera fournir les hommes de corvée nécessaires, de manière que dans quatre heures au plus, ces traverses soient faites.

M. le colonel Michaux tracera aussi les ouvrages qui doivent être exécutés, entre l'enceinte de la ville et le pont du canal sur la route de Montauban, ainsi que ceux qui doivent être construits sur le plateau de *Calvinet* et ils se disposera à faire abattre, en forme d'abattis, les arbres qui sont sur la route d'Alby, depuis le pont sur le canal jusqu'à la campagne, dite la *Pujade,* enfin, il s'occupera du tracé et de l'exécution des palanques et blockhauses, qui doivent être construits en avant des portes et entrées de la ville, conformément à l'ordre du 2 de ce mois.

Si l'ennemi effectuait son passage, le général Soult manœuvrerait de manière à rallier toute sa cavalerie sur le plateau de *Calvinet,* entre la droite du canal et l'Ers, et il n'aurait que des partis d'observation à la rive droite de cette rivière, mais il n'opererait son mouvement que progressivemennt, de manière à arrêter, le plus long-temps possible, les ennemis, sans cependant se compromettre.

Dans le même cas, les troupes qui dépendent de Montauban et qui sont sur la Garonne, se remplierait sur Montauban, où le général Loverdo leur donnerait des ordres. Ce général se disposerait à défendre la tête de pont de Montauban, ainsi que le cours du Tarn, contre toutes les forces ennemies, qui pourraient se présenter et, par ses démonstrations, il ferait même en sorte d'occuper et d'inquiéter les ennemis.

Aussi, en cas d'attaque, l'ordonnateur en chef ferait réunir les équipages militaires et tout ce qui tient à l'administration, en déhors de la grande promenade de la ville, où toutes les voitures, se tiendraient prêtes à marcher au premier ordre ; il ferait établir l'embulance, au faubourg Saint-Étienne, près le *canal* et il aurait un grand nombre de bateaux pour recevoir les blessés et les faire partir après le pansement.

La gendarmerie à pied et à cheval se reunirait aussi sur l'esplanade, où il lui serait donné de nouveaux ordres. Le général Buquet donnerait ordre au colonel Thouvenot, de faire la police des équipages.

Enfin, dans le cas d'attaque, l'armée étant à combattre les ennemis, la garde urbaine serait chargé de la police de la ville, soit même, de renforcer les postes, où il serait nécessaire. Le général Travot lui donnerait des instructions en conséquence.

Si l'attaque des ennemis n'avait pas lieu demain, les dispositions contenues dans le présent ordre recevraient leur exécution après-demain et jours suivans, à moins d'ordres contraires.

N. 16. — *Au ministre de la guerre.*

Toulouse, 3 avril 1814.

La colonne ennemie, qui s'était portée sur la rive droite de la Garonne et de l'Arriège, a entièrement repassé cette rivière. Le pont qui avait été jeté sur la Garonne, à hauteur de *Pinsaguel*, a été lévé ce matin. Les reconnaissances qui ont été envoyées pour observer le mouvement de ces troupes, ont ramassé une cinquantaine de prisonniers, et elles ont communiqué avec un escadron de cavalerie, que le général Laffitte, qui s'était porté sur Pamiers, avait envoyé pour le même objet.

J'ai prescrit à ce général de réunir toutes les troupes dont il pourra disposer, et de pousser de fréquentes reconnaissances sur la Garonne et la grande route de *St.-Gaudens* à *Toulouse*, dans la direction de *Carbonne*, *St.-Martory* et *St.-Gaudens*.

La colonne ennemie, qui avait passé la Garonne à *Pinsaguel*, fut jointe, devant *Cinte gabelle*, par une autre colonne qui était partie de *Carbonne*, ce qui élevait la force de ce corps à 18,000 hommes, dont 3,000 de cavalerie, indépendamment de 12,000 Espagnols qui étaient restés à *Muret*. Il est bien démontré que les ennemis comptaient que ce mouvement m'obligerait à faire un détachement et qu'ils auraient ainsi plus de facilité pour attaquer *Toulouse*.

À présent, les préparatifs des ennemis annoncent qu'ils ont le projet de passer la Garonne au-dessous de Toulouse. La nuit dernière, un équipage de pont est arrivé derrière Blagnac, et de l'artillerie à Bauzelle; des démonstrations ont aussi été faites à *Seilhe*, à *Grenade* et à *Verdun*. Je suis persuadé que le passage sera entrepris cette nuit ou la nuit prochaine, à moins que le temps, qui paraît vouloir se gâter, n'oblige les ennemis à ajourner leur projet. Quoiqu'il en soit, je suis disposé à les attendre et à leur livrer bataille près de *Toulouse*.

N. 17. — ORDRE.

Toulouse, 4 avril 1814.

Les tonneaux vides, appartenant à une société, qui sont dans l'ancien couvent des Minimes, seront mis en réquisition pour le service de l'armée, et il en sera donné récépissé comptable, pour que les propriétaires en soient ultérieurement payés.

La totalité de ces tonneaux ou barils sera mise à la disposition de M. le général Clausel, pour être employés à la construction des ouvrages de défense qui doivent être élevés sur le plateau de Calvinet.

A cet effet, le général d'Armagnac commandera sur-le-champ une corvée générale dans sa division pour aller porter ces barils sur le plateau de Calvinet, à l'emplacement de la grande redoute qui est en construction, où il en sera fait remise, sur reçu, à l'officier supérieur que le général Clausel enverra pour les recevoir. Le général d'Armagnac fera conduire la corvée par un détachement armé, qui sera commandé par un chef de bataillon.

Quatre mille planches seront sur-le-champ mises en réquisition à Toulouse, et même six mille, si on peut se les procurer. Dans le cas de retard pour la livraison, l'on disposera immédiatement des planches qui sont en chantier sur le bord de la Garonne, près de la poudrière. Ces planches seront aussi mises à la disposition de M. le lieutenant général Clausel, pour servir à planchéier l'intérieur des ouvrages de défense, qui seront construits sur le plateau de *Calvinet*, et même pour garnir le chemin de communication entre les ouvrages sur ce plateau.

Des ordres seront sur-le-champ donnés en conséquence; deux officiers d'état major, un pour chaque partie, seront chargés d'en surveiller l'exécution. Les généraux Clausel et d'Armagnac, ainsi que le préfet de la Haute-Garonne, en seront prévenus.

Le général Clausel sera prévenu qu'à défaut de voitures, il doit commander une corvée générale sur ses deux divisions, pour faire enlever les planches qui lui sont accordées, et qu'il pourra probablement disposer des barils de l'ancien couvent des Minimes, indépendamment d'une centaine de grands gabions ou paniers qui ont été transportés sur le plateau. Ainsi, demain de bonne heure, les travaux, qui ont été indiqués, peuvent être terminés.

N. 18. — *Au ministre de la guerre.*

Toulouse, 4 avril 1814.

La nuit dernière l'ennemi a effectué le passage de la Garonne, vis-à-vis Grenade. Il avait mis trente pièces de canon en position sur les hauteurs de la rive gauche devant lesquelles je n'avais que des postes; son armée était, depuis hier, en mouvement; elle a marché toute la nuit, et ce soir l'on voyait encore une colonne qui descendait de la rive gauche pour se porter au point du passage.

J'ignore encore si les ennemis ont passé au-dessous de *Grenade*, ainsi que les rapports, qu'hier j'ai reçu, me l'ont fait supposer. J'espère recevoir demain matin des lettres du général Loverdo, commandant à Montauban, qui m'en instruiront. Ce général a dû rallier, à *Montauban*, les postes d'infanterie et de cavalerie, qui étaient sur la Garonne, au-dessous de *Grenade*.

L'avant-garde de l'armée ennemie s'est dirigée sur Toulouse par *St.-Jory* et l'*Espinasse*. Ce soir, elle s'est arrêtée à hauteur de *Fenouilhet*. Le général Soult qui lui a tenu tête avec sa cavalerie, a observé que la colonne était très profonde; cependant il n'y a pas eu d'engagement.

Je fais occuper, comme avant-poste, Launaguet, ainsi que les hameaux et maisons qui sont à hauteur de cet endroit, entre la Garonne et l'Ers. Je fais aussi occuper *St.-Geniès* et *La Peyrouse*, jusqu'à la *Giron*.

Je me dispose à livrer bataille aux ennemis; mais il est probable qu'ils différeront leur attaque, tant que le mauvais temps règnera, à moins qu'ils ne soient décidés à perdre beaucoup de monde.

La communication avec Montauban étant interceptée, j'ai donné ordre qu'à compter de ce jour, les courriers *et* estafettes fussent dirigés par *St.-Sulpice, Gaillac* et *Alby,* sur *Cahors.* J'ai l'honneur de prier V. E. de vouloir bien donner des ordres en conséquence.

N. 19. — *Au ministre de la guerre.*

Toulouse, 6 avril 1814.

Depuis que l'ennemi a passé la Garonne (à hauteur de *Merville* et à *Grenade*) il n'a rien entrepris; ses avant-postes sont à *Fenouilhet*, et il occupe les communes entre l'Ers et la Giron. Aujourd'hui, il a poussé des éclaireurs jusqu'à Bazas, mais les reconnaissances de cavalerie que le général Soult a envoyées les ont fait rentrer. Il paraît que son quartier-général est à *Castelnau.* « Je ne connais point « encore exactement la force des troupes ennemies qui sont à la « rive droite de la Garonne; mais tout me porte à croire que la « plus forte partie de l'armée s'y trouve. » Les Espagnols ont relevé les Anglais sur le front du faubourg St.-Cyprien.

Le général Loverdo m'a écrit hier au soir de Montauban, qu'il ne s'était encore rien présenté devant cette ville; il est parfaitement en mesure de résister à une attaque; les moyens que j'ai mis à sa disposition, sont suffisans pour défendre la tête de pont de Montauban.

Je compte aussi être en mesure de livrer bataille près de Toulouse, lorsque les ennemis se présenteront; j'ai fait élever des retranchemens et armer l'enceinte de la place. J'attendrai, pour en entretenir avec détail Votre Excellence, que le service des estafettes soit réglé sur la nouvelle direction que j'ai été dans le cas de donner, de laquelle j'ai eu l'honneur de rendre compte.

Il n'y a rien de nouveau sur la Garonne au-dessus de Toulouse.

V. E. a sûrement reçu le rapport du général Lhuillier sur ce qui s'est passé dans la rivière de Bordeaux, au sujet de la flotille;

mais je ne puis me dispenser, M. le duc, de vous témoigner mes regrets sur le retard des troupes que le général Decaen doit commander, dont l'arrivée était annoncée pour le 29 ou 31 mars dernier, et qui n'ont pas encore paru.

Il y a quatre jours que nous n'avons pas reçu d'estafettes ni de courriers, et l'on répand des nouvelles fâcheuses sur ce qui se passe du côté de Paris. Je désire vivement être bientôt à même de les démentir.

N. 20. — ORDRE.

Toulouse, 6 avril 1814.

M. le compte d'Erlon sera chargé, ainsi que l'ordre en a déjà été donné, de la défense de la ligne, depuis le pont du canal, en avant de la porte de *Matabiau,* sur la route d'*Alby,* jusqu'à l'embouchure du canal dans la Garonne ; ainsi, demain matin, il fera occuper, par des troupes de la 2ᵉ division, les ouvrages qui ont été construits sur ce pont (celui de la route d'Alby), lesquels il fera armer par l'artillerie de la 2ᵉ division. et il donnera des ordres pour que tous ces ouvrages soient sur-le-champ préparés et perfectionnés.

Il fera aussi construire les ouvrages qui ont été ordonnés en avant des portes de *Matabiau* et d'*Arnaud Bernard.*

Il disposera de l'artillerie des 1ʳᵉ et 2ᵉ divisions pour armer les ouvrages des trois ponts sur le canal, qu'il est spécialement chargé de défendre, savoir : celui sur la route d'*Alby,* celui sur la route de Montauban, et celui sur le chemin de Blagnac vers l'embouchure du canal.

Aussitôt que les troupes du comte d'Erlon arriveront au pont sur la route d'Alby, M. le lieutenant général Clausel en fera partir celles de l'aile gauche qui s'y trouvent, et il les fera réunir à leurs divisions sur la ligne.

Le général Tirlet mettra, demain, à la disposition du chef de bataillon d'artillerie Morlaincourt, les deux pièces de 12, l'obusier à longue portée et une pièce de 8 de réserve, pour être placées en batterie dans la grande redoute du plateau de *Calvinet,* où ces quatre bouches à feu devront être rendues avant 4 heures du matin, et il veillera à ce qu'elles soient remplacées dans les batteries où elles se trouvent en ce moment, par des pièces des divisions du centre ou de la réserve.

M. le comte d'Erlon fera approfondir et escarper le fossé de l'enceinte de la place, devant l'embrasure qui a été ouverte à une ancienne porte sous la tour qui est située entre la porte d'*Arnaud-Bernard* et le rempart de l'arsenal. Il veillera aussi à ce qu'il soit construit des banquettes en charpente, pour l'infanterie, à la partie de l'enceinte qui est à la gauche de la porte d'*Arnaud-Bernard*, où le mur se trouve trop élévé pour que les hommes puissent tirer par dessus ; enfin il fera élever le parapet et chemin couvert défensif avec fossés en avant, qui doit être pratiqué pour lier l'enceinte de la place au canal, à gauche du pont des Minimes, en suivant le tracé qui lui a été indiqué.

Le général Travot fera exécuter, avec la réserve et par des corvées prises dans la ville, les travaux de défense du pont des Demoiselles, et ceux de la ligne du front St.-Michel, suivant le tracé qui a été arrêté.

M. le colonel du génie Michaux sera prévenu de ces dispositions en ce qui le concerne.

N. 21. — *Au général Laffitte.*

Toulouse, 7 avril 1814.

L'officier que vous m'avez envoyé vient de me remettre la lettre que vous m'avez écrite le 6. J'espère que les partis que vous avez dirigés sur *Carbonne*, sur *St.-Martory* et sur *St.-Gaudens*, vous ramèneront des prisonniers ; mais il ne fallait pas les mettre dans le cas de faire un aussi grand mouvement sur la rive gauche de la Garonne afin de ne pas les éloigner des points de passage et les isoler, car ils pourraient être compromis avant d'avoir atteint un second débouché. J'attendrai donc avec impatience les rapports que vous me ferez sur le résultat de cette expédition.

Les partis que vous lancerez sur la Haute-Garonne même à la rive gauche, produiront infailliblement un bon effet en inquiétant l'ennemi, lui occasionnant des pertes et l'obligeant à détacher des troupes pour se garder. Vous pourrez aussi obtenir, par ce moyen, des renseignemens positifs sur les forces, moyens et position de l'armée ennemie ; je vous recommande de me tenir instruit de tout ce que vous apprendrez. Je désire bien que vous soyez bientôt à même de vous passer de la cavalerie que je vous ai provisoirement laissée. Je suis trop faible dans cette arme pour pouvoir faire des détachemens, d'ailleurs je pense que vous pourrez y suppléer par les partisans à pied et à cheval que vous avez formés.

Depuis que les ennemis ont passé la Garonne près de *Grenade*, ils n'ont rien entrepris, ni sur *Toulouse*, ni sur *Montauban* où nous sommes parfaitement en mesure de repousser leurs attaques. Cependant la plus forte partie de leur armée est à la rive droite, et ils ont jeté plusieurs ponts. Si M. le maréchal duc d'Albuféra faisait le mouvement que je lui ai proposé, l'ennemi pourrait se trouver compromis dans sa position, et je serais bientôt en état de reprendre l'offensive. Depuis plusieurs jours, je n'ai reçu aucune nouvelle de M. le duc d'Albuféra, et j'ignore ses dispositions; je vous prie de m'en donner des nouvelles.

N. 22. — ORDRE.

Toulouse, 7 avril 1814.

M. le général de division Paris partira demain en poste, pour se rendre à Perpignan, où il recevra de nouveaux ordres de M. le maréchal duc d'Albuféra.

Il sera donné ordre au général Pouget de faire partir sur-le-champ, pour Foix, les divers détachemens du 29ᵉ régiment de chasseurs à cheval qui sont à Carcassonne ou à *Castelnaudary*, afin que tous les détachemens de cavalerie légère, appartenant à l'armée, qui ont été envoyés sans ordre au général Laffitte, reviennent sur-le-champ.

Il sera écrit en conséquence au général Laffitte, en lui donnant l'ordre, de faire partir immédiatement pour Toulouse tous les détachemens de cavalerie légère, appartenant à l'armée, qui ont été provisoirement mis à sa disposition.

N. 23. — ORDRE.

Toulouse, 8 avril 1814.

L'armée sera prête, demain au point du jour, à livrer bataille aux ennemis.

M. le lieutenant général Clausel fera garnir tous les ouvrages qui sont sur le plateau de *Calvinet*. Il occupera, par la brigade du général St.-Pol, la position en avant; le surplus de ses troupes sera masqué en réserve derrière les ouvrages. Il disposera de la cavalerie du général Vial, et entretiendra la communication avec le général Soult, qui doit manœuvrer sur la rive droite de l'*Ers*. Lorsque le baron de St.-Pol sera forcé dans sa position, il viendra se rallier au restant de sa division en arrière des ouvrages, et les pièces de la division qui ont été détachées, sous ses ordres, rentreront à la redoute qui est sur le pont du canal, sur la route d'*Alby*.

M. le lieutenant général Clausel fera ses dispositions pour que les ponts sur l'*Ers* soient détruits, à mesure que l'ennemi arrivera à leur hauteur et qu'il sera à même de s'en emparer.

M. le comte d'Erlon disposera de la 1ʳᵉ division d'infanterie, de manière à défendre les divers ouvrages sur le canal, et les maisons crénelées en avant, depuis le pont en avant de la porte Matabiau,

sur la route d'Alby, jusqu'à l'embouchure du canal, et dans le cas
où cette division serait forcée sur un point quelconque de la ligne,
les corps, qui devraient se retirer, opéreraient leur mouvement
sur la ville pour défendre les portes et les remparts, depuis la Garonne jusqu'à la porte de *Matabiau*, et même à droite jusqu'à la
porte neuve inclusivement.

Ainsi la 2ᵉ division d'infanterie sera en son entier disponible
pour se porter sur le plateau de Calvinet. A cet effet, M. le comte
d'Erlon lui donnera l'ordre d'être réunie, demain, avant le jour,
entre la porte de *Matabiau* et le pont du canal sur la route d'*Alby*,
où elle se tiendra prête à se porter sur le plateau de *Calvinet*, au
premier ordre.

A cet effet, le général d'Armagnac ira, au point du jour, reconnaître le chemin par où il devra déboucher, lequel doit le conduire
en avant de la grande redoute qui est sur le plateau ; mais comme
le 31ᵉ d'infanterie légère, qui fait partie de la 2ᵉ division, est chargé
de défendre le couvent des *Minimes*, et qu'il ne conviendrait pas
de le déplacer, M. le comte d'Erlon le fera remplacer, à la 2ᵉ division, par le régiment de la 1ʳᵉ qui se trouvera disponible, après qu'il
aura pourvu à la défense de la ligne.

Si l'attaque, que l'ennemi dirigera sur les ouvrages du canal,
n'était pas trop vive, et qu'il y eut possibilité de retirer des bouches à feu de ces ouvrages, M. le comte d'Erlon ferait des dispositions pour que la 2ᵉ division fût à même d'emmener son artillerie,
sans cependant dégarnir aucun point de défense.

M. le comte Reille donnera ordre à la 4ᵉ division, ayant avec elle
son artillerie, d'être rendue demain, au point du jour, en tête du
faubourg St.-Etienne, où elle se tiendra prête à se porter, au premier ordre, sur le plateau de *Calvinet*.

Ainsi la 5ᵉ division sera chargée de défendre la tête de pont de
St.-Cyprien ; mais si cette division était attaquée par des forces supérieures, qui l'obligeassent, malgré sa résistance, à évacuer la première ligne, elle défendrait avec vigueur et acharnement la seconde
ligne. Dans ce cas, M. le comte d'Erlon tiendrait l'artillerie de la
5ᵉ division prête à se porter à droite de la ville, sur le plateau de
Calvinet, où le général Tirlet lui donnerait des ordres, et le surplus
des bouches à feu qui seraient retirées de la première ligne de St.-
Cyprien, serait placé dans les bastions de la seconde ligne de la tête
de pont.

Du moment que M. le comte Reille se trouvera dans le cas de faire
évacuer la première ligne, et que par conséquent les postes de cavalerie rentreront, il enverra tout ce qui lui restera de cavalerie sur
le plateau de *Calvinet*, pour joindre le général Vial.

Le 21ᵉ régiment de chasseurs à cheval qui est à la disposition de
M. le comte d'Erlon, joindra, demain au point du jour, la brigade
du général Vial, à droite du plateau de *Calvinet*; mais ce régiment

laissera ses grands'gardes sur la ligne, jusqu'à ce qu'elles soient dans le cas de rentrer; ensuite elle joindront leur régiment.

M. le général de division Travot donnera ordre à une brigade de la 2ᵉ division de réserve, de se former, demain, au point du jour, en tête du faubourg St.-Michel et à la grande promenade, où il fera garder tous les ouvrages de cette ligne jusqu'au pont des Demoiselles inclusivement. Il donnera des ordres pour que ces ouvrages, particulièrement ceux du pont des Demoiselles, soient poussés avec toute l'activité possible, et qu'il y soit travaillé sans discontinuer.

L'autre brigade de la division de réserve se formera sur le rempart et sur le quai de la Garonne près du pont, ayant de forts postes à toutes les entrées, et aux portes, jusqu'à celles d'Alby inclusivement. Si MM. les lieutenants généraux comte Reille et comte d'Erlon étaient dans le cas de donner des ordres à cette brigade, elle s'y conformerait.

Le général Travot donnera ordre à la garde urbaine d'être en son entier sous les armes à la pointe du jour; il la disposera de manière à garder les portes et entrées, les ponts et l'intérieur de la ville, les places, et à faire la police partout où il sera nécessaire.

Le général Travot se tiendra demain à la brigade qui sera à la porte St.-Michel; il aura avec lui le détachement de dragons qui est à sa disposition, afin de l'employer au besoin; d'ailleurs il donnera des ordres pour que tout ce qui tient à la place ou à la division militaire, soit à son poste.

Le général Tirlet veillera à l'exécution des dispositions relatives à l'artillerie, contenues dans le présent ordre; il fera armer, de très bon matin, les ouvrages du pont des Demoiselles en employant les pièces de quatre, dont une de montagne, qui sont disponibles; il se préparera à armer, par deux ou trois pièces de gros calibre, la butte qui est dans l'intérieur du Jardin des plantes; il donnera des ordres pour que les officiers de tous grades, les canonniers, ouvriers et généralement tout le personnel de l'artillerie, qui font partie de la direction ou de l'école, soient employés dans les batteries, et que chacun soit à son poste. Il ordonnera que les pièces de campagne; dépendantes de la place, qui sont dans les ouvrages, soient attelées. Il tiendra le parc prêt à se porter, au premier ordre, où il sera ordonné, et il donnera des soins à ce que les munitions ne manquent jamais, ni aux batteries ni à la troupe.

Les troupes du génie continueront les travaux dont elles sont chargées, et s'occuperont sans cesse à les perfectionner.

L'escadron de gendarmerie sera rendu, au point du jour, en tête du faubourg St.-Étienne, où il lui sera donné de nouveaux ordres. La gendarmerie à pied, sous les ordres du général Thouvenot, se rendra au parc d'artillerie et des équipages, sur l'esplanade, pour en faire la police et veiller à leur sûreté.

Demain, au point du jour, l'eau-de-vie sera distribuée à toute l'armée. L'ordonnateur en chef prendra en outre des mesures pour qu'une autre distribution, soit de vin, soit d'eau-de-vie, soit faite pendant le jour, lorsque l'ordre en sera donné, et dans le cas où ce qu'il y a en magasin serait insuffisant, l'ordonnateur en chef enverra des détachemens de gendarmerie pour en réunir.

Les courriers et estafettes qui seront expédiés, devront l'être, jusqu'à nouvel ordre, par *Castelnaudary*, d'où, s'ils ne pouvaient pas prendre la route de *Castres* et d'*Alby*, ils suivraient celle de *Carcassonne, Beziers, Montpellier, etc.*

N. 24. — *Au général Soult.*

Toulouse, 8 avril 1814.

Il est à présumer que si l'ennemi se porte sur Toulouse, une colonne suivra la rive droite de l'Ers; ainsi vous serez infailliblement un des premiers prévenus. Dans ce cas, vous tiendrez tête à cette troupe, tant qu'il y aura possibilité et vous éclairerez le pays entre l'*Ers* et la *Giron*, même par quelques hommes détachés, a la rive droite de cette rivière, de manière qu'aucun mouvement des ennemis, n'échappe à votre vigilence et que j'en sois aussitôt instruit. Si vous étiez forcé, vous opereriez votre mouvement, d'abord derrière la sausse et ensuite derrière la *Ceillone*, afin de vous trouver entre cette dernière rivière et l'Ers, d'où, si vous étiez de nouveau forcé, vous feriez passer l'Ers, partie sur le pont de la route, qui conduit à *Verfeil* et le surplus se rendrait derrière le rideau de *Saint-Martin* et de la *Magdeleine*, même sur le rideau entre ce dernier village et *Flourens*, pour couvrir la route de *Caramand*, par où vous rejoindriez la position de l'armée sur le plateau à gauche de l'Ers; mais encore dans ce dernier cas, vous diviseriez une partie de votre cavalerie sur *Saint-Orens*, pour défendre la vieille route qui va de *Montaudran* à *la Bastide de Beauvoir*.

D'après ces dispositions, vous devez avoir pour objet de garder et couvrir le pays entre l'*Ers* et la *Giron*, sans cependant cesser un instant de vous appuyer de la droite de l'armée et vous feriez en sorte d'avoir une brigade de trois régimens, pour manœuvrer à la gauche de l'*Ers* avec l'infanterie, d'après les ordres que je lui donnerai.

Je comprends dans cette brigade le 5e régiment de chasseurs, le régiment qui sera détaché près du comte d'Erlon et un autre régiment qu'en cas d'attaque, vous feriez aussitôt passer à la rive gauche de l'*Ers*.

Ces dispositions changeraient naturellement, si les ennemis effectuaient un nouveau passage au-dessus de Toulouse; dans ce cas, je vous donnerais de nouveaux ordres.

Tant que l'ennemi ne portera point des forces supérieures, entre le Tarn et la Giron, vous devez y faire la police et veiller à ce que la route d'Alby ne soit jamais interceptée.

Instruisez-moi d'où viennent les deux compagnies d'infanterie qui sont avec le 22e de chasseurs à cheval; si d'autres compagnies étaient nécessaires, pour appuyer les mouvemens de la cavalerie, je les ferais mettre à votre disposition.

Je n'approuve pas que vous fassiez relever tous les jours le régiment de cavalerie légère qui est avec le comte d'Erlon ; du moins ce lieutenant général devrait en être prévenu à l'avance ; mais vous pouvez le faire relever tous les deux ou trois jours, en faisant prendre à celui qui marchera les fourages qu'il doit consommer pendant ce temps ; ainsi, ce soir, vous enverrez relever le 22e de chasseurs, par le 15e régiment et après demain, celui-ci le sera par un autre.

J'ai donné ordre que les détachemens de cavalerie legère, qui ont été envoyés près du général Laffitte, rejoignent aussitôt l'armée.

Accusez-moi reception de cette lettre et instruisez-moi sur-le-champ de tout ce qui surviendra.

N. 25. — ORDRE.

Toulouse, le 9 avril 1814.

L'ordre qui a été donné, hier au soir, pour que l'armée se tint prête aujourd'hui à livrer bataille aux ennemis, recevra aussi son exécution demain matin, dans toutes les dispositions qu'il renferme. MM. les lieutenans généraux donneront des ordres en conséquence. Les deuxième et quatrième divisions ainsi que la division de réserve, devant être rendues au point du jour, chacune à la position qu'aujourd'hni elle a occupée.

L'artillerie, la gendarmerie, le grand parc, la cavalerie, les équipages, et généralement tous les corps et individus, devront être rendus à leur poste, aussi au point du jour.

M. le général de division Travot veillera particulièrement, à ce que la garde urbaine soit à son poste et à ce qu'elle fasse activement le service. Le général en chef a remarqué qu'aujourd'hui, beaucoup d'individus de cette garde étaient à courir les champs, au lieu d'être à leur devoir.

Il sera donné des ordres pour empêcher que l'on coupe, sous quelque prétexte que se soit, des arbres sur le canal, où dans les promenades, ni des arbres fruitiers, à moins que cela ne soit pour objet de défense et en vertu d'un ordre d'un général. L'on empêchera aussi que les arbres soient dépouillés de leur écorce, ainsi que cela a eu lieu aujourd'hui, par les troupes du centre près du pont des Minimes.

Il sera également donné des ordres pour empêcher que les habitans ne dépassent le canal, sous quelque prétexte que ce soit, et pour
qu'ils soient conduits par un factionnaire, s'ils étaient dans le cas d'aller prendre des meubles ou des objets, leur appartenans, entre
les avant-postes de l'armée et ceux des ennemis.

26. — *Au ministre de la guerre.*

Toulouse, 11 avril 1814.

J'ai eu l'honneur d'annoncer à votre V. E. que je ne quitterai
point Toulouse sans livrer bataille aux ennemis. Hier elle a eu lieu.
L'armée était en position, la droite appuyée à l'Ers et la gauche au
canal du Languedoc, jusqu'à son embouchure ; la tête de pont du
faubourg Saint-Cyprien était aussi occupée. Présumant que la principale attaque des ennemis serait dirigée sur le plateau de *Calvinet*
j'y avais établi quelques ouvrages de campagne et j'y formai, sous,
leur protection quatre divisions. A six heures du matin, nous vîmes
l'armée ennemie se mettre en mouvement sur plusieurs colonnes.
Deux divisions d'infanterie débouchèrent par *Dorade* et *Periol*, elles
suivirent la rive gauche de l'Ers, pour gagner le contrefort du plateau qui descend sur les *Bordes*. Deux autres divisions attaquèrent
la brigade du général baron de Saint-Pol, qui occupait le petit plateau de la *Pujade*, et deux autres divisions attaquèrent les ouvrages
du pont des Minimes sur le canal et du pont qui est sur la route de
Blagnac. Indépendamment de ces six divisons, l'on voyait une
forte réserve d'infanterie et de cavalerie prête à se porter sur tous
les points d'attaque.

La brigade du général baron Saint-Pol, qui fait partie de la division Villatte, soutint parfaitement l'engagement ; elle retint le mouvement des ennemis ; mais comme elle n'avait pas d'autre objet à
remplir, elle se replia en très bon ordre sur la position.

Les divisions ennemies, qui longeaient la rive gauche de l'Ers,
avaient déjà poussé leurs têtes jusque près du pont des *Bordes*, sur
la route de *Caraman*, que j'avais fait détruire, ainsi que celui de
Aigua, sur la route de *Verfeil*. Ces divisions marchaient par le
flanc, sur trois lignes et tenaient par conséquent une grand étendue ;
l'occasion me parut favorable pour les compromettre. A cet effet, je
donnai ordre au général de division Taupin, dont la division était
formée sur le plateau, de se porter avec elle, au pas de charge sur
l'ennemi, de couper sa ligne et d'enlever tout ce qui s'était ainsi
imprudemment engagé. Cette division était soutenue par une brigade de la division d'Armagnac ; elle était appuyée par les ouvrages de la droite de la ligne, dans lesquels le général d'Hauture était
enfermé avec le 9e d'infanterie légère ; enfin, le général Soult reçut
ordre de porter un régiment de cavalerie pour couper la commu-

nication de cette colonne ennemie, tandis que deux autres régimens
furent engagés sur sa gauche. Cette disposition promettait le plus
beau résultat. Sept à huit mille Anglais ou Portugais devaient être
détruits ou pris si la quatrième division d'infanterie s'était lancée
comme on devrait l'attendre, mais l'ardeur qu'elle montra d'abord
se ralentit ; au lieu d'aborder l'ennemi, ainsi que je lui en
avais donné l'ordre, elle appuya à droite, voulut prendre position,
donna le temps aux ennemis de se former de nouveau et de marcher contre elle. Dès lors, elle ne s'occupa que de sa défense, se re-
jetta sur l'ouvrage que le 9ᵉ d'infanterie légère défendait
et elle entraîna ce régiment dans son mouvement. Dans cet instant,
le général Taupin fut blessé mortellement et l'adjudant commandant Gasquet, qui remplissait les fonctions de général de brigade,
reçut une très forte contusion.

La faute que le général ennemi avait commise d'envoyer imprudemment deux divisions sur la droite de l'armée, devait lui être funeste et entraîner la perte d'une partie de son armée, mais l'irrésolution de la division du général Taupin fit tourner cette faute à son
avantage. Dès ce moment, les attaques changèrent de direction,
l'ennemi renforça sa gauche ; il s'établit sur le plateau et attaqua
successivement les autres ouvrages, par les faces que l'on n'avait
pas eu le temps de terminer. Celui du *Mas des Augustins* fut pris
et repris plusieurs fois, les Écossais y éprouvèrent une grande perte.
Le général de division comte Harispe, qui commandait sur ce
point, y eut un pied emporté par un boulet ; le général de brigade
Baurot eut aussi une jambe emportée. Le général Lamorandière a
été également blessé.

Tandis que cela se passait à la droite, le centre et la gauche obtenaient des avantages ; des masses ennemies, précédées par une
nuée de tirailleurs, voulurent attaquer de front les positions ; elles
furent vivement repoussées avec une perte très considérable ; deux
bataillons : l'un de la division Darricau, qui fit une sortie par le
pont de la porte de *Matabiau* et l'autre de la division d'Armagnac,
qui déboucha par les revers de la position, complétèrent la déroute
des ennemis et les menèrent à plus d'un quart de lieue, où ils
furent se rallier.

M. le comte d'Erlon était chargé de défendre, avec la première
division d'infanterie, les ponts fortifiés de la porte de Matabiau,
des Minimes sur la route de Montauban et de l'embranchement du
canal, sur la route de *Blagnac*. Le premier ne fut pas attaqué ;
l'ennemi avait dirigé des forces sur le second, mais il renonça à
son entreprise quand il vit que les troupes, qui s'y trouvaient,
étaient inexpugnables. Le 31ᵉ d'infanterie légère défendait le
couvent des *Minimes*.

Au troisième pont l'ennemi voulut brusquer l'attaque, mais il fut
repoussé avec une perte énorme. Un régiment anglais, fort de neuf

cents hommes fut réduit à cent cinquante, son colonel pris. Les officiers et les soldats, qui n'avaient pas le temps de charger, blessèrent beaucoup d'ennemis à coups de pierre.

J'avais été obligé de retirer des troupes de la tête de pont de Saint-Cyprien ; M. le comte Reille qui y commandait, fit évacuer la première ligne et il borna sa défense à l'enceinte du faubourg ; dans la journée l'ennemi lui présenta onze à douze bataillons anglais ou portugais et deux batteries dont le feu fut aussitôt éteint.

La bataille se continua jusqu'à la nuit sur le plateau de *Calvinet* et l'ennemi prolongea sa gauche jusqu'à la campagne dite *Courège* et le plateau de *Montaudran,* mais les pertes qu'il avait éprouvées et la résistance qu'on lui opposait à tous les points, ralentirent ses attaques ; les deux principaux ouvrages qui étaient à *Calvinet,* furent défendus jusqu'à cinq heures du soir et ensuite évacués. Le bataillon du 45ᵉ de ligne, commandé par le sieur Guerrier, se couvrit de gloire en les défendant ; il n'avait que cent hommes en état de combattre, lors qu'il se retira ; tous les chevaux des pièces étaient tués et l'on avait de la peine à y faire parvenir des munitions.

M. le lieutenant général Clausel, qui commanda la droite pendant la journée, se maintint sur le plateau en avant de *Cambon* et de *Labourdette,* couvrant l'embranchement des routes de *Caraman* et de *Verfeil* et s'appuyant aux ouvrages du pont de *Montaudran,* qui étaient défendus par une brigade de la division de réserve aux ordres du général Travot ; là nuit fit cesser le combat.

Je n'ai point encore une idée exacte de nos pertes ; d'après les aperçus, qui m'ont été donnés je les évalue à deux mille hommes hors de combat ; elles sont malheureusement considérables parmi les généraux et les officiers. Le général Taupin est mort de sa blessure ; le général Harispe a eu une partie du pied emportée ; le général Baurot a eu aussi la jambe droite emportée; le général Berlier et l'adjudant commandant Gasquet, qui remplissait les fonctions de général de brigade, ont été blessés, mais legèrement, ainsi que le colonel du 10ᵉ d'infanterie de ligne et le chef de bataillon d'artillerie Morlaincourt ; c'est lui qui commandait les batteries des principaux ouvrages ; on ne peut se conduire avec plus de valeur.

Les pertes des ennemis doivent être très considérables ; pendant toute la journée, on a tiré à demi-portée sur leurs masses ou leurs colonnes. L'artillerie a consommé dix mille coups de canon et toute sa mitraille ; nous avons eu constamment l'avantage du feu. Je ne puis trop louer le service de l'artillerie ainsi que le zèle du général de division Tirlet, qui la commande et celui des officiers et canonniers sous ses ordres. Les pertes en personnel que cette arme a faites, sont assez considérables, elle a aussi perdu beaucoup de chevaux.

J'ai été parfaitement secondé par M. le lieutenant général

comte Gazan, chef d'état-major. MM. les généraux de division comte Harispe, Villatte, d'Armagnac et Darricau ont bien combattu ; ils ont constamment tenu leurs troupes dans le plus parfait ordre. Les généraux Travot et Maransin ont bien conduit leurs troupes ; le premier commande une division de reserve formée par des conscrits, de laquelle j'ai été aussi content.

Je citerai avec plaisir les généraux de brigade baron Saint-Pol, Mermet, Fririon, Berlier, Rey, d'Hauture, Baurot et Barbot, ainsi que les adjudans commandans Lesueur et Gasquet, tous deux remplissant les fonctions de généraux de brigade ; l'adjudant commandant Jannet, sous-chef d'état-major, le colonel Fontenay de l'artillerie, le colonel du génie Michaux, le chef de bataillon Plazanet et d'autres officiers du génie dont le dévouement se fait toujours remarquer.

Je ferai aussi une mention particulière des officiers qui me sont attachés dont la plupart ont eu leurs chevaux tués. Le chef d'escadron Choiseul, le chef de bataillon Baudus, les capitaines Bonneval, d'Albe, Marie et Bourjoly, tous mes aides-de-camp ; les capitaines Galabert et Galinier, qui en remplissent les fonctions, ont mérité par leur conduite d'être cités.

Aujourd'hui, je reste en position ; si l'ennemi m'attaque je me défendrai. J'ai trop besoin de pourvoir à divers remplacemens avant de mettre l'armée en marche ; mais je crois que la nuit prochaine je serai forcé de partir de Toulouse et de manœuvrer. Il est probable que je dirigerai mes mouvemens, de manière à rallier les troupes de M. le maréchal duc d'Albuféra.

N. 27. — ORDRE.

Toulouse, 11 avril 1814.

Le général commandant l'artillerie fera réparer les pertes que les batteries des divisions ont éprouvées en personnel et en matériel ; il portera à huit bouches à feu la batterie de chaque division, et il formera une batterie pour la division de réserve, en disposant à cet effet de l'artillerie de campagne qui était attachée à la place ; mais ces bouches à feu d'augmentation ne joindront leur batterie qu'en cas de mouvement. Il donnera des ordres pour que les canonniers et les soldats du train soient armés avec des fusils.

Dans le jour, il fera charger sur des voitures, les armes qui resteront, ainsi que toutes les munitions confectionnées et le plomb ; il fera en sorte d'emporter beaucoup de poudre.

Il se disposera à détruire, au premier ordre, les munitions et le salpêtre qui ne pourront être emportés, et à mettre hors de service l'artillerie de siège que l'on pourrait laisser.

Le personnel de la direction et de l'école sera réuni à l'armée ; il servira à completter les divisions. Ce qui n'y sera point nécessaire sera employé au parc.

L'artillerie, qui ne sera point employée aux batteries des divisions, formera une batterie de réserve et restera au parc ; les pièces de douze et l'obusier à longue portée en feront partie.

Il sera sur-le-champ donné ordre aux divisions de faire l'appel et de dresser, à l'instant même, l'état des pertes de toute nature qu'hier elles ont éprouvées. Les remplacemens pour les emplois d'officier vacans, pourront être présentés dans le jour.

Tous les blessés et malades en état de marcher joindront, dans le jour, leurs régimens respectifs ; on fera prendre des armes à ceux qui pourront en porter, quoiqu'ils ne puissent en faire usage. Il sera donné des ordres pour qu'il soit remis aux régimens du linge à pansement, de la charpie et des médicamens pour soigner ces blessés, même pendant les marches.

Toute la troupe sera complettée pour quatre jours de pain et de légumes. Il sera fait une double distribution de vin ou d'eau-de-vie. MM. les généraux veilleront à ce que la troupe mange bien, et que ce soir, elle soit disposée à se mettre en marche si l'ordre en est donné. A cet effet, ils tiendront les corps très réunis et ne permettront pas que personne s'absente, même pour entrer en ville, sous quelque prétexte que ce soit. Ils feront completter les munitions à soixante coups par homme, et la cavalerie à trente.

L'ordonnateur en chef donnera des ordres pour que les distributions, qui sont ordonnées, soient faites ainsi qu'il est dit. Il fera aussi distribuer de l'avoine et du son pour quatre jours aux chevaux de toutes armes et des états-majors, même davantage si on peut en emporter. Pour aujourd'hui la distribution sera double afin de remplacer le foin et la paille qu'on ne pourra distribuer.

L'ordonnateur en chef fera dresser, pendant le jour, l'état nominatif des militaires de tous grades, malades, qui ne peuvent être évacués ni marcher à la suite de l'armée, afin, qu'en cas de départ, ils soient laissés aux soins des autorités de la ville.

L'ordonnateur en chef est autorisé à disposer d'une partie des farines qu'on devra laisser, pour payer aux établissemens publics, ce qui leur est dû. Il pourra aussi disposer à cet effet des denrées qui resteront.

Le général Tirlet est aussi autorisé à disposer des bois et ferremens qu'on serait dans le cas de laisser à l'arsenal, pour payer les dettes de la direction d'artillerie. Toutes les voitures qu'il y a en ville, soit roulières, soit bouvières, seront mises en réquisition pour le service de l'armée; dans l'après-midi elles devront être réunies sur une des places de la ville pour qu'il en soit disposé, soit en faveur de l'artillerie, soit en faveur de l'administration, suivant les besoins de ces deux services.

Le colonel commandant le génie fera le choix des meilleurs outils pour compléter la réserve du parc du génie, et armer les compagnies de sapeurs et de mineurs. Il sera disposé du surplus pour en faire prendre à tous les régimens de l'armée, de manière que, dans chaque corps, il y ait au moins une vingtaine de bonnes pelles, pioches ou pics-à-rocs.

Le général Tirlet fera aussi completter l'approvisionnement, en outils, de toutes les voitures d'artillerie. L'ordonnateur en chef en fera aussi prendre aux voitures de l'administration.

N. 28. — ORDRE.

Toulouse, 11 avril 1814.

L'armée se mettra en marche aujourd'hui à 9 heures du soir et se dirigera par la grande route de *Castelnaudary* sur Villefranche où elle prendra position, et de nouveaux ordres seront donnés.

Le général Soult mettra en marche sa cavalerie à nuit close; il se rendra à *Baziège*, d'où il enverra aussitôt des partis sur la *Bastide*, ainsi qu'à la rive droite de l'*Ers*, et entre cette rivière et le canal, pour avoir des nouvelles des ennemis et couvrir les divers débouchés qui aboutissent à *Baziège*. Il attendra, en ce dernier endroit, que l'armée ait passé, ou que de nouveaux ordres lui soient donnés, pour continuer son mouvement.

Le général Soult laissera un régiment entre *Rongueule* et *Castanet* pour garder le cours du canal, particulièrement les ponts qui ont été détruits ou barricadés. Ce régiment joindra l'arrière-garde lorsqu'elle passera, et prendra les ordres de M. le lieutenant-général comte Reille.

M. le comte d'Erlon fera mettre en marche la 2ᵐᵉ division d'infanterie à neuf heures très précises, et il lui donnera ordre d'aller prendre position à Baziège, gardant les routes de la Bastide et tous les débouchés qui sont sur les deux rives de l'*Ers* et du canal, jusqu'à ce que toute l'armée ait passé; ensuite cette division sera jointe par la 1ʳᵉ, et M. le comte d'Erlon sera chargé, en partant de *Baziège*, de faire l'arrière-garde; la cavalerie nécessaire sera à cet effet mise à sa disposition.

M. le lieutenant-général Clausel donnera ordre à la 4ᵐᵉ division de partir immédiatement après la 2ᵉ, et de suivre son mouvement; elle ira se former en seconde ligne de la 2ᵉ division, en arrière de

Baziège, jusqu'à l'arrivée de la 5ᵐᵉ division; alors M. le comte Reille lui donnera des ordres et lui fera reprendre le mouvement; mais en attendant, la 4ᵐᵉ division se conformera aux ordres qu'elle recevra, au besoin, de M. le comte d'Erlon.

Le grand parc d'artillerie partira aussitôt que la 4ᵐᵉ division aura filé, et suivra son mouvement; lorsqu'il sera sur la grande route, il marchera, autant que possible, sur deux files, afin de diminuer la profondeur : M. le général Tirlet veillera à ce que les officiers et sous-officiers d'artillerie et du train, soient répartis le long de la colonne pour la faire marcher en ordre et empêcher qu'il y ait des intervalles.

Les équipages militaires marcheront immédiatement après le parc, ils seront aussi sur deux files et observeront le plus grand ordre.

Toute la gendarmerie à pied, sous les ordres du colonel Thouvenot, sera repartie dans la colonne des équipages militaires et du parc, pour faire marcher en ordre et concourir à la défense en cas de besoin.

Après avoir dépassé *Baziège*, le parc d'artillerie et les équipages militaires prendront la tête de la colonne, pour se rendre à Villefranche où ils recevront de nouveaux ordres.

M. le général de division Travot mettra en marche la division de réserve immédiatement après le parc et les équipages militaires, et suivra leur mouvement sur *Villefranche*. Il veillera aussi à leur marche, et si la colonne s'arrêtait, il enverrait aussitôt en reconnaître le motif pour faire reprendre le mouvement.

M. le lieutenant-général Clausel fera occuper tous les postes sur la ligne, depuis la *Porte-neuve* et celle de *Saint-Etienne*, jusqu'au pont des Demoiselles inclusivement, jusqu'à ce que les 1ʳᵉ et 5ᵉ divisions aient passé et soient formées en totalité sur la grande promenade, ensuite il mettra en marche les 6ᵐᵉ et 8ᵐᵉ divisions, leur fera suivre le mouvement de la division de réserve, et les dirigera sur *Villefranche* où il recevra de nouveaux ordres.

M. le comte Reille fera évacuer le faubourg Saint-Cyprien par la brigade de la 5ᵐᵉ division et toute l'artillerie, lorsqu'il jugera que le mouvement de l'armée est assez prononcé, pour qu'il ne soit pas dans le cas d'attendre trop long-temps sur la grande esplanade; en même temps, il enverra ordre au général Darricau de venir le joindre, sur cette promenade, avec la 1ʳᵉ division. Lorsque la réunion sera opérée, et que toute l'armée aura passé, M. le comte Reille mettra en marche ses deux divisions et fera l'arrière-garde. A cet effet, il disposera du régiment de cavalerie, que le général Soult doit laisser entre *Rangueule* et *Castanet*. Il disposera aussi de l'escadron de gendarmerie à cheval que le général Buquet laissera sous ses ordres, à la sortie du faubourg Saint-Michel; enfin, il sera joint à hauteur de Saint-Aigne par la brigade du général

Rouget, à laquelle il sera envoyé ordre de se rendre pendant la nuit à cette destination.

Les postes que M. le lieutenant-général Clausel avait envoyés sur la Garonne au-dessus de *Toulouse*, seront rappelés.

L'ordre de marche pour l'armée, après Baziège, jusqu'à Castelnaudary, sera ainsi qu'il suit :

Le parc d'artillerie ;

Les équipages militaires ;

La division de réserve, aux ordres du général Travot ;

Les divisions de l'aile gauche, commandées par M. le général Clausel ;

Les divisions de l'aile droite aux ordres de M. le comte Reille ;

Les divisions du centre, formant l'arrière-garde aux ordres de M. le comte d'Erlon ;

La cavalerie fera partie de l'arrière-garde ou sera employée sur les points où elle sera nécessaire, suivant les ordres qu'elle recevra.

Chaque lieutenant-général reprendra à Baziège les divisions qui font partie de son commandement.

Toutes les divisions, même celle de réserve, emmèneront avec elles leurs batteries d'artillerie, lesquelles doivent être complettées à huit bouches à feu chacune ; le surplus de l'artillerie de campagne, qui ne sera point employé dans les divisions, formera une batterie de réserve et marchera avec le parc.

Le général Tirlet emmenera tout ce qui appartient à la division d'artillerie, à la place et à l'école.

Le colonel Michaux, commandant le génie, fera partir avec la 2ᵉ division une compagnie de sapeurs et la compagnie de mineurs, avec les outils du parc du génie pour aller à Baziège et sur le canal, préparer la destruction des ponts et pour ouvrir de nouvelles communications en cas de nécessité. Il laissera à la disposition de M. le comte Reille une autre compagnie de sapeurs pour la destruction des ponts et l'établissement des obstacles, qui pourraient arrêter les mouvemens des ennemis. Cette compagnie passera ensuite aux ordres de M. le comte d'Erlon, lorsqu'il fera l'arrière garde.

M. le général de division Travot donnera ordre à la garde urbaine de prendre, pendant la nuit, le service de toutes les portes et des ponts du canal, ainsi que du faubourg *Saint-Cyprien*, et il donnera en conséquence des instructions aux chefs des légions et des cohortes, en leur prescrivant, sur leur honneur et responsabilité, de tenir ferme à leur poste, même demain dans le jour, jusqu'à ce que l'ennemi leur présente des forces supérieures qui les obligent à céder. A ce sujet, MM. les lieutenans-généraux enverront un officier de leur état-major à M. le général Travot, pour prendre les postes qui leur seront fournis, et les conduire à leur destination, afin qu'il n'y ait pas un instant d'interruption dans le service. M. le général Travot pourra, pour augmenter la force de ces postes, y employer

les individus de la garde urbaine qui ne sont pas encore armés;
car, en pareil cas, il suffit de présenter du monde pour en imposer
aux ennemis.

L'ordonnateur en chef emploiera la soirée à faire charger sur le
canal le plus de denrées qu'il sera possible, pour les faire remonter
à *Castelnaudary* et *Carcassonne*, sauf même à les faire couler dans
le canal, si, contre toute attente, elles ne pouvaient passer.

Le général en chef recommande à M. les lieutenans-généraux de
tenir sévèrement la main à ce que le mouvement s'opère dans le
plus grand ordre et en silence, que personne ne reste en arrière,
même des blessés, et que dans la nuit, il ne soit point fait de batteries.

N. 29. — *Au ministre de la guerre.*

Villefranche, 12 avril, 1814.

Hier au soir, l'ennemi avait poussé la tête de sa colonne de cavalerie jusqu'à la *Bastide de Beauvoir*, *St.-Martin des Champs*, et il occupait, par des postes, les hauteurs de Baziège. Son projet était
évidemment de me couper la communication avec Castelnaudary,
et de m'enfermer à Toulouse. A neuf heures du soir, j'ai mis l'armée en marche; le mouvement s'est opéré dans le plus grand ordre;
à huit heures du matin elle avait entièrement passé le pont de l'Ers
et celui du canal près de *Baziège*. L'ennemi n'avait encore montré
que dix escadrons de cavalerie, mais dans l'après-midi il a présenté
plusieurs têtes de colonne d'infanterie et beaucoup de cavalerie
avec du canon, qui sont descendus par la *Bastide*, *Mont-Laur* et
par la grand'route, ainsi que le long du canal par la rive droite. Un
petit engagement qui a eu lieu, nous a fait perdre vingt-cinq chasseurs du 10ᵉ régiment.

L'ennemi a établi son avant-garde devant nos postes, à *Ville-
nouvelle;* il occupe *Montesquieu;* ses lignes paraissent assez éten-
dues et l'on a vu de grands mouvemens de cavalerie. Mon avant-
garde est à *Mont-Gaillard* et *St.-Rome;* le restant de l'armée est
depuis *Villefranche* jusqu'à *Avignonet*.

Demain, j'irai prendre position en avant de *Castelnaudary*, et il
est probable que quelque affaire d'arrière-garde aura lieu.

J'ai été dans le cas de laisser à Toulouse neuf cents militaires
malades ou blessés intransportables. Les amputés et ceux dont la
guérison est incertaine, sont dans les hospices; les autres ont été
repartis chez les habitans, et je ne doute pas qu'ils n'en prennent le
plus grand soin. Je ne puis trop louer la conduite des habitans de
Toulouse et de la garde urbaine; le dévouement dont j'ai été té-

moin et les soins empressés que l'on a eu pour nos blessés, font le plus grand honneur à cette importante cité.

J'ai dû aussi laisser à Toulouse trois pièces de vingt-quatre, une pièce de seize, deux mortiers et deux obusiers de huit pouces appartenans à l'école, que l'on n'a pas eu le temps d'évacuer ; ces bouches à feu ont été inutilisées. D'ailleurs les armes, munitions et tout ce qui était susceptible de transport a été emporté.

Un parti de trois à quatre cents hommes de cavalerie ennemie s'est porté hier sur *Caraman* et *Auriac*, d'où il a poussé jusqu'à *Cabanial*, sur la route de *Revel* ; un détachement de vingt-cinq gendarmes commandé par un officier, qui se trouvait dans cette partie à la poursuite des déserteurs et pour faire rentrer des denrées, a malheureusement été atteint et a perdu une partie de son monde. Je ne connais pas encore au juste combien de gendarmes sont rentrés, jusqu'à présent l'on n'en connaît que quatre ou cinq. Ce parti de cavalerie n'avait pas encore paru à Revel aujourd'hui à huit heures du matin, mais il y était attendu, et il avait fait annoncer qu'on lui préparât des subsistances. Je ne puis que déplorer d'être dans l'impossibilité d'empêcher ces incursions.

Les rapports que j'ai reçu de Montauban sont du 10 au soir. Le général Loverdo me rend compte que sa tête de pont est en état de défense ; il s'occupe de fermer les issues de la ville. L'ennemi n'a encore présenté que des partis de cavalerie sur la rive gauche du Tarn.

L'on annonce qu'une colonne ennemie marche par le département de l'Arriège ; je ne crois pas qu'elle soit forte, mais les moyens de résistance dans cette partie sont faibles ; le général Laffitte les réunit demain à *Mirepoix*.

Je n'ai point reçu de nouvelles de M. le duc d'Albuféra, ni de réponse aux propositions que je lui ai faites.

N. 3o. — ORDRE.

Villefranche, 12 avril 1814.

L'armée se mettra en marche à quatre heures du matin et se dirigera sur *Castelnaudary* ; en route, il sera donné de nouveaux ordres sur les positions que les divisions devront occuper.

Les divisions marcheront dans le même ordre qu'aujourd'hui ; celle de réserve, commandée par le général Travot, poussera jusqu'à *Castelnaudary*, où elle prendra position.

M. le lieutenant-général Clausel arrêtera les divisions de l'aile gauche, en arrière de *la Bastide d'Anjou*, où elles devront probablement prendre position.

M. le lieutenant-général comte Reille arrêtera aussi les divisions

de l'aile droite à hauteur de *la Bastide d'Anjou*, où il lui [sera
donné de nouveaux ordres.

M. lieutenant-général comte d'Erlon arrêtera les divisions du
centre, formant l'arrière-garde, sur les hauteurs de *St.-Ferrand*,
et fera occuper *Avignonet*.

Toute la cavalerie, aux ordres du général Soult, manœuvrera
avec les divisions du centre, et recevra, au besoin, des ordres de
M. le comte d'Erlon, dans le cas où le général en chef serait absent.
A cet effet, le général Soult formera, demain matin, en arrière de
Villefranche, les régimens qui ne sont pas directement sous les
ordres de M. le comte d'Erlon, et il leur fera suivre le mouvement
de l'arrière-garde.

Le général en chef réitère que son intention est que les divisions
aient avec elles leur artillerie ; à cet effet, il sera donné des ordres
pour que les batteries, qui se sont portées en avant avec le parc,
rejoignent demain leurs divisions, à la position qu'elles doivent
occuper. MM. les lieutenans-généraux enverront des officiers pour
chercher ces batteries, et le général de division Tirlet veillera à
ce qu'elles soient composées de huit bouches à feu, ainsi qu'il est
dit dans le dernier ordre ; il veillera aussi à ce que la division de
réserve ait également sa batterie.

Les parcs d'artillerie, du génie et des équipages militaires seront
parqués en arrière de *Castelnaudary* ; le général Travot fera fournir des gardes.

Le quartier général de l'armée sera à *Castelnaudary*.

Le colonel du génie Michaux laissera une compagnie de sapeurs
à la disposition de M. le comte d'Erlon ; les deux autres compagnies
de mineurs ou des sapeurs, se rendront au quartier général.

. L'ordonnateur en chef prendra les dispositions nécessaires pour
que les distributions, qui doivent être faites à la troupe, aient lieu
dans leurs positions, et qu'il y ait de même du fourrage assuré pour
les chevaux de la cavalerie, de l'artillerie et des autres armes ou
des états-majors. Il pourra, à cet effet, en tenir d'embarqué sur le
canal, à portée des divisions ; le service sera ainsi facilement fait.

L'ordonnateur en chef prendra aussi des dispositions pour que
tous les blessés et malades qu'il y a à la suite de l'armée, soient
embarqués sur le canal, et dirigés sur *Carcassone*. Ces militaires
conserveront leurs armes, et ils en auront soin. Aujourd'hui,
MM. les généraux commandant les divisions pourront même envoyer sur le canal, pour le même objet et pour faire refluer sur
Castelnaudary, la totalité des embarcations qu'il y aura sur le canal.
Le général Buquet est spécialement chargé de veiller à ce qu'il
n'en reste aucune dont l'ennemi puisse profiter.

MM. les généraux Laffitte, Pouget, Loverdo, Lebondidier et
Despeaux, seront prévenus du mouvement de l'armée.

Le général Laffitte établira demain son quartier-général à Mirepoix, et aura une avant-garde dans le département de l'Arriége. Il rendra compte à l'état-major de ses mouvemens et de ceux de l'ennemi dans cette direction.

Le général Lebondidier aura soin d'ordonner aux dépôts et brigades de gendarmerie, qui sont dans le département du Tarn, d'observer les mouvemens des partisans ennemis, et de s'éclairer dans toutes les directions, afin que ces dépôts ou brigades puissent se retirer à temps, sans être compromis. Il leur donnera en conséquence des ordres.

N. 31. — ORDRE.

Castelnaudary, 13 avril 1814.

L'armée doit se tenir prête à continuer son mouvement. MM. les lieutenans-généraux et le général Soult sont prévenus que, dans le cas où le général ennemi n'accepterait point la proposition d'armistice qui lui a été faite, les opérations seront immédiatement reprises ; ainsi, si M. le comte d'Erlon apprenait, même par les ennemis, que ces propositions sont rejetées, il se disposerait aussitôt à opérer son mouvement sur *Castelnaudary*, et prendrait position à *la Bastide d'Anjou*, sur les deux rives du ruisseau qui passe en cet endroit, et il ferait prévenir M. le comte Reille de ce mouvement, pour qu'à l'instant même il fasse prendre position aux divisions sous ses ordres en seconde ligne, afin de le soutenir.

M. le comte d'Erlon en ferait aussi prévenir le général Soult, qui réunirait immédiatement la cavalerie à ses ordres dans la plaine en arrière de *la Bastide*, afin d'appuyer l'infanterie et de concourir à ses opérations.

M. le comte d'Erlon enverrait immédiatement un officier pour prévenir le général en chef, et s'il était nécessaire, il serait donné ordre au lieutenant-général Clausel de se porter en avant avec ses deux divisions ; d'ailleurs, elles resteront à Castelnaudary, ainsi que la division de réserve, jusqu'à nouvelle disposition.

Le parc d'artillerie restera aussi jusqu'à nouvel ordre à Villepinte.

N. 32. — ORDRE.

Castelnaudary, 15 avril 1814.

La brigade d'infanterie, commandée par le général Wouillemont, fera partie de l'aile gauche et sera sous les ordres de M. le lieutenant-général Clausel, qui la tiendra toujours en réserve, et évitera autant que possible de l'engager.

Le général Clausel et le général Wouillemont en seront sur-le-champ prévenus.

Le général Clausel fera sur-le-champ prendre les armes à ses divisions, et les tiendra en mesure de soutenir les divisions de l'aîle droite et du centre, qui sont en avant. Il portera une division, avec du canon, sur le plateau en arrière de Castelnaudary. L'autre division sera formée en avant jusqu'à ce que la colonne de M. le comte Reille soit arrivée à sa hauteur, et ait pris position sur le même terrain ; ensuite il opérerait son mouvement et recevrait de nouveaux ordres.

Le parc d'artillerie et les équipages partiront sur-le-champ pour Villepinte, et s'établiront en arrière de la ville jusqu'à nouvel ordre. Tout ce qui tient au quartier-général se tiendra prêt à partir sur-le-champ. Les équipages seront placés en arrière de la ville.

L'escadron de gendarmerie, ainsi que l'escadron de dragons, se formeront aussi en arrière de la ville.

Les troupes de M. le comte Reille étant arrivées en avant de Castelnaudary, M. le général Clausel formera, sur-le-champ, celles qui sont à ses ordres, en arrière de la ville.

N. 33. — *A M. le comte d'Erlon.*

Castelnaudary, 16 avril 1814.

L'armée devant conserver sa position actuelle jusqu'à ce que les évènemens politiques, qui ont lieu, nous mettent dans le cas de prendre une détermination, à moins qu'auparavant elle ne soit attaquée par des forces supérieures et obligée de se retirer, je désire qu'en faisant servir les troupes sous vos ordres avec la plus grande vigilance, et les tenant toujours prêtes à combattre si l'ennemi se présente, vous les placiez cependant de manière à être autant que possible à l'abri du mauvais temps. Ainsi vous pourrez les établir, par échelons, depuis *Avignonet* jusqu'à *la Bastide*, ayant des gardes très au loin sur votre droite, qui occuperont *Airons* et *St-Laurent*, et en ayant aussi sur les hauteurs de la rive gauche du canal.

Je donne ordre au général Soult de faire occuper, par la cavalerie de réserve, qui est avec lui, les villages de *Pech-Busques*, *Ricaud*, *Souilhanels*, *Souilhé*, *Peyrens* et *Le Mas*, ce dernier sur la rive gauche du canal. Si vous étiez attaqué, il réunirait aussitôt cette cavalerie en arrière de *la Bastide*, à hauteur de *Ricaud*, où elle serait en mesure de vous soutenir. Dans ce cas, vous donneriez des ordres en conséquence au général Soult.

Ne négligez rien pour contenir la troupe, l'empêcher de se porter au moindre excès, et éviter la désertion. Nous éprouverons peut-être des embarras pour les subsistances, mais je ferai tout ce qui sera possible pour surmonter les difficultés.

Avignonet et *Montferrant* peuvent être occupés avec beaucoup plus de troupes que vous n'y en avez placé; cela est même convenable dans la supposition que vous pourriez être attaqué.

OBSERVATIONS

SUR UNE RELATION

DE LA BATAILLE DE TOULOUSE,

INSÉRÉE DANS LA REVUE DU MIDI,

(Juillet et août 1835.)

Le hazard a mis sous nos yeux un numéro de la Revue du Midi (juillet et août 1835) dans lequel se trouve une relation de la bataille de Toulouse ; il est aisé de reconnaître que l'auteur de cet écrit, n'a jamais pris part à une action de guerre, et que les premiers élémens de l'art militaire lui sont inconnus, quoiqu'il prononce et tranche sur les questions les plus relevées de tactique et de stratégie, comme s'il en eût fait une étude approfondie et que sa vie entière se fut écoulée dans les camps.

Son *narré*, pour nous servir de son langage, est terminé par la note suivante :

« On se propose, dit-on, d'élever un monument en mémoire » de cette bataille, sur les hauteurs du Calvinet. Il est *inoui* » que le *vaincu* ait élevé un monument pour perpétuer le » souvenir de sa *défaite ;* mais il faut, disent les auteurs de ce » bizarre projet, honorer la valeur, *même vaincue.* On honore » la valeur du *vaincu* par des regrets ; et on célèbre le triomphe » du *vainqueur* par un monument. Personne ne pense sans

» doute que, quelque admirable que fut la défense à la ba-
» taille de Waterloo, l'empereur, s'il eut repris ses avantages
» par la suite, eut imaginé d'élever un monument sur le
» champ de bataille où il avait été *battu?* Le général Soult fut
» *vaincu* à Toulouse, et le fut *par sa faute* à la redoute de la Sy-
» pière ; c'est un fait qui est aujourd'hui un point d'histoire
» incontestable, et le *narré* que je fais de la bataille le dé-
» montre *jusqu'à l'évidence.* Les positions de l'armée française
» étaient excellentes, si elles eussent été bien défendues. La
» Sypière le fut *mal,* ou le fut à la *hâte* et *sans prévoyance* : à qui
» la faute ? L'histoire et le monument feront donc cause com-
» mune contre *l'imprévoyance* du général français ? Comment
» ne voit-on pas cela, et comment le général français lui-
» même peut-il concourrir à établir cet accord? Qu'un subal-
» terne le propose, sans en sentir les conséquences, c'est
» sans doute bien extraordinaire, mais cela l'est beaucoup
» moins que le concours du général avec lui.... Il est étonnant
» aussi que les auteurs de ce ridicule projet n'ayant pas com-
» pris que ce monument, rappelant l'entrée triomphale de
» Wellington dans Toulouse, serait un monument de honte
» pour cette ville, en rappelant en même temps la bassesse
» avec laquelle la majorité des habitans reçut ce général.
» L'histoire doit le dire, parce que si elle taisait la vérité sur
» de pareils évènemens elle n'inspirerait plus aucune con-
» fiance ; elle les burine donc à regret sur ses tables, parce
» qu'elle y est obligée ; mais l'érection d'un monument triom-
» phal pour célébrer une *défaite* est une humiliation et n'était
» pas une chose obligée. On ne voit absolument aucun motif
» pour faire adopter un tel projet, et on en trouve mille pour le
» faire repousser. »

Nous ignorons si le projet d'élever un *monument* en mémoire de la bataille de Toulouse a réellement existé, nous sommes peu partisan des masses inutiles nommées arc de triomphe ; les véritables *monumens* des victoires sont les bonnes relations des batailles où elles ont été remportées ; ceux-là sont indestructibles ; de tous les temps, et de tous les lieux, ils parlent à l'âme, à l'imagination et à l'intelligence, bien mieux que quelques noms gravés sur le marbre ou de froids bas-reliefs allégoriques inintelligibles pour la plupart de ceux qui les visitent.

Nous concevons toutefois une espèce de monument auquel nous donnerions volontiers une approbation sans réserve, il serait sans faste et couterait peu ; il se composerait d'un simple pavillon de forme élégante, surmonté d'un belvédère duquel on découvrirait bien le terrain sur lequel l'action aurait eu lieu ; dans l'intérieur du pavillon seraient des tableaux présentant un plan général de la bataille sur une grande échelle, des plans de détail, des vues perspectives et une relation claire et concise des principaux faits qui ont précédé, accompagné et suivi la bataille ; on pourrait alors comparer le plan aux localités, et se former une idée parfaite de l'évènement. La visite de monumens semblables laisserait des souvenirs durables, offrirait une instruction solide et déciderait sans doute beaucoup de militaires de toutes les nations à y faire des pélerinages.

Si nous voulions faire l'application de cette idée à la bataille de Toulouse. Voici à peu-près quelle serait la légende de notre plan.

Au faubourg Saint-Cyprien.

La brigade Barbot, composée de 1640 Français a repoussé

toutes les attaques de 16,500 Anglo-Espagnols commandés par le lieutenant-général Hill.

A l'embouchure du canal, au pont Jumeau et à l'écluse du Béarnais.

La brigade Berlier, composée de 2164 hommes, a repoussé toutes les attaques de la division anglaise du général Picton composée de 5000 hommes.

Au couvent des Minimes.

875 Français, du 34ᵉ d'infanterie légère commandés par le major Bourbaki, ont repoussé toutes les attaques de la division légère anglaise du général Alten, composée de 5000 hommes et soutenue par la brigade de cavalerie allemande.

Au pont Matabiau et aux redoutes du nord du plateau du Calvinet.

Le corps du général Freyre, composé de 18,000 hommes, soutenu par l'artillerie portugaise et une brigade de cavalerie anglaise a été repoussé par les brigades Fririon et même avec des pertes énormes, dans toutes les attaques qu'il a tentées sur ces deux points.

A la redoute Sypière.

Un faux mouvement de la 4ᵉ division (général Taupin), a fait manquer une manœuvre décisive qui devait entraîner la perte de 8 à 10,000 Anglais ; par suite de ce faux mouvement la redoute Sypière qui n'était ni terminée, ni armée, fut évacuée sans combat par ses défenseurs et occupée par le général Beresfort.

Aux redoutes en avant du faubourg Guillemerie et du pont des Demoiselles.

Après l'occupation de la redoute Sypière, le corps du général Beresfort fit de vains efforts pour forcer le passage du canal aux ponts Guillemerie et des Demoiselles, il fut cons-tamment repoussé avec perte et ramené jusque sur le plateau de Sypière.

Aux redoutes du Centre.

Le général Beresfort ayant échoué contre la ligne du canal fut obligé de reporter ses efforts contre les redoutes du centre. Elles furent d'abord évacuées après en avoir retiré l'artillerie, puis reprises deux fois à la bayonnette, par la division Harispe, la brigade écossaise du général Pack y fut presque entièrement détruite ; après quoi les redoutes furent évacuées définitivement par les troupes françaises, pour se porter aux redoutes du Nord.

Aux redoutes du Nord.

Après une vigoureuse défense ces redoutes furent évacuées volontairement par ordre du maréchal après en avoir fait retirer l'artillerie pour la reporter sur la ligne du canal ; le commandant Guerrier, se distingua particulièrement et reçut dans la redoute même les félicitations du général en chef.

RÉSUMÉ.

Toutes les tentatives faites par l'armée anglo-espagnole, pour forcer la ligne du canal et le faubourg Saint-Cyprien, dans la journée du 10, ont été inutiles; la bataille s'est soutenue jusqu'à la nuit, lord Wellington fut obligé de suspendre son attaque et n'a point osé la renouveler dans la journée du 11, quoique le maréchal Soult soit resté dans ses positions, provoquant ainsi à une nouvelle bataille qui n'a point été acceptée; la victoire est donc restée à l'armée française.

Cette légende suffirait sans doute pour démontrer l'absurdité de la conclusion tirée par l'auteur de l'article inséré dans la revue du Midi.

Nous regretterions et nous éviterions autant que possible, d'affliger par une critique sévère un historien modeste qui, conduit par le sujet qu'il traite, à parler d'une opération militaire des plus délicates, se serait borné à présenter les faits, en citant les sources auxquelles il aurait puisé, et qui, sobre de réflexions sur une science avec laquelle il n'a pu se familiariser, ne présenterait ses propres idées qu'avec réserve, et sous une forme dubitative; surtout quand il croirait devoir blâmer les opérations militaires d'un général dont le nom se trouve inscrit aux premiers rangs parmi ceux qui ont le plus puissamment contribué aux succès des armées françaises. Il n'en est point ainsi de l'auteur de l'Histoire de la ville de Toulouse, quoique sa relation soit évidemment calquée sur celle de M. Lapène, dont il a en quelque sorte fait la parodie, tant par la manière dont il a modifié quelques phrases, que par les conclusions tirées de son propre fonds; s'il a parlé de cet auteur ce n'est point pour reconnaître les emprunts qu'il lui a faits; mais pour relever doctoralement une inadvertance, qui lui est échappée, en confondant le village de Croix-Daurade avec celui de Saint-Jean de Kirie-Eleyson, ce qui fournit à M. d'Aldeguier l'occasion de montrer ses prodigieuses connaissances qui s'étendent jusqu'à savoir qu'un *enfoncement* et *une hauteur* sont choses différentes *en stratégie.*

Il y aurait du ridicule et peu de générosité à refuter sérieusement cette agglomération d'erreurs et de *naïvetés*, nous laisserons donc leur auteur avec le *ponton* sur lequel il fait traverser la Garonne à l'armée anglo-espagnole, avec son *débarquement*, avec sa *crue spontanée*, avec les *excellentes lunettes* de lord Wellington, etc. etc. Nous nous bornerons à lui conseiller la lecture attentive des documens que nous avons réunis, et à lui faire remarquer que :

Ce n'est point le retour de l'armée anglo-espagnole qu'on *signala* des hauteurs de Peck David, puisqu'elle n'avait point cessé d'être en position devant la tête de pont du faubourg Saint-Cyprien ; c'est celui de la colonne du général Hill.

Ce n'est pas sur le point de Seilh que le pont de l'armée anglo-espagnole avait été jeté, mais entre Merville et Grenade.

Ce n'est point *dix mille* mais *dix-huit mille* hommes qui avaient passé à la rive droite de la Garonne quand le pont se rompit ; cette colonne n'eut-elle été composée que de dix à onze mille hommes elle aurait été en sûreté en se plaçant derrière l'Ers et la Giron, *quatre ou six heures n'auraient donc point suffi pour opérer sa destruction.*

On ne fait point marcher des troupes à l'ennemi sans munitions, le général Beresfort n'en était donc point dépourvu, il en avait au moins pour une première affaire.

Le duc de Dalmatie n'a point fait lancer des *bateaux* pour rompre le pont de l'armée anglo-espagnole ; s'il eut fait des dispositions à cet effet, il n'aurait pas manqué d'en rendre compte au ministre de la guerre. Loin de désavouer une opération de cette nature, il aurait eu lieu de s'en applaudir ; car, sans avoir l'intention d'attaquer lord Beresfort, c'était un moyen de gagner du temps pour perfectionner les ouvrages de défense sur le plateau du Calvinet qui n'étaient pas encore terminés.

Il y a contradiction à dire que le duc de Dalmatie ignorait la rupture du pont et que cependant il commit une *faute énorme* en ne profitant pas de cet évènement.

L'alternative ou *feignant d'ignorer* ne peut être posée, d'après les citations que nous avons faites.

Il y a plus que de la simplicité à supposer que lord Wellington ait eu la pensée d'abandonner la colonne de lord Beresfort et de se retirer, quand rien ne pouvait l'inquiéter sur la rive gauche où il avait des forces presque doubles de celles de l'armée française réunie.

C'est le 8 et non le 5 que le reste de l'armée anglo-espagnole a effectué son passage.

En faisant ces corrections et beaucoup d'autres qu'il serait trop long d'indiquer, en *burinant de nouvelles tables*, M. d'Aldiguier pourra peut-être *inspirer de la confiance à la postérité*; quant à celles qu'il a déjà *burinées*, elles courent grand risque de ne pas parvenir à leur adresse.

FIN.

Imprimé chez Paul Renouard, rue Garancière, n. 5.

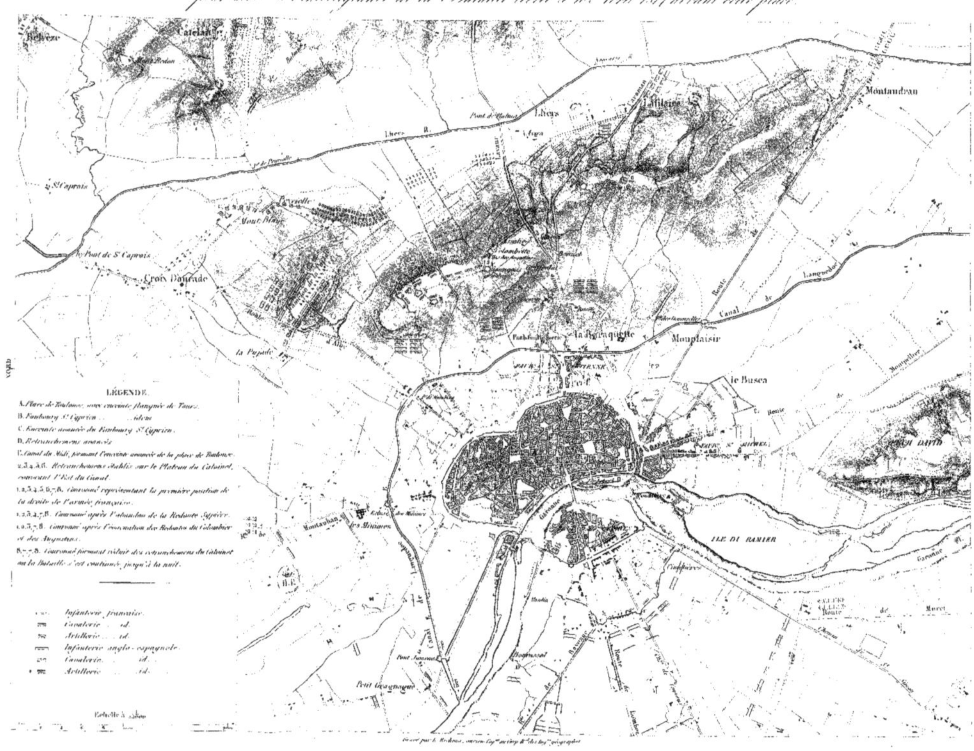

PLAN DE LA VILLE DE TOULOUSE ET DE SES ENVIRONS
pour servir à l'intelligence de la Bataille livrée le 10 Avril 1814 devant cette place.
NORD
LÉGENDE.
A. Place de Toulouse, avec enceinte flanquée de Tours.
B. Faubourg St Cyprien . . . . . . idem
C. Enceinte avancée du Faubourg St Cyprien.
D. Retranchemens avancés
E. Canal du Midi, formant l'enceinte avancée de la place de Toulouse.
2.3.4.5.6. Retranchemens établis sur le Plateau du Calvinet, couvrant l'Est du Canal.
1.2.3.4.5.6.7.8. Couronné représentant la première position de la droite de l'armée française.
1.2.3.4.7.8. Couronné après l'abandon de la Redoute Supérior.
1.2.3.7.8. Couronné après l'occupation des Redoutes du Colombier et des Augustins.
8.7.8. Couronné formant réduit des retranchemens du Calvinet où la Bataille s'est continuée jusqu'à la nuit.

Infanterie française.
Cavalerie . . . . id.
Artillerie . . . . id.
Infanterie anglo-espagnole.
Cavalerie . . . . . id.
Artillerie . . . . . id.

Echelle à . . . .